CONFLUENCES Méditerranée

REVUE TRIMESTRIELLE

126

AUTOMNE
2023

ÉDITIONS L'HARMATTAN

CONFLUENCES Méditerranée est une revue internationale créée en 1991 dont l'ambition est d'aborder les grandes questions politiques, géopolitiques, économiques et culturelles qui concernent les peuples et les sociétés du bassin méditerranéen et du Moyen-Orient. Chaque trimestre, elle publie un dossier thématique d'une quinzaine d'articles rédigés par les spécialistes du sujet, en donnant toute leur place aux jeunes chercheurs. Chaque numéro compte aussi un varia de un à trois articles qui permettent ainsi de publier des recherches de qualité sur des sujets qui ne font pas l'objet de dossiers.

Les membres du comité de rédaction ont choisi cette orientation parce qu'ils sont convaincus que le dialogue est une philosophie de l'action politique. Ni l'ampleur des divergences, ni la gravité des oppositions ne doivent empêcher que soient patiemment recherchées les possibilités de confluences.

Cet attachement au dialogue et à la confrontation des idées vient de la conviction que seul le dialogue peut permettre de construire durablement de nouvelles formes de configurations politiques, à la fois équilibrées et fécondes.

La création de cette revue à vocation internationale apparaît comme une contribution à l'ouverture d'un indispensable espace de confrontations des analyses et des opinions sur les problèmes qui façonneront l'avenir de cette région.

www.confluences-mediterranee.com

Dans ce site, consultez tous les numéros de la revue depuis sa création en 1991.

Normes pour les envois de manuscrits

Les textes soumis à la rédaction doivent lui être adressés par mail à l'adresse suivante contact@confluences-mediterranee.com. Ils doivent comporter un titre, un chapeau de présentation de l'article et des sous-titres. Les notes doivent figurer en fin d'article et doivent suivre une numérotation continue pour la totalité de l'article. Les références bibliographiques doivent respecter les conventions de la norme ISO 690-2 (février 1998). Les articles ne doivent pas dépasser 25 000 signes et ils doivent être fournis avec un résumé en français de 10 lignes maximum, ainsi que 4-5 mots clés.

Nous demandons que les nom et prénom des auteurs des articles proposés soient accompagnés de leur titre, de leur adresse institutionnelle et de leurs coordonnées (destinées à la seule rédaction).

Les articles et toute correspondance éditoriale sont à adresser à la rédaction de la revue.

Confluences Méditerranée - 50, rue Descartes - 75005 Paris

CONFLUENCES
Méditerranée
50 rue Descartes – 75005 Paris
Site internet : www.confluences-mediterranee.com

ISSN : 1148-2664 / ISBN : 978-2-336-42572-6

Sommaire

Dossier

Leïla Bourguiba 9
La justice pénale internationale au Moyen-Orient : sursaut pérenne ou sélectivité des efforts étatiques ?

Jean-Paul Chagnollaud 13
Justice et raison d'État ou la longue histoire de la pusillanimité des politiques

Gilbert Bitti 31
La Conférence de Rome, entre souveraineté et lutte contre l'impunité

Pascal Turlan 43
La coopération des États avec le Bureau du Procureur de la CPI : un avant et un après l'Ukraine ?

Rafaëlle Maison 61
Quelles poursuites internationales des crimes commis en Ukraine ?

Entretien avec le juge Bruno Cotte 75
La montée en puissance de la CPI

Joël Hubrecht 87
La Syrie, victime du double-standard de la justice pénale internationale ?

Leïla Bourguiba 99
La France, possible havre d'impunité pour criminels syriens ? Un sauvetage in extremis de la compétence universelle des tribunaux français

Fritz Streiff 117
International Justice in Domestic Courts: Lessons Learned from German Courts and Warning Signs

Catherine Marchi-Uhel 125
Le Mécanisme international, impartial et indépendant pour la Syrie et la coopération des États : témoignage de sa cheffe

Triestino Mariniello 135
The Situation in Palestine: Seeking for Justice, a Chimera?

Patrick Baudouin 155
De l'Ukraine au Moyen-Orient : Un sursaut de la justice pénale internationale ?

Variations

François Molle, Pierre-Louis Mayaux 165
Les angles morts de la politique de l'eau au Maroc

Aurélie Stern 185
Les associations de jeunesse, vectrices de diffusion des idées turquistes entre la Turquie et l'Azerbaïdjan

Notes de lecture

En couverture :
Edgard.V sur Flickr | Graffiti : Snake

Dossier

Justice pénale internationale : les magistrats sauvent l'honneur

Leïla Bourguiba

La justice pénale internationale au Moyen-Orient : sursaut pérenne ou sélectivité des efforts étatiques ?

Il y a quinze ans, la revue Confluences publiait son premier et seul numéro consacré à la justice pénale : *Justice pénale et politique internationale.* Il était alors rappelé que *Confluences* n'était pas une revue juridique. Cela n'a pas changé, *Confluences* n'est toujours pas une revue juridique tout comme la justice pénale internationale demeure ancrée dans le paysage international et diplomatique. Toutefois, au cours de ces quinze années, la justice pénale a connu des évolutions et, alors que les juges demeuraient mobilisés, l'année 2022 l'a de nouveau propulsée de nouveau sur le devant de la scène médiatique et dans les agendas politiques de certains États.

La Cour pénale internationale (CPI) est la figure la plus visible et emblématique de cette justice. Sa création résulte d'une histoire longue et s'inscrit dans un prolongement de différents efforts tendant à l'institutionnalisation de la justice pénale internationale.[1] Elle n'est toutefois pas son seul acteur ni son aboutissement.

En 1998, de nombreux États affirmaient que les crimes les plus graves qui touchent l'ensemble de la communauté internationale ne sauraient rester impunis en ce qu'ils menacent la paix, la sécurité et le bien-être du monde.[2] Les États parties à ce Statut affirmaient ainsi leur détermination à placer la justice au cœur des mécanismes de résolution des crises majeures.

L'année 2022 marquait *déjà* le vingtième anniversaire de l'entrée en vigueur du Statut de Rome. Pourtant si le développement de la justice pénale internationale constituait sans aucun doute une évolution majeure du droit international, répondant à l'aspiration de voir juger les auteurs des crimes les plus graves, les dernières années ont été particulièrement critiques à son endroit. Elles laissaient alors entrevoir un amer anniversaire marqué par un désintérêt grandissant ou une forme de lassitude face aux différents obstacles, essentiellement politiques.

Quelles sont donc les principales critiques ? *Primo*, la CPI a été incapable de s'emparer des crises les plus violentes de ces dernières années, qu'il s'agisse de la Syrie, du Yémen ou de la Palestine pour ne citer que des pays du Moyen et Proche Orient. *Secundo*, il est souvent reproché à la CPI et plus spécifiquement à son Procureur sa sélectivité des situations placées sous enquête, celles sur lesquelles il ne souhaite pas enquêter (Afghanistan) ou encore celles dont il semble se désintéresser et n'y déployer véritablement aucun effort (Palestine).[3] *Tertio*, d'un point de vue purement quantitatif, la CPI semble présenter un bien maigre bilan en termes de verdicts définitifs rendus - 4 acquittements et 3 condamnations pour crimes de guerre et/ou crimes contre l'humanité prononcés. Faut-il toutefois réduire l'efficacité et la pertinence de la justice pénale internationale au nombre de condamnations ?

Ces critiques doivent constamment être mises en perspective avec la condition de cette Cour qui demeure tributaire de la coopération des États[4], et son bilan ne doit pas non plus être simplifié voire caricaturé. Malgré ses difficultés, la CPI existe, elle est permanente et le cadre qu'elle pose dans la poursuite des crimes de guerre, crimes contre l'humanité et génocide demeure une boussole dans un ordre international de plus en plus fragilisé.

Par ailleurs, la paralysie de la Cour pénale internationale pour connaitre des crimes commis au Proche et Moyen-Orient notamment en Syrie ou au Yémen (défaut de compétence) ou encore en Palestine (inactivité du procureur) n'a toutefois pas signifié la paralysie de l'ensemble des acteurs de la justice pénale internationale, à commencer par les organisations non-gouvernementales. Nombre d'entre elles se sont professionnalisées dans la documentation des crimes et la préservation des preuves aux fins d'usage devant des juridictions internationales et nationales. En parallèle ou à défaut d'un recours possible devant des juridictions internationales, elles se tournent vers les possibilités offertes par la compétence universelle de tribunaux nationaux européens – c'est-à-dire la capacité pour des procureurs et des juges nationaux d'enquêter et de poursuivre des étrangers pour des crimes commis à l'étranger contre des étrangers essentiellement pour les crimes les plus graves.[5] D'ailleurs le préambule du Statut de la CPI rappelle le rôle escompté des juridictions nationales : « *Les crimes les plus graves qui touchent l'ensemble de la communauté internationale ne sauraient rester impunis et [...] leur répression doit être effectivement assurée par des mesures prises dans le cadre national* »

Fondé sur le *principe de complémentarité*, la Cour n'a pas primauté sur les juridictions nationales. Il revient tout d'abord à l'État d'enquêter et de poursuive. Ce n'est que si l'État n'a pas la capacité ou la volonté de le faire que la Cour peut s'en saisir. En ce sens, les États se sont engagés à poursuivre ces crimes, partant à permettre ces poursuites en amendant, si nécessaire, leurs législations nationales. Comme le soulignait Mireille Delmas-Marty, « *l'idée qui fonde la justice pénale internationale n'est pas de bâtir une justice supranationale excluant la justice nationale* ».[6] A cet égard, on constate toutefois que les capacités des juridictions nationales à contribuer pleinement à la poursuite et aux jugements des crimes de guerre, crimes contre l'humanité ou génocide sont inégales et vulnérables à l'environnement politique. Ainsi, si les juridictions françaises et allemandes se sont saisies *quasi* simultanément des crimes commis en Syrie, c'est en Allemagne que s'est ouvert il y a plus de deux ans le premier procès au monde de membres du régime Assad, communément appelé le procès de la Branche 251. Tandis qu'en France, aucun procès sur le fondement de cette compétence universelle n'a commencé s'agissant des crimes commis en Syrie. Et pour cause, la législation française verrouillait savamment l'exercice de la compétence universelle en imposant des critères rendant *quasi* anecdotique la possibilité pour les magistrats de poursuivre. Partant, cette législation était en totale contradiction avec les discours publics de la diplomatie française en matière de lutte contre l'impunité. Le salut est récemment venu des magistrats de la plus haute juridiction française dans sa composition la plus solennelle, l'Assemblée plénière de la Cour de cassation, permettant aux juges français de reprendre leurs enquêtes et poursuites sur les dossiers syriens.[7]

Au niveau international, les blocages politiques au Conseil de sécurité des Nations Unies ont poussé à la recherche d'un palliatif.[8] A défaut d'un renvoi de la situation à la CPI par le Conseil de sécurité, c'est l'Assemblée générale des Nations Unies qui créa un mécanisme tout à fait novateur : le Mécanisme international, impartial et indépendant.[9] Il ne s'agit pas d'un tribunal mais sa création marque la volonté de la communauté internationale de veiller à ce que justice soit rendue, un jour, et peu importe par quelle juridiction. Il faut donc préserver les preuves, le Mécanisme a ainsi pour mandat de faciliter les enquêtes et aider à juger ces crimes commis en Syrie depuis mars 2011. Son travail bénéficie en grand partie aux juridictions nationales exerçant leur compétence universelle.

Le vingtième anniversaire de la CPI s'annonçait morose, disait-on, mais la guerre russo-ukrainienne semble opérer un point de bascule. En effet, on a pu constater la mobilisation rapide, coordonnée de nombreux États pour activer les leviers possibles de la justice pénale internationale avec une volonté claire de rationalisation des efforts.[10]

Peut-on espérer un renouveau généralisé des engagements internationaux envers la justice pénale internationale ? Ce regain d'intérêt peut-il avoir un effet d'entrainement sur les enquêtes portant sur le Proche et Moyen-Orient ? Est-il porté par les États de manière générale ou sélective, comment éviter le deux poids deux mesures[11] ? Finalement, les juges ne seraient-ils pas ceux qui sauveraient actuellement l'honneur de cette justice pénale internationale ?

Ces questions ont été à l'origine d'un colloque organisé en février 2023 par l'Institut de recherche et d'études Méditerranée Moyen-Orient au Palais du Luxembourg. Nous avons souhaité prolonger ces réflexions et permettre à un public s'intéressant à la Méditerranée et au Proche et Moyen-Orient, au-delà d'une communauté de juristes, d'appréhender ces enjeux.

Notes

1 Voir dans ce numéro la contribution de Jean-Paul Chagnollaud.
2 Préambule du Statut de Rome portant création de la Cour pénale internationale.
3 Voir dans ce numéro la contribution de Triestino Mariniello.
4 Voir dans ce numéro la contribution de Pascal Turlan.
5 Voir dans ce numéro les contributions de Fritz Streiff et Leïla Bourguiba.
6 Mireille Delmas-Marty, « La Cour pénale internationale et les interactions entre droit international pénal et droit pénal interne à la phase d'ouverture du procès pénal », RSC, 2005.
7 Voir dans ce numéro les contributions de Fritz Streiff et Leïla Bourguiba.
8 Le Conseil de sécurité des Nations Unies a renvoyé seulement 2 situations à la CPI, celle au Darfour, Soudan (2005) et celle en Libye (2011).
9 Voir dans ce numéro la contribution de la cheffe du Mécanisme, Catherine Marchi-Uhel.
10 Voir dans ce numéro la contribution de Pascal Turlan.
11 Voir dans ce numéro les contributions de Joël Hubrecht et Rafaëlle Maison.

Jean-Paul Chagnollaud

Professeur des Universités, Président de l'iReMMO

Justice et raison d'État ou la longue histoire de la pusillanimité des politiques

Résumé

Pendant très longtemps, les crimes les plus terribles ont été commis dans d'innombrables conflits sans que leurs auteurs ne soient jamais poursuivis ni même inquiétés. La paix devait l'emporter sur la justice, à n'importe quel prix et donc aussi à celui de l'impunité des criminels - tel était le principe qui prévalait. À l'exception du procès de Nuremberg (et celui de Tokyo) en 1945-1946, ce n'est qu'après la fin de la guerre froide, dans les années 1990, que la justice pénale internationale a enfin pu commencer à s'affirmer. Le chemin à parcourir s'annonce toutefois incertain, particulièrement dans un monde qui voit revenir de toute part des rapports de puissance dans lesquels la lutte contre l'impunité risque d'être marginalisée - sinon étouffée - au nom de la raison d'État.

Abstract

For a very long time, the most terrible crimes were committed in countless conflicts without the perpetrators ever being prosecuted or even investigated. Peace had to prevail over justice, at any price, and therefore also at the price of impunity for the criminals - such was the prevailing principle. With the exception of the Nuremberg (and Tokyo) trials in 1945-1946, it was only after the end of the Cold War, in the 1990s, that international criminal justice finally began to assert itself. The road ahead looks uncertain, however, particularly in a world where power relations are returning on all sides, and where the fight against impunity risks being marginalised - if not stifled - in the name of the raison d'état.

L'équation est simple mais redoutable. Dans un monde où, depuis des siècles, les États sont les acteurs dominants, aucune autre institution politique ou juridictionnelle ne peut venir contrecarrer, concurrencer ou contester leur « puissance souveraine »[1]. Et surtout pas dans le champ du droit pénal qui, par nature, relève de l'État et de son monopole de la violence physique légitime. Léviathan n'a de compte à rendre à personne et certainement pas à un juge étranger qui n'a tout simplement pas sa place dans ce système fondé sur les rapports de forces où l'éthique est ignorée. C'est le monde de Machiavel et non celui de Montesquieu.

Dès lors, il a été longtemps impensable que puisse être créée une juridiction pénale extérieure dont la fonction serait de juger les auteurs des crimes les plus graves, d'autant qu'ils pourraient avoir aussi été commis par les plus hauts responsables de l'État.

Dans une telle configuration, il est compréhensible que l'émergence de l'idée même de justice pénale internationale ait été le produit d'un très lent murissement des consciences pour n'apparaître qu'au début du XXe siècle et ne s'institutionnaliser qu'en 1998, avec la création de la Cour pénale internationale (CPI). Étant entendu que la lutte contre l'impunité des crimes de guerre, des crimes contre l'humanité et de génocide ne peut pas être seulement du ressort d'une juridiction internationale, mais aussi et d'abord de celui des États.

La lente émergence de la justice pénale

L'injonction d'oublier

Dans notre histoire et celle de l'Europe, il y a eu deux longues périodes particulièrement sombres au cours desquelles les pires crimes ont été commis : les guerres de religion en France à la fin du XVIe siècle et la guerre de Trente ans en Europe dans la première moitié du XVIIe.

Les premières ont été marquées par de terribles exactions et par des massacres dont le plus connu est celui de la Saint-Barthélemy en 1572, au cours duquel des milliers de protestants furent assassinés par des catholiques. Ces événements se sont déroulés en plusieurs séquences à chaque fois suspendues par un édit royal censé y mettre fin avant que les affrontements ne recommencent. Le dernier qui réussit enfin à mettre un terme à ces violences fut celui de Nantes signé par Henri IV en 1598. Sur le sujet crucial de la responsabilité des crimes, tous les édits reprenaient une même clause dite de l'oubliance, dont l'objet était d'accorder une totale amnistie aux présumés coupables. Les formules utilisées par les édits successifs voulus par la Couronne exprimaient la nécessité « d'ensevelir », « d'éteindre », « de considérer comme morts » tous les actes douloureux qui avaient pu survenir pendant ces années de cendres. Faire « comme si » ils n'avaient jamais existé et donc interdire de les évoquer en public pour ne pas raviver les souffrances alors provoquées

Cette clause était rédigée, à chaque fois, à peu près dans les mêmes termes : « Nous défendons à tous nos sujets de quelque état ou qualité qu'ils soient, qu'ils n'aient à en renouveler la mémoire, s'attaquer, injurier, ni provoquer l'un l'autre par reproche de ce qui s'est passé. En disputer, contester, quereller, ni s'outrager ou offenser, de fait ou de parole ; mais se soutenir et vivre paisiblement ensemble, comme frères, amis et concitoyens ». La logique de cet effacement des mémoires allait très loin puisque ceux qui se risquaient à transgresser ces injonctions royales pouvaient être poursuivis comme « infracteurs de paix et perturbateurs du repos public ».

La guerre de Trente ans (1618-1648) a littéralement dévasté une bonne partie de l'Europe et, comme toujours, c'est la population civile qui en a le plus souffert. Pendant toutes ces années, un nombre indéterminé de villes et de bourgades ont été brutalisées, incendiées et pillées par les forces de tous les belligérants. Les hommes étaient massacrés en masse et les femmes violées. Le sac de la ville protestante de Magdebourg en 1631 par les troupes de la Ligue catholique en est resté l'indicible symbole. Sur les 30 000 habitants, il n'en est plus resté que 5 000 après seulement quelques jours de ces violences inouïes. Les historiens spécialistes de cette période convergent pour décrire une catastrophe humanitaire au cœur même de l'Europe[2]. Pour prendre la mesure de l'immensité des pertes humaines, ils ont recours à des données démographiques comparant l'état de la population avant et après cette guerre. Ainsi, par exemple, la population de Francfort-sur-Oder est passée de 13 000 habitants à 2 400. Celle de Fribourg de 10 000 à 3 500. Celle du Wurtemberg de 445 000 en 1622 à 97 000 en 1639. La Silésie a perdu le quart de sa population. La Bohême est passée de 1,7 million d'habitants à 995 000.

Lorsqu'après des années de négociations, on parvient enfin à établir la paix avec les traités de Westphalie signés à Munster et à Osnabruck en 1648, on retrouve presque les mêmes mots pour consacrer l'oubliance. Là aussi, il s'agit « d'ensevelir dans l'oubli » tous les actes terribles qui y ont été commis. Le texte de Munster énonce ainsi : « Qu'il y ait de part et d'autre un oubli et une amnistie perpétuelle de tout ce qui a été fait depuis le commencement de ces troubles en quelque lieu ou en quelque manière que les hostilités aient été exercées par l'une ou par l'autre partie… ».

Un siècle plus tard, en 1758, lorsque Emer de Vattel (1714-1767) publie son œuvre monumentale sur « Le droit des gens ou principes de la loi naturelle appliqué à la conduite des affaires des nations et des Souverains », il s'inscrit pleinement dans cette logique en théorisant la question de l'impunité en termes très clairs. Pour lui, « L'amnistie est un oubli parfait du passé. Comme la paix est destinée à mettre à néant tous les sujets de discorde, ce doit être là le premier Article du Traité ». Ce principe lui paraît à ce point essentiel qu'il ajoute : « Quand un Traité n'en dirait pas un mot, l'amnistie y est nécessairement comprise, par la nature même de la paix ».

Cette dernière formule, « par la nature même de la paix », est fondamentale, au sens propre du terme. Elle établit en effet un postulat central qui étouffe toute velléité d'envisager une justice pénale nationale ou internationale et interdit, de manière irréversible, toute recherche de responsabilité et donc de culpabilité. C'est bien la consécration de l'amnistie : la paix doit l'emporter sur la justice. Pendant longtemps, les relations internationales ont donc fonctionné sur ce principe consacré par le droit des gens (ou droit international).

Malgré leur fausse proximité sémantique l'amnistie n'a rien à voir avec l'amnésie. L'une est d'ordre politique et juridique, l'autre psychologique. La première, relevant d'une décision de l'État, est voulue. La seconde, résultant d'un traumatisme, est subie. L'amnistie efface la qualification de crime. Les faits non encore découverts ne doivent plus être recherchés et ceux établis ne peuvent plus être punis. L'amnésie est une perte partielle ou totale de la capacité à se souvenir.

Et, en même temps, les deux sont intimement liées. Décréter une amnistie revient en quelque sorte à vouloir imposer l'oubli comme dans les édits royaux du XVIe siècle qui allaient jusqu'à punir l'expression publique d'une mémoire blessée. Mais l'effacement de la qualification criminelle d'un acte ne peut rien contre le fait qu'il demeure gravé en profondeur dans les mémoires individuelles et collectives. Et, bien plus encore, il inflige une nouvelle souffrance à la victime et à ses proches. Une sorte de double peine : le crime et son impunité. Les exemples abondent où la victime croise son bourreau qui mène tout à côté, dans sa ville ou son village, une vie normale et peut-être tranquille. Il suffit de venir à Beyrouth, à Mostar ou à Kigali[3] pour le sentir. Si la paix n'est pas accompagnée d'un apaisement des cœurs et des esprits, elle se réduit à une absence de violences. Ce qui constitue déjà en soi un progrès considérable au regard des situations tragiques qu'engendrent les séquences d'affrontement où la violence est partout et sans limites, avec tout ce que ce terme peut signifier bien au-delà de l'imagination de ceux qui ont eu la chance de ne jamais la connaître. Mais si l'amnistie peut consolider le silence des armes, elle ne règle rien sur le fond puisqu'elle évite ou contourne la question de l'impunité. Or, accepter ainsi l'impunité entraîne de multiples conséquences douloureuses pour la vie d'une société meurtrie et traumatisée qui peine à dépasser l'état d'accablement, de frustration et de méfiance dans lequel ces crimes l'ont plongé. D'autant que l'impunité a plusieurs dimensions aussi essentielles les unes que les autres : le coupable n'est pas poursuivi, la vérité est ensevelie, les victimes ne sont pas reconnues, et tout est donc permis pour de futurs potentiels tortionnaires.

À l'époque contemporaine, si l'amnistie a encore été imposée à la suite des guerres civiles au Liban (1975-1990), en Algérie (les années 90) ou en Amérique latine, sa légitimité n'est plus ce qu'elle était. C'est, au contraire, la lutte contre l'impunité qui est recherchée et désormais consacrée dans le texte majeur qu'est le Statut de Rome adopté en 1998 : « Au cours de ce siècle, des millions d'enfants, de femmes et d'hommes ont été victimes d'atrocités qui défient l'imagination et heurtent profondément la conscience humaine… les crimes les plus graves qui touchent l'ensemble de la communauté internationale ne sauraient rester impunis »[4].

Seuls les vainqueurs décident…

Sur le plan des relations internationales, la remise en cause de l'impunité des auteurs de ces crimes s'est faite pour la première fois en réaction à ce qui fut le premier génocide du XXe siècle : celui des Arméniens en 1915, méthodiquement planifié, organisé et perpétré par le gouvernement Jeune-turc. En quelques mois, plus des deux-tiers de la population arménienne (mais aussi assyro-chaldéenne) de l'Empire ottoman (estimée à environ deux millions de personnes) ont été exterminés[5].

Au tout début de cette tragédie, la France, la Grande-Bretagne et la Russie ont réagi fermement en publiant une déclaration, le 24 mai 1915, ouvrant la possibilité de juger les auteurs de ces « crimes contre l'humanité » après la fin de la guerre. « Depuis un mois environ, la population kurde et turque de l'Arménie procède, de connivence et souvent avec l'aide des autorités ottomanes, à des massacres des Arméniens. De tels massacres ont eu lieu vers la mi-avril […], à Erzeroum, Dertchun, Eghine, Akn, Bitlis, Mouch, Sassoun, Zeïtoun et dans toute la Cilicie ; les habitants d'une centaine de villages aux environs de Van ont été tous assassinés ; dans la même ville, le quartier arménien est assiégé par les Kurdes. En même temps, à Constantinople, le gouvernement ottoman sévit contre la population arménienne inoffensive. En présence de ces nouveaux crimes de la Turquie contre l'humanité et la civilisation, les gouvernements alliés font savoir publiquement à la Sublime-Porte qu'ils tiendront personnellement responsables desdits crimes tous les membres du gouvernement ottoman ainsi que ceux de ses agents qui se trouveraient impliqués dans de pareils massacres ».

Au lendemain de l'armistice de Moudros (octobre 1918) qui scelle la défaite de l'Empire ottoman, cette volonté de punir les coupables a semblé un moment être mise en œuvre. La conférence de la Paix qui s'ouvre à Paris en janvier 1919, envisage la création d'un tribunal international pour juger les auteurs de « crimes de guerre » mais aussi « de crimes contre l'humanité et la civilisation »[6]. Le travail effectué alors permet d'inclure dans le traité de Sèvres (août 1920) un chapitre consacré aux « sanctions »[7] dans lequel le gouvernement ottoman reconnait aux Puissances alliées « la liberté de traduire devant leurs tribunaux militaires les personnes accusées d'avoir commis des actes contraires aux lois et coutumes de guerre ». Par ailleurs, il stipule que « le gouvernement ottoman s'engage à livrer aux Puissances alliées les personnes réclamées par celles-ci comme responsables des massacres commis sur tout territoire faisant, au 1er août 1914, partie de l'Empire ottoman ». En novembre 1918, en Turquie même, à l'initiative du nouveau gouvernement, s'ouvre un procès par contumace contre les plus hauts responsables de l'Empire pendant la guerre. D'autres procès suivent contre d'autres dirigeants coupables « du massacre et de la destruction des Arméniens ». Le verdict final rendu en juillet 1919 reconnait la culpabilité des principaux membres du Comité Union et Progrès. Talaat Pacha (Premier ministre et ministre de l'Intérieur), Enver Pacha (ministre de la guerre), Djema Pacha (ministre de la Marine) et le docteur Nzim (activiste jeune-turc devenu ministre de l'Éducation en 1918) sont condamnés à mort in abstentia tandis que d'autres le sont aux travaux forcés pour 15 ou 20 ans.

Tous ces efforts en faveur de la justice viennent se fracasser sur les nouveaux rapports de force. Forts de l'appui d'une armée nationale puissante et très motivée conduite par Mustafa Kemal, les nationalistes réussissent à battre les troupes des Alliés qui entendaient se partager une bonne partie du territoire turc. En quelques mois, ils imposent ainsi, par les armes, leur paix dans laquelle aucune place n'est laissée à la justice.

Le traité de Sèvres est balayé et remplacé par celui de Lausanne en juillet 1923, qui ne dit mot de ces questions. Le vainqueur ne veut en rien s'attarder sur de telles dispositions vécues comme autant d'atteintes à sa souveraineté retrouvée qui ne peut souffrir de la moindre limitation. À l'intérieur, les nationalistes écartent les représentants du courant libéral accusés d'avoir signé une paix humiliante et désastreuse pour le pays. Dès juin 1920, d'Angora (l'actuelle Ankara), où son gouvernement est installé, Mustafa Kemal dénie toute légalité aux actes des autorités en place et récuse toute velléité de réponse judiciaire au génocide. Les prisonniers sont libérés, les cours martiales abolies et les poursuites annulées.

Son entrée à Constantinople, en novembre 1922, met un terme définitif à tout espoir de justice. L'heure est à la défense de la nation et à la construction d'un nouvel État pour le fonctionnement duquel il a besoin de cadres compétents qu'il peut aussi trouver parmi ceux qui ont contribué à l'organisation du génocide. Des génocidaires se rallient au kémalisme tandis que la cause des survivants arméniens disparaît de l'agenda du nouvel État. Cela va même plus loin, puisque des nationalistes tel Hasan Fehmi, ministre dans le gouvernement de Mustafa Kemal, justifient en 1919 le génocide en ces termes : « Ce qui a été fait l›a été pour assurer l›avenir de notre patrie, qui est à nos yeux plus sacrée que notre vie même ».

La conclusion est sans appel : les vaincus devenus vainqueurs n'ont plus à se soumettre à une justice pénale internationale ou nationale. Pour les kémalistes, le succès est total, car ils peuvent désormais construire leur État-nation turc sur un territoire presque entièrement vidé de sa population chrétienne. Les Arméniens et les Assyro-chaldéens ont été exterminés, et les Grecs orthodoxes expulsés après la prise de Smyrne en septembre 1922. Dès lors, tout est possible jusqu'à la négation même du crime de génocide qui devient la politique officielle de la Turquie jusqu'à ce jour[8].

Les rescapés voudront se faire justice eux-mêmes à l'instar de Soghomon Tellirian qui tue Talaat Pacha[9] à Berlin en juin 1921. Traduit devant la justice allemande, les jurés prononcent son acquittement, reconnaissant ainsi implicitement la culpabilité du dirigeant turc assassiné. Comme une sorte de lointaine esquisse de ce qui deviendra bien plus tard la compétence universelle.

Par la suite, même si nombre d'intellectuels et de juristes réfléchissent à la justice pénale internationale, plus rien n'est tenté sur le plan politique pour la mettre en place.

Cependant, le génocide des Juifs perpétré par le régime nazi qui aboutit à l'extermination de près de 6 millions de personnes a provoqué un choc et une sidération qui ont largement contribué à ce que les Alliés décident d'instaurer une juridiction pénale : le Tribunal Militaire International[10]. Sa création représente alors une rupture radicale dans l'histoire des conflits puisque, pour la première fois, les vainqueurs mettent en place une véritable juridiction pénale internationale. Son statut, défini par l'accord de Londres du 8 août 1945[11], stipule qu'il sera composé de juges désignés par les quatre Puissances et sera compétent « pour juger et punir toutes personnes qui auront commis… individuellement ou à titre de membres d'organisations l'un des crimes suivants : crimes contre la paix, crimes de guerre, crimes contre l'Humanité ». Après de longues discussions pour établir la liste des accusés, les Alliés arrêtent les noms de 24 dirigeants du Troisième Reich. Leur procès se tient à Nuremberg pendant près d'un an, entre novembre 1945 et octobre 1946. Les réquisitoires des quatre procureurs[12] désignent tous les accusés comme étant coupables de tous ces crimes : contre la paix, crimes de guerre et crimes contre l'humanité.

Pour démontrer la réalité de faits que le procureur américain Robert Jackson qualifiait lui-même « d'incroyables » par leur monstruosité, un énorme travail a dû être accompli. Afin d'établir des preuves factuelles, concrètes et crédibles, le ministère public a ainsi rassemblé une masse considérable de documents de toute nature et, en particulier, les ordres écrits que les accusés avaient donnés dans l'exercice de leurs fonctions. L'image aussi, sous toutes ses formes, a joué un rôle important dans les débats notamment avec la projection de films tournés dans les camps de concentration par les Allemands eux-mêmes ou par les Américains et les Soviétiques au moment des libérations de ces lieux d'horreur. Face à des images insoutenables – comme celles montrant des hommes si affaiblis qu'ils ressemblent à des squelettes vivants, ou celles de cadavres décharnés poussés dans des fosses communes par des bulldozers –, les accusés ont plaidé « non-coupable » et n'ont cessé de prétendre qu'ils ignoraient tout de l'ampleur de ces atrocités. Trois furent acquittés, douze furent condamnés à mort par pendaison[13] et les autres à la perpétuité ou à plusieurs années de prison.

Bien sûr, ce procès a eu ses limites. Il était lié à des circonstances d'une intensité tragique exceptionnelle et demeurait une justice des vainqueurs. Qui plus est la realpolitik a très vite permis à nombre de responsables nazis de se réinsérer un peu partout, y compris aux États-Unis. Mais incontestablement ce fut un procès historique à bien des égards. Pour la première fois dans l'histoire, les dirigeants d'un État étaient traduits devant une juridiction pénale. L'article 7 du Statut du TMI avait posé une règle nouvelle décisive : « La situation officielle des accusés, soit comme chefs d'État, soit comme hauts fonctionnaires, ne sera considérée ni comme une excuse absolutoire, ni comme un motif à diminution de la peine ». De même, était écartée l'excuse du devoir d'obéissance. Pour l'article 8, « Le fait que l'accusé a agi conformément aux instructions de son gouvernement ou d'un supérieur hiérarchique ne le dégagera pas de sa responsabilité ». Pour la première fois aussi, même si le terme existait déjà, le statut apporte de nouveaux éléments à la définition du crime contre l'humanité. Et, comme on l'a vu, l'image a eu beaucoup d'importance dans un procès qui, par ailleurs, a été filmé.

Ce tournant majeur dans l'histoire de la lutte contre l'impunité n'a cependant pas eu de prolongement institutionnel. La guerre froide qui vient de commencer rend impossible le moindre progrès en matière de justice pénale internationale.

Les magistrats dans la tourmente des rapports de force

Une justice toujours dépendante des États

Quand elle s'achève en 1989, dans une belle euphorie collective plutôt limitée à l'Occident, une nouvelle séquence s'ouvre au cours de laquelle le droit international, dans toutes ses dimensions et dans plusieurs domaines, semble enfin trouver une place centrale dans les relations internationales. En quelques années, de nombreuses questions d'intérêt majeur font ainsi l'objet de négociations interétatiques débouchant sur la signature de traités multilatéraux et la création de nouvelles institutions internationales. C'est dans cette période singulière mais finalement éphémère que la justice pénale internationale opère une percée exceptionnelle en s'imposant sous des formes multiples : création de tribunaux ad hoc par le Conseil de sécurité (1993 et 1994), de la Cour pénale internationale (1998)[14] et élargissement de la compétence universelle.

En une trentaine d'années, sa légitimité s'est globalement affirmée et consolidée avec en parallèle l'émergence d'une autre forme de justice très complémentaire : la justice transitionnelle. Si désormais personne ne peut en ignorer l'importance et la nécessité, les paramètres qui ont si longtemps interdit sa mise en œuvre sont toujours présents et tout particulièrement, la souveraineté, principe cardinal des relations internationales, et la priorité toujours accordée à la politique sur la justice.

Au nom de la première, les dirigeants d'un État refusent que leur liberté d'action et donc d'appréciation puisse être limitée par une instance indépendante fusse-t-elle juridictionnelle ou, peut-être, a fortiori si elle relève d'un juge. Au nom de la seconde, dans un conflit armé, ils privilégient toujours le silence des armes à la lutte contre l'impunité des responsables des crimes les plus graves, au sens du Statut de la CPI.

Ce qui aboutit inéluctablement à ce que les juges soient toujours soumis à de lourdes contraintes d'ordre matériel, juridique et politique alors qu'eux-mêmes ne peuvent en exercer aucune. Un tribunal pénal international ne dispose même pas de l'essentiel, c'est-à-dire des moyens de faire appréhender un individu contre lequel il aurait lancé un mandat d'arrêt.

Pour se faire une idée de ces contraintes, il suffit de prendre en compte les cadres juridiques dans lesquels les magistrats doivent travailler : pour la compétence universelle, celui de la législation de l'État concerné ; pour la CPI, celui de son Règlement ; et celui des résolutions des Nations unies pour les tribunaux ad hoc comme le TPIY et le TPIR.

En matière de compétence universelle, le cas de la France est assez emblématique. Le discours officiel des autorités se complaît à souligner l'importance de leur engagement dans ce domaine crucial, alors que la réalité est bien différente. Les possibilités d'enclencher des poursuites contre des responsables de crimes contre l'humanité, crimes de guerre ou génocide sont en effet très strictement encadrés par la loi du 9 août 2010. Aux termes de ce texte, la saisine du juge est conditionnée par quatre verrous : seul le parquet peut enclencher des poursuites, cela n'est possible que s'il n'y a pas de procédure internationale engagée contre le suspect, si l'individu visé réside habituellement en France et enfin si l'État dont il est ressortissant inclut ces crimes dans son code pénal (ce qu'on appelle la double incrimination). Ces conditions constituent un véritable corset qui enferme les magistrats au point parfois de bloquer complètement leurs possibilités d'action. La condition de résidence et celle de la double incrimination sont particulièrement ubuesques. À moins de séjourner habituellement en France un potentiel criminel de guerre n'a rien à craindre des juridictions nationales et, même dans ce cas, s'il n'y a pas de double incrimination, il ne risque rien ! Dans une telle configuration juridique, que reste-t-il de la compétence universelle ?

La Cour de Cassation a récemment eu l'occasion d'aborder ces contradictions. En novembre 2021, saisie du dossier d'Abdulhamid Chaban[15], elle avait estimé que la justice française était incompétente, car les crimes contre l'humanité et les crimes de guerre ne sont pas reconnus dans le code pénal syrien. Cette décision fondée sur une interprétation très stricte de la loi de 2010 avait pour conséquence, au-delà de l'affaire Chaban, de bloquer nombre d'enquêtes en cours et donc, à terme, de stériliser la notion même de compétence universelle.

En mai 2023, pour des raisons de procédure soulevées notamment par la FIDH, l'affaire est revenue devant la Cour de Cassation, toutes chambres réunies, qui cette fois a confirmé la compétence des juridictions françaises. Pour renverser l'argumentation, les magistrats ont fait preuve d'une belle ingéniosité dans l'interprétation de la notion de double incrimination : « Pour qu'il y ait double incrimination il n'est pas nécessaire que les faits relevant en France des infractions de crime contre l'humanité ou de crime de guerre soient qualifiés de manière identique par les lois du pays étranger ». Il suffit

« que la législation étrangère punisse ces actes comme infraction de droit commun, tels le meurtre, le viol ou la torture ».

En d'autres termes, avec beaucoup de subtilité, les magistrats sont allés chercher les éléments constitutifs des crimes contre l'humanité ou de crimes de guerre qui eux ressortent du droit commun. Ce subtil contournement sémantique est d'une importance décisive puisque, par cette jurisprudence, le pôle de lutte contre les crimes contre l'humanité du tribunal de grande instance (TGI) de Paris peut poursuivre les dizaines d'enquêtes dont il a la charge avec une chance d'aboutir. Mais, en même temps, il faut prendre la mesure de ce que cela signifie : les magistrats ont été obligés d'aller aussi loin que possible dans le carcan juridique qui leur est imposé. Les politiques, aujourd'hui comme hier, connaissent évidemment cette situation, mais ne veulent rien faire alors qu'un simple amendement à la loi de 2010 suffirait pour modifier en profondeur la situation et faire en sorte que le discours officiel sur l'affirmation de la compétence universelle soit enfin en adéquation avec la réalité du terrain. Pour avoir eu l'occasion de discuter de ces questions avec plusieurs des principaux responsables de la politique étrangère française, je peux témoigner que cela n'est pas leur priorité.

La situation des juges de la CPI relèvent d'une problématique bien différente, les logiques sont comparables : les États n'ont pas voulu donner à cette juridiction une marge de manœuvre trop importante. Tout doit se faire dans le respect absolu de leur sacro-sainte souveraineté. C'est d'ailleurs pourquoi nombre d'entre eux, dont les plus puissants, ont même refusé de signer ou de ratifier le traité de Rome.

Parmi toutes les contraintes imposées par les États, je ne retiendrai ici que le principe – fondamental – de la complémentarité consacré, en ces termes, par le Statut de Rome : « la Cour pénale est complémentaire des juridictions nationales […]. Il est du devoir de chaque État de soumettre à sa juridiction criminelle les responsables de crimes internationaux ». C'est donc à chaque État de rechercher et punir les coupables des crimes les plus graves. La CPI ne peut agir que si un État ne veut ou ne peut pas le faire. Ce fut notamment la position de la France, par la voix de son ministre des Affaires étrangères, Hubert Védrine : « Mon pays a soutenu l'inscription, au cœur du statut, du dispositif de complémentarité. Nous ferions fausse route, en effet, si la création de la Cour devait conduire à décharger les États et les Tribunaux internes de leur responsabilité première dans la poursuite des crimes les plus graves. La Cour n'aurait à se saisir qu'en cas de défaillance - volontaire ou involontaire - des autorités nationales, lorsque les États ne seront plus en mesure de juger les responsables ou lorsqu'ils chercheront à les protéger, notamment par des procédures dilatoires. Ce sera à la nouvelle Cour d'en juger ».

Un tel principe est logique. La CPI ne saurait se saisir de tous les crimes de guerre, les crimes contre l'humanité et de génocide perpétrés partout dans le monde. Il est aussi crucial de réaffirmer la responsabilité des États qui, dans ces situations où des actes monstrueux sont commis, se doivent de poursuivre leurs auteurs. Consacré par un traité, un tel engagement n'est plus seulement un devoir moral mais bien une obligation juridique qui peut aussi avoir pour effet de renforcer la compétence universelle d'autant que les États membres doivent transposer les dispositions du droit humanitaire du Statut de Rome dans leurs systèmes juridiques nationaux. Mais ce principe de complémentarité a aussi son revers car il peut permettre à un État d'empêcher qu'un de ses ressortissants ne soit traduit devant la Cour puisque, aux termes du Statut, elle n'est pas censée connaître une affaire qui se trouve sous enquête nationale. C'est donc aussi une façon de limiter le pouvoir des juges même si, en de telles circonstances, ceux-ci ne sont pas démunis de moyens d'agir.

Il y a bien d'autres voies pour contraindre les juges et, en particulier, le fait qu'ils n'aient pas la maîtrise de leur Règlement. Claude Jorda[16], ancien président du TPIY puis juge à la CPI, résume très bien la question en ces termes : « Avec le TPIY, quand on avait un problème, on adaptait le Règlement. Avec la CPI, cette marge de manœuvre n'existe pas. Les juges sont soumis à des règles complexes sur lesquelles ils n'ont aucune prise. C'est l'Assemblée des États Parties qui doit se réunir pour y apporter des amendements… or, c'est impossible parce que ces règles ont été le fruit de compromis complexes ».

Le troisième cas de figure qui renvoie aux tribunaux ad hoc créés par le Conseil de sécurité est le seul où, en définitive, les juges ont pu, dans une large mesure, s'abstraire des contraintes étatiques. La raison en est simple, ils tiennent leur pouvoir d'une résolution du Conseil de sécurité prise sous le chapitre VII de la Charte, et donc obligatoire pour tous les États sous peine de sanctions. Son adoption[17], en mai 1993, a été possible en raison d'une configuration géopolitique très particulière : absence de veto liée à la fin de la guerre froide, convergence des intérêts des principaux États concernés par la guerre dans l'ex-Yougoslavie, monstruosité des actes commis par certains belligérants, engagement des Nations unies sur le terrain notamment avec la création de la Forpronu dès février 1992 (résolution 743 du CSNU), etc.

Un second tribunal est créé de la même façon pour poursuivre les responsables du génocide qui vient d'être perpétré au Rwanda (résolution 955 de novembre 1994). Sans doute pour tenter de faire oublier ce qui fût l'inacceptable passivité de la « communauté internationale » pendant les cent huit jours – du 7 avril au 17 juillet 1994 – lors desquels ces effroyables massacres de centaines de milliers de personnes ont pris place.

Dès leur installation les nouveaux tribunaux se dotent de leur propre règlement qu'ils peuvent amender comme ils l'entendent, comme l'évoquait le juge Jorda. Ce point est capital car ils disposent ainsi de moyens d'action importants pouvant aller jusqu'à dessaisir une juridiction nationale puisqu'à la différence de la CPI ils ont la primauté sur elles.

Une justice véritablement internationale ?

Il est tentant et quelque peu rassurant de penser que la justice pénale internationale l'est véritablement dans ses principes comme dans sa mise en œuvre. Même si des avancées considérables ont eu lieu, en une trentaine d'années, pour faire accepter sa légitimité et permettre ainsi une plus grande effectivité, s'agissant au moins de son institutionnalisation avec la CPI, elle se heurte à deux énormes écueils.

Le premier est évident : comme pour tout traité international, son périmètre d'action est limité à ceux qui ont signé et ratifié le Statut de Rome. Au cœur même du dispositif onusien en charge de la sécurité dans le monde – le Conseil de sécurité – seuls deux sur cinq (la France et la Grande-Bretagne) y ont adhéré. Récusant l'idée même qu'un tribunal extérieur pourrait juger leurs ressortissants et ainsi porter atteinte à leur souveraineté, la Chine, la Russie et les États-Unis ont refusé de le faire tout comme d'autres grands pays tels l'Inde, le Pakistan, l'Indonésie, la Turquie, l'Iran, l'Égypte et tous les autres pays arabes du Moyen-Orient à l'exception de la Jordanie et de la Palestine. Au total, en termes démographiques, ils représentent plus de la moitié de la population mondiale. Étant entendu que cela ne recoupe pas l'opposition régimes autoritaires versus régimes démocratiques puisque de grandes démocraties ont choisi de ne pas rejoindre le Statut de Rome.

La CPI n'est pas à elle seule la justice pénale internationale, mais ses autres formes, comme par exemple les dispositifs de compétence universelle, ont aussi un périmètre géographique limité qui d'ailleurs recoupe celui de la CPI.

Le second est d'un autre ordre. Il repose sur l'idée que cette justice serait avant tout celle des Occidentaux et donc destinée à servir leurs intérêts.

Si l'on s'en tient à la composition de la CPI, cette représentation est fausse puisque des pays de toutes les régions du monde sont membres de l'Assemblée des États Parties au Statut de Rome[18]. En 2023, sur les 123 membres,

33 sont du groupe d'Afrique, 19 d'Asie et du Pacifique, 28 d'Amérique latine et des Caraïbes, et 25 d'Europe occidentale.

Il en va autrement si on considère les affaires instruites par la Cour. Sur les 31 (closes ou en cours) traitées depuis son entrée en activité en 2002, toutes ont concerné l'Afrique... aucune, un ressortissant d'un pays occidental. Les individus jugés et condamnés dans la guerre dans l'ex-Yougoslavie l'ont été par le TPIY et non par la CPI.

Lorsque la procureure générale de la Cour, Fatou Bensaouda, prépare l'ouverture d'enquêtes en Afghanistan et en Palestine (donc potentiellement contre des citoyens américains et israéliens), les États-Unis sous la présidence de Donald Trump vont se déchaîner. Ainsi, en septembre 2018, au nom du président Trump, John Bolton, son ombrageux conseiller à la sécurité nationale, prononce un long réquisitoire : « Si la Cour s'en prend à nous, à Israël ou à d'autres alliés des Américains, nous n'allons pas rester silencieux... Nous allons interdire à ces juges et procureurs l'entrée aux États-Unis. Nous allons prendre des sanctions contre leurs avoirs dans le système financier américain et nous allons engager des poursuites contre eux dans notre système judiciaire... Nous utiliserons tous les moyens pour protéger nos concitoyens des initiatives de cette cour illégitime... Nous n'allons pas coopérer avec la CPI, nous n'allons pas lui fournir d'assistance... Nous allons la laisser mourir de sa belle mort car, pour nous, la CPI est déjà morte ».

Ces violentes diatribes n'ont pas empêché la procureure d'ouvrir ces enquêtes en mars 2020 pour l'Afghanistan et en mars 2021 pour la Palestine[19]. L'arrivée de Joe Biden a quelque peu calmé le jeu sans remettre en question les fondamentaux : les États-Unis restent hostiles à la Cour... à moins qu'elle ne puisse servir leurs intérêts comme dans le cas de l'Ukraine.

Cette posture de Washington fondée sur la volonté de protéger les citoyens américains et ceux de ses alliés contre une mise en accusation émanant d'une institution étrangère, est évidemment perçue dans beaucoup de pays du monde comme une volonté délibérée, arrogante et cynique d'ignorer la lutte contre l'impunité. En d'autres termes, le deux poids, deux mesures apparait ici, en pleine lumière, avec une violence dévastatrice pour la crédibilité même de la justice pénale internationale. Elle jugerait les faibles, mais ignorerait les puissants. Le cas de Georges W. Bush est souvent pointé comme emblématique de cette distorsion fondamentale qui dégrade la justice en une instrumentalisation purement politique. Il est incontestable que l'invasion de l'Irak en mars 2003 par l'armée américaine s'est opérée en dehors de tout cadre légal et donc en violation du droit international. Cela peut être considéré comme un crime d'agression dont la définition, longtemps débattue n'a été ajoutée au Statut de la CPI[20] qu'en 2010, après de laborieuses négociations.

L'autre cas souvent cité est celui des recours déposés par la Palestine[21] contre Israël en tant que Puissance occupante au sens de la IVe Convention de Genève de 1949. La première demande, en 2009, a été rejetée par le procureur Luis Moreno Ocampo au motif que la Palestine n'était pas un État. Après son admission en 2012 comme État non-membre des Nations unies, cette objection a été levée et les recours acceptés[22]. Après plusieurs années d'examens préliminaires, Fatou Bensouda décide en 2021 d'ouvrir une enquête sur des crimes présumés commis dans les territoires palestiniens depuis 2014 – et tout particulièrement sur la colonisation qui implique un transfert de civils israéliens, interdit par la IVe Convention de Genève.

Le Premier ministre israélien, Benjamin Netanyahou, a immédiatement dénoncé une décision « antisémite » issue d'une Cour « biaisée » et a promis de défendre « chaque soldat, chaque officier, chaque civil » contre d'éventuelles poursuites. Les États-Unis, comme on l'a vu, ont aussi vivement réagi. Ils ne sont pas les seuls, d'autres États occidentaux comme l'Allemagne ou l'Australie ont également critiqué cette décision. Une telle posture nourrit largement le sentiment du deux poids, deux mesures d'autant plus que le nouveau procureur, le Britannique Karim Khan, qui succède à Fatou Bensouda en juin 2021, n'a rien fait pour que l'enquête démarre réellement.

Le contraste avec l'action menée par les Occidentaux pour faire inculper Vladimir Poutine pour l'agression qu'il a déclenchée contre l'Ukraine vient encore renforcer ces sentiments, même si la démarche est en soi parfaitement légitime.

L'Ukraine n'a pas adhéré au Traité de Rome, mais comme elle a reconnu la compétence de la Cour, le processus d'enquêtes a pu s'enclencher. Il l'a été très rapidement avec une grande efficacité grâce notamment aux importants moyens financiers et humains fournis par de nombreux États membres. Le Procureur s'est rendu lui-même à plusieurs reprises en Ukraine[23] pour soutenir le travail des enquêteurs et aussi rencontrer le président Zelensky. Dès mars 2023, un mandat d'arrêt contre Vladimir Poutine, et contre la Commissaire russe aux droits des enfants, était émis par les juges de la CPI. Il est suspecté de crimes de guerre pour la déportation d'enfants ukrainiens en Russie et pour les transferts forcés d'autres enfants vers les territoires occupés du Donbass. Pour la Cour ce n'est qu'un début, « Nous n'hésiterons pas à soumettre d'autres demandes de mandats d'arrêt », a déclaré Karim Khan juste après l'annonce, évoquant « un large éventail de crimes internationaux présumés ».

Pour Moscou qui n'a pas adhéré[24] au Statut de Rome, cette décision est « nulle et non avenue ».

Ne disposant pas de force de police, la CPI doit obtenir la coopération des États pour exécuter ses mandats d'arrêt. Ce qui concrètement limite les déplacements de Vladimir Poutine dans les 123 pays ayant ratifié le Statut de Rome, puisque les États Parties sont tenus de coopérer avec la Cour[25]. Déjà, il a renoncé à participer en présentiel au sommet des BRICS en Afrique du Sud, au mois d'août 2023, sans doute au grand soulagement de Pretoria qui, ayant ratifié le Statut de Rome, était dans l'obligation de procéder à son arrestation.

Compte tenu des crimes commis par l'armée russe en Ukraine à commencer par l'agression, la légitimité de ce mandat d'arrêt est incontestable. Mais, en même temps, on ne peut pas ne pas s'interroger sur sa dimension politique, surtout si on le compare avec d'autres recours, comme celui déposé par la Palestine[26]. Pour l'Ukraine, en quelques mois tout a été entrepris. Pour la Palestine, en quelques années rien n'a commencé. Karim Khan a donc rencontré le président Zelensky. Pourquoi n'a-t-il pas fait de même avec le président Mahmoud Abbas dont le peuple est victime depuis des décennies d'une occupation et d'une colonisation qui en tant que telle constitue un crime de guerre au sens du Statut de Rome ? D'autant que les preuves abondent, puisqu'il s'agit d'une politique d'État qu'une loi fondamentale (en juillet 2018) a même consacrée en ces termes dans son article 7 : « L'État considère le développement des colonies juives comme une valeur nationale et agira pour encourager et promouvoir leur création et leur renforcement ».

Bien entendu, la réponse est dans la question. Pour l'Ukraine, les intérêts vitaux de l'Europe sont en cause alors que la Palestine n'est, en rien, pour elle, un enjeu géopolitique et qu'Israël est, à tous égards, au cœur de l'Occident. Immanquablement, une telle asymétrie ne peut que renforcer, un peu partout dans le monde, un sentiment de rejet d'une justice pénale qui serait bien plus occidentale qu'internationale.

Conclusion

En conclusion, il faut se féliciter de la place que la justice pénale internationale a prise malgré la toute-puissance de la realpolitik. Il y a toute juste trente ans un premier tribunal était créé auquel on ne donnait guère de chances de réussite. Grâce à la détermination de quelques magistrats, il en fut tout autrement et le TPIY est devenu une référence. Désormais la justice pénale existe et s'est déployée sous de multiples formes tandis qu'à ses côtés, de manière novatrice et complémentaire, la justice transitionnelle s'est également affirmée avec force.

Toutefois, à l'évidence, le chemin à parcourir s'annonce incertain et très long surtout dans un monde qui aujourd'hui voit revenir partout les rapports de puissance dans lesquels la lutte contre l'impunité risque d'être marginalisée, sinon étouffée au nom de la raison d'État.

Parions que les magistrats et les organisations de défense des droits de l'Homme[27] sauront une fois encore sauver l'honneur en poursuivant cette indispensable utopie malgré la pusillanimité de tant de politiques.

Notes

1 Thomas Hobbes, Chapitre 18, in *Léviathan*, 1651.

2 Henry Bogdan, en propose une synthèse dans le chapitre 12 de : *La guerre de Trente Ans, 1618-1648*, Paris, Perrin, 2006.

3 Hélène Dumas, *Le génocide au village, Le massacre des Tutsi au Rwanda*, Paris, Seuil, 2014

4 Préambule du Statut de Rome de 1998.

5 Hamit Bozarslan, Vincent Duclet, Raymond Kévorkian, *Comprendre le génocide des Arméniens, 1915 à nos jours*, Paris, Tallandier, 2015

6 L'article 227 du traité de Versailles renvoie aussi à une forme de justice pénale internationale : « *Les puissances alliées et associées mettent en accusation publique Guillaume II de Hohenzollern, ex-empereur d'Allemagne, pour offense suprême contre la morale internationale et l'autorité sacrée des traités* ». Réfugié aux Pays-Bas, l'ex-empereur ne sera jamais extradé.

7 Articles 226 à 230.

8 Lorsqu'en novembre 2021, Joe Biden a reconnu le génocide des Arméniens, Recep Tayyip Erdoğan a déclaré : « *Le président américain a eu des propos sans fondement et contraires à la réalité*... (il a agi) *à la suite de pressions de groupes radicaux arméniens et des milieux antiturcs* ».

9 Taner Akçam, *Ordres de tuer, Arménie 1915*, Paris, CNRS éditions, 2020

10 Pour l'Extrême-Orient un autre TMI est créé en janvier 1946. Le procès aura lieu à Tokyo de mai à novembre 1946.

11 Signé par les États-Unis, la Grande Bretagne, l'Union soviétique et la France.

12 Chacune des quatre puissances a nommé un procureur.

13 Le verdict est prononcé le 1er octobre. Les exécutions ont lieu le 16 octobre 1946. Herman Göring a choisi de se suicider au cyanure quelques heures auparavant.

14 Pour une analyse juridique rigoureuse de ces questions, voir l'excellent livre de Rafaëlle Maison, *Justice pénale internationale*, Paris, PUF, 2017.

15 Chaban a été membre de la branche 251 de la Sureté générale en Syrie qui contrôle notamment un centre de détention et de torture.

16 Jean-Paul Chagnollaud, « Le juge et le politique. Entretien avec Claude Jorda », in Justice pénale et politique internationale, Paris, *Confluences-Méditerranée*, 2008, pp. 11 à 23

17 Le Conseil de sécurité « *se déclarant une nouvelle fois gravement alarmé par les informations qui continuent de faire état de violations flagrantes et généralisées du droit humanitaire international sur le territoire de l'ex-Yougoslavie et spécialement dans la République de Bosnie-Herzégovine, particulièrement celles qui font état de tueries massives, de la détention et du viol massifs, organisés et systématiques des femmes et de la poursuite de la pratique du « nettoyage ethnique », notamment pour acquérir et conserver un territoire...que cette situation continue de constituer une menace à la paix et à la sécurité internationales,*

Résolu à mettre fin à de tels crimes et à prendre des mesures efficaces pour que les personnes qui en portent la responsabilité soient poursuivies en justice,

Décide la création d'un tribunal spécial international ».

18 L'Assemblée des États Parties est le principal administrateur et le corps législatif de la CPI. Article 112 du Statut.

19 « *Aujourd'hui, je confirme l'ouverture d'une enquête par le Bureau du procureur de la Cour pénale internationale à propos de la situation en Palestine* » déclare Fatou Bensouda, le 3 mars 2021, en précisant que l'enquête serait menée « *à charge et à décharge* », en « *toute indépendance, impartialité et objectivité* » et qu'elle ne préjuge pas de « *la question d'éventuelles futures frontières* ».

20 Article 8 *bis* :
1. Aux fins du présent Statut, on entend par « crime d'agression » la planification, la préparation, le lancement ou l'exécution par une personne effectivement en mesure de contrôler ou de diriger l'action politique ou militaire d'un État, d'un acte d'agression qui, par sa nature, sa gravité et son ampleur, constitue une violation manifeste de la Charte des Nations Unies.
2. On entend par « acte d'agression » l'emploi par un État de la force armée contre la souveraineté, l'intégrité territoriale ou l'indépendance politique d'un autre État, ou de toute autre manière incompatible avec la Charte des Nations Unies.

21 Sur la Syrie, je renvoie à l'excellent article de Joël Hubrecht dans ce numéro.

22 Puisque les actes incriminés se déroulent sur le territoire d'un État Partie.

23 Le 7 mars 2023, il publie un communiqué : « *Je viens d'achever ma quatrième visite officielle en Ukraine. Cette visite, qui s'est déroulée à un moment charnière, nous a permis de franchir des étapes clés dans notre travail d'enquête, de renforcer notre engagement auprès des autorités nationales et de rencontrer les victimes des crimes internationaux présumés en Ukraine. Je quitte l'Ukraine avec le sentiment que la justice est en marche* ».

24 En fait, la Russie (dirigée par Boris Eltsine) a signé le traité en 1998, mais ne l'a pas ratifié. Puis Vladimir Poutine a rompu toute coopération avec la CPI quand celle-ci a voulu enquêter sur l'occupation russe de la Crimée à partir de 2014.

25 Chapitre IX du Statut.

26 Sur la Syrie, je renvoie à l'article de Joël Hubrecht dans ce numéro.

27 Ces ONG ont joué un rôle majeur pendant la conférence de Rome en 1998 pour la rédaction du Statut en faisant pression sur les représentants des États.

Gilbert Bitti
Propos recueillis lors du Colloque tenu le 24 février 2023

Juge aux Chambres spéciales pour le Kosovo, ancien conseiller juridique hors classe à la Section préliminaire de la Cour pénale internationale[1]

La Conférence de Rome, entre souveraineté et lutte contre l'impunité

Résumé

Si l'année 2022 marquait le vingtième anniversaire de l'entrée en vigueur du Statut de Rome de la Cour pénale internationale (CPI), c'est bien l'invasion du territoire ukrainien par les forces armées russes qui propulsera de nouveau les questions de justice pénale internationale sur le devant de la scène médiatique et à une bonne place dans l'agenda d'un certain nombre de pays. C'est dans ces contextes d'effervescence qu'il revient de rappeler l'histoire de la justice pénale internationale. Une histoire qui est longue et compliquée. La complexité des négociations ayant conduit à la création de la CPI sont symptomatiques des points de tension entre désir de lutter contre l'impunité et préservation des souverainetés étatiques. Malgré ces difficultés passées mais aussi actuelles et certainement à venir, la CPI existe et est permanente.

Abstract

If 2022 marked the twentieth anniversary of the entry into force of the Rome Statute of International Criminal Court (ICC), it was the invasion of the Ukrainian territory by the Russian armed forces that propelled international criminal justice issues back to the forefront of the media and onto the agenda of a number of countries. It is against this effervescent backdrop that it is worth recalling the history of international criminal justice, a long and complicated history. The complexity of the negotiations that led to the creation of the ICC are symptomatic of the tension points between the desire to combat impunity and the preservation of State sovereignty. Despite these difficulties, both past and present, and certainly in the future, the ICC exists and is permanent.

La création de la Cour pénale internationale marquait, avec la signature de son Statut à Rome en juillet 1998, un évènement majeur : une juridiction pénale internationale permanente à vocation universelle. C'était aussi la première fois dans l'histoire que les États décidaient, à tout le moins sur papier, de laisser à une juridiction pénale internationale la possibilité de choisir les situations d'enquête. L'année 2022 marquait le vingtième anniversaire de l'entrée en vigueur de son Statut. Alors qu'au cours des dernières années son travail faisait souvent l'objet de critiques, l'invasion russe de l'Ukraine la propulsa de nouveau sur le devant de la scène et ranima la question de la justice pénale internationale dans l'agenda de nombreux États. Se repose alors la question de son utilisation voire de son instrumentalisation par les États et ses capacités à s'affranchir de leur influence. La relation entre la justice pénale internationale et les États n'est pas nouvelle, elle a toujours existé. Le juge Gilbert Bitti a été au cœur des négociations et des tensions ayant conduit à l'adoption du Statut de Rome. Membre de la délégation française lors des négociations du Statut de Rome et ayant occupé les fonctions de conseiller juridique hors classe à la Cour pénale internationale, il nous apporte un éclairage historique sur les étapes et les chemins de traverses ayant conduit à la création de la Cour pénale internationale et sur les tensions, personnellement observées, lors des négociations de son Statut.

La justice pénale internationale, deux histoires parallèles

Il est important de restituer la justice pénale internationale telle que nous la connaissons aujourd'hui, notamment avec ses limitations, avec quelques brefs points d'ancrage historique. En effet, on oublie souvent que l'histoire de la justice pénale internationale est une histoire longue et compliquée. En réalité et commençons par-là, il n'y a pas qu'une seule histoire de la justice pénale internationale, plutôt une multitude. Cela s'explique simplement par le fait que les États ne se sont pas toujours entendus sur deux questions pourtant essentielles (et qui sont liées) : une cour pénale internationale, pour quoi faire ? Une cour pénale internationale, pour quels crimes ?

Il y a tout d'abord l'histoire de la justice pénale internationale communément connue, celle liée aux deux guerres mondiales, puis à la répression du terrorisme.

Rappelons d'emblée que des tentatives de création d'une instance pénale internationale afin de traduire en justice des individus, y compris les plus hauts responsables, se sont esquissées dès la fin de la Première Guerre mondiale. Le Traité de Paix de Versailles de 1919 a tenté de mettre en œuvre la poursuite de l'ex-empereur d'Allemagne, Guillaume II, pour « *offense suprême contre la morale internationale et l'autorité sacrée des traités* »[2]. Les Pays-Bas, où l'ex-empereur avait fui, refusèrent son extradition. Il y finira d'ailleurs paisiblement ses jours en 1941. Par ailleurs, le Traité de Sèvres de 1920, conclu entre les Alliés et l'Empire ottoman à la fin de la Première Guerre mondiale, prévoyait la poursuite des auteurs des massacres. Toutefois, ce Traité ne sera jamais ratifié et disparaitra avec la signature du Traité de Lausanne de 1923[3]. La Turquie obtiendra ainsi une impunité totale, notamment pour le génocide des Arméniens.

Il faudra attendre la fin de la Seconde Guerre mondiale pour assister à la création en 1945 et 1946 de deux tribunaux pénaux internationaux qui ne resteront pas à l'état de projets, mais fonctionneront effectivement : le Tribunal militaire international de Nuremberg (TMIN)[4] et, celui que l'on a tendance à oublier, le Tribunal militaire international « *pour le juste et prompt châtiment des grands criminels de guerre d'Extrême-Orient* » (TMI de Tokyo). Ce dernier a été créé par une déclaration du général Mac Arthur en 1946. Déjà peut-on relever un des grands problèmes de la justice pénale internationale qui demeure tout à fait d'actualité : après 1945, c'est la poursuite des vaincus qui a été mise en place, pas celle des vainqueurs. Soulignons-le, c'est important, des centaines de milliers, voire plus, de femmes allemandes ont été violées pendant la Seconde Guerre mondiale sans que la justice en fasse son œuvre après 1945. Mais comment faire pour imposer une justice pénale internationale aux puissants qui n'ont pas été vaincus ?

Deux conflits dans les années 1990 vont faire avancer rapidement l'essor de la justice pénale internationale : la guerre en ex-Yougoslavie et le génocide des tutsis au Rwanda. Faute d'une cour pénale internationale permanente, les États s'accordent et négocient la création de deux tribunaux *ad hoc* en charge de poursuivre les principaux responsables de crimes : le tribunal pénal international pour l'ex-Yougoslavie et le tribunal pénal international pour le Rwanda. L'accord se fonde sur l'exercice de la sécurité collective, les tribunaux étant alors créés par le Conseil de sécurité des Nations Unies sur la base de sa Charte, plus spécifiquement de l'article 39 du Chapitre VII ; « *action en cas de menace contre la paix, de rupture de la paix et d'acte d'agression* »[5].

Si aujourd'hui on s'accorde à dire que la justice pénale internationale se consacre essentiellement aux crimes contre la paix (agression), crimes contre l'humanité, crimes de guerre et génocide, cela n'a pas toujours été le cas. Il existe en effet une histoire parallèle de la justice pénale internationale qui porte sur le terrorisme.

À la suite de l'attentat à Marseille en 1934, qui coûtera la vie au roi Alexandre Ier de Yougoslavie et au ministre français des Affaires étrangères, le conseil de la Société des Nations va charger un comité d'experts d'élaborer deux conventions, l'une portant sur le terrorisme et l'autre sur la création d'une Cour pénale internationale en vue d'y juger les individus accusés de ce crime[6]. Ces deux conventions seront examinées à la Conférence internationale pour la répression du terrorisme en novembre 1937 et signées par 24 États. Faute des ratifications requises, elles n'entreront jamais en vigueur.

En fin de compte, l'institution d'une cour pénale internationale pour le terrorisme répondait à une recherche, de la part des États, d'un terrain de jugement neutre. Autrement dit, la recherche d'une troisième option à côté du fameux *aut dedere aut judicare*, poursuivre soi-même ou extrader. Cette troisième option est la possibilité pour l'État de transférer certains individus à une cour pénale internationale : le terrain neutre.

C'est cette même idée qui sera développée quelques années plus tard. En août 1982, Robert Badinter propose alors une cour pénale européenne. Il fit cette proposition à un moment où la France ne voulait pas ratifier la Convention du Conseil de l'Europe sur la répression du terrorisme de 1977 qui l'obligeait à extrader ou à juger. Ainsi, par la voix de Robert Badinter, la France souhaitait mettre en œuvre cette troisième option, c'est-à-dire renvoyer ces personnes devant une cour pénale européenne plutôt qu'avoir à les juger en France. La France a par la suite ratifié cette Convention et le projet de cour pénale européenne a disparu.

Finalement, malgré ces deux initiatives, aucun tribunal international n'a été créé afin de connaitre de l'infraction de terrorisme. Cela ne signifie pas pour autant que le débat est clos. La question continuera probablement à se poser.

Le projet d'une cour pénale internationale permanente et les débats de la Conférence de Rome

À l'issue de la Seconde Guerre mondiale, l'Assemblée générale des Nations Unies (AGNU) va établir un comité spécial, composé de 17 États membres, pour élaborer un projet de statut d'une cour criminelle internationale permanente. Deux projets seront soumis à l'AGNU en 1951 et en 1953. En pleine guerre froide, ces projets vont connaitre un triste sort puisqu'ils seront enterrés par les Nations Unies. Sommairement, au motif qu'il ne peut y avoir de cour criminelle internationale sans disposer d'un code des crimes internationaux et qu'il n'est pas possible d'avoir un tel code sans avoir une définition du crime d'agression. La porte se referme.

L'idée d'une cour criminelle internationale reviendra néanmoins dans les années 1990. D'une part car la Commission du Droit International (CDI)[7] avait commencé dans les années 1980 à travailler sur un code des crimes contre la paix et la sécurité qui aboutira à l'adoption par la CDI d'un code des crimes contre la paix et la sécurité de l'humanité à l'été 1996. D'autre part, en 1989, Trinidad et Tobago a l'idée de proposer la création d'une cour pénale internationale.

La proposition de Trinidad et Tobago nécessite d'être précisée. Ce qui intéresse ce pays n'est pas une cour pour les crimes de guerre, génocide, crimes contre l'humanité, mais plutôt la lutte contre le trafic de drogue – préoccupation qui intéresse tout particulièrement les États des Caraïbes à l'époque. Les discussions autour de la création d'une cour pénale internationale reprenaient donc, mais avec un but complètement différent du Statut de Rome qui sera *in fine* adopté en 1998.

Que va-t-il alors se passer ? Une « petite fenêtre » va s'ouvrir. C'est l'expression qu'utilisait alors Robert Badinter pour me l'expliquer. Assez jeune à l'époque, je ne comprendrais que bien plus tard ce que cela signifiait. Cette petite fenêtre pour la justice pénale internationale s'est ouverte avec l'effondrement de l'URSS en 1991 et va se refermer avec les attentats du 11 septembre 2001 aux États-Unis. Cette décennie utopique va se caractériser par un « déblocage » au sein du Conseil de sécurité des Nations Unies ; ainsi, pendant cette période, il a été possible de créer les conditions pour remettre à l'ordre du jour l'idée de justice pénale internationale.

En 1994, la CDI, adopte un projet de Cour pénale internationale et le renvoie à l'Assemblée générale des nations unies qui le lui avait demandé. C'est alors que les négociations commencent en avril 1995. Je vais y participer de 1995 à 1998, au nom de la France, et plus précisément en qualité de représentant du ministère de la Justice. Les choses se présentent de manière très intéressante, et la CPI restera sans aucun doute le projet le plus intéressant de ma carrière – aussi de manière extrêmement pénible. Les négociations non seulement internationales, mais aussi nationales sur le statut de la CPI sont en effet extrêmement difficiles.

Principaux problèmes pour la négociation à Rome d'une cour pénale internationale

Deux problèmes se posent en particulier, un problème politique et un problème juridique.

Des tensions politiques persistantes

Pourquoi avons-nous réussi dans les années 1990 à créer cette CPI ? D'abord du fait de cette « petite fenêtre », mais aussi parce qu'une conjonction de facteurs favorables dans les années 1990 a permis à cette idée de justice pénale internationale d'éclore.

Tout d'abord, une coalition de pays favorables s'est formée : les *like-minded*[8]. Ces derniers ont été accompagnés d'une coalition de plus de 800 organisations non-gouvernementales (ONG), toutes en faveur de la création d'une cour pénale internationale. Ces ONG vont être une très importante force de pression sur les États. Ensuite, l'union de trois continents – l'Europe, l'Afrique et l'Amérique latine –rendra possible cette cour pénale internationale, leur poids dans les négociations étant très important.

Faisons un détour côté français où les discussions en interne entre les ministères de la Défense, de la Justice et des Affaires étrangères furent particulièrement difficiles. On a tendance à l'oublier aujourd'hui, mais il est important de rappeler brièvement ces difficultés côté français, et notamment les ressorts de ces réticences concernant l'idée d'une cour pénale internationale. Deux raisons sont à l'origine de ces lenteurs et blocages initiaux. Premièrement du fait du contexte des années 1990 et des événements en cours au Rwanda, ainsi que du rôle de la France à la fois dans le génocide des Tutsi en 1994, mais aussi dans la situation ayant précédé le génocide. Ensuite au regard des discussions autour du rôle d'un général français, le Général Morillon, lors du massacre de Srebrenica en ex-Yougoslavie qui n'aurait apparemment pas déclenché des frappes aériennes pouvant permettre d'arrêter l'avancée des forces serbes et ainsi de limiter les conséquences désastreuses que nous connaissons.

Lors des négociations sur le statut de la CPI, le Tribunal pénal international pour l'ex-Yougoslavie (TPIY) avait déjà commencé ses travaux. Les relations entre le ministère de la Défense français et le Tribunal sont alors exécrables. Le TPIY demande à interroger des militaires français. De son côté, le ministère de la Défense demande que toutes les questions à poser à ces militaires français soient envoyées à l'avance au ministère de la Défense pour décider des questions auxquelles ces militaires pourront répondre ou ne pas répondre. La tension est très forte, en particulier au sein de la délégation française en charge des négociations sur le statut de la CPI, qui commencent aux Nations Unies, à New York en avril 1995, et où elles se dérouleront jusqu'en avril 1998, puis lors de la conférence de Rome du 15 juin au 17 juillet 1998.

Pour être clair, le ministère de la Défense français n'est pas du tout convaincu de la nécessité de créer une cour pénale internationale. Il répète à l'envi que dans ce genre de situation conflictuelle, il s'agit de faire des choix : *soit on envoie les militaires, soit on envoie les juges, mais pas les deux.* Le manque d'enthousiasme se ressentait aussi auprès du Ministre des Affaires étrangères, Monsieur Hubert Védrine.

Le ministère de la Justice français est quant à lui favorable à la création de la CPI. Si la France a finalement été au rendez-vous et en faveur de la création de cette Cour, il convient de rendre justice à celle qui réellement a défendu ce projet : Madame Elisabeth Guigou, alors Ministre de la Justice.

Finalement, en 1997 et 1998, c'est une conjonction de facteurs au sein de trois puissances qui va permettre la création de la CPI.

Cette conjonction de facteurs est extraordinaire au sein du P3, c'est-à-dire les trois pays occidentaux du P5 (pour les cinq membres permanents du Conseil de sécurité des Nations Unies), à savoir la France, la Grande Bretagne et les États-Unis.

En France, le président Jacques Chirac vient en 1997 de dissoudre l'Assemblée nationale et, avec la victoire des socialistes aux élections, il est contraint à la cohabitation et nomme Lionel Jospin comme Premier ministre, qui est favorable à l'idée d'une cour pénale internationale.

Au Royaume-Uni, à quelques semaines d'intervalle, les travaillistes, favorables au projet d'une cour pénale internationale, arrivent au pouvoir et au même moment, aux États-Unis, le président démocrate au pouvoir, Bill Clinton, est lui aussi favorable à cette cour, bien qu'il doive composer avec son Pentagone qui, jusqu'aujourd'hui, demeure hostile à la CPI. Assez logiquement donc, on retrouve à l'instar de la délégation française, d'importantes tensions au sein de la délégation américaine entre les représentants du ministère de la Justice et du ministère de la Défense.

Cette conjonction favorable ne gomme néanmoins pas un problème majeur et persistant : le respect de la souveraineté. Dit simplement, les États étaient favorables à une cour pénale internationale à condition que celle-ci ne s'applique pas à eux, une cour pour les autres et seulement pour les autres. C'est d'ailleurs là le problème permanent de la justice pénale internationale.

Ce problème politique sera réglé à la fin de la conférence de Rome : la compétence de la Cour n'est pas absolue. Elle est d'une part limitée quant aux crimes qu'elle peut poursuivre, et uniquement si le crime est commis sur le territoire d'un État partie ou par l'un de ses ressortissants, et d'autre part elle est complémentaire des juridictions nationales. La Cour n'a pas la primauté des poursuites, contrairement aux tribunaux *ad hoc* pour le Rwanda et à l'ex-Yougoslavie.

Un problème juridique autour du modèle procédural

Concernant le problème juridique, s'il est moins important que le problème politique dans la création de la CPI, il n'en demeure pas moins qu'il a compliqué les choses lors des négociations et qu'il continue à créer des difficultés dans l'exercice même des fonctions judiciaires de la CPI aujourd'hui. Quel est donc ce problème ? Il s'agit du choix du modèle procédural. Ce point est compliqué à différents égards, notamment car les États-Unis ne voient le droit pénal international que comme une internationalisation du droit pénal américain et qu'évidemment, pour créer une cour pénale internationale permanente, la compétition entre les systèmes juridiques se ressent âprement. Si le premier projet, établi par la CDI en 1994, s'inspirait grandement d'une tradition de *common law*, modèle prévalant au sein des tribunaux internationaux pour l'ex-Yougoslavie et le Rwanda alors en activité, en 1996, c'est-à-dire en plein milieu des négociations, la délégation française dépose un projet alternatif. L'objectif est clair : faire en sorte que la tradition juridique romano-germanique, aussi dite de *civil law*, soit présente dans la création majeure en droit international que représente une cour pénale internationale permanente. Cela suscite de conséquents problèmes dans les négociations, mais permet d'aboutir à un compromis qui fait que la CPI est un système hybride (et certainement plus que les deux tribunaux internationaux pour l'ex-Yougoslavie et le Rwanda), qui comprend deux points très compliqués à accepter pour les Anglo-saxons. La participation des victimes à la procédure et les réparations en leur faveur est le premier point de tension. La CPI devient alors la première juridiction pénale internationale permettant aux victimes d'exposer leurs vues et préoccupations, et comprend un volet civil pour les réparations en faveur de ces dernières. La création d'une chambre préliminaire donnant plus de pouvoir aux juges au stade préliminaire de la procédure est également une structuration difficile à accepter pour les Anglo-saxons. En effet, dans le modèle anglo-saxon, c'est le procureur qui est le grand patron de cette chambre. À défaut de cette création, et des contre-pouvoirs qu'elle permet au stade préliminaire de l'enquête, le procureur aurait eu les mains totalement libres dans ses choix d'enquêtes et de poursuites – ce qui est malheureusement en grande partie le cas aujourd'hui, car le contre-pouvoir que devait constituer la chambre préliminaire est finalement dysfonctionnel.

La fin de la Conférence de Rome

C'est à la fin de la conférence de Rome que vont se cristalliser tous les problèmes politiques. En effet, quelques jours avant la fin de la conférence, les États-Unis annoncent être prêts à accepter la création d'une cour pénale internationale, mais souhaite l'inclusion d'une clause au terme de laquelle ils obtiendraient l'assurance qu'aucun soldat américain ne sera jugé par la CPI. Naturellement, c'est une clause qui est difficilement acceptable pour les autres États, tant par sa portée que par le moment choisi : l'avant dernier jour de la conférence. À ce stade des débats, ce qui était retenu était un critère alternatif d'exercice de la compétence de la CPI pour les crimes de guerre, crimes contre l'humanité et le génocide, mais qui ne concerne pas le crime d'agression[9] : la CPI pourra exercer sa compétence, soit lorsque les crimes sont commis sur le territoire d'un État partie, soit par les nationaux d'un État partie, critère alternatif que l'on retrouve aujourd'hui à l'article 12 du Statut de la CPI. C'est bien cela qui rendra furieux les États Unis, car cela signifie que lorsque des crimes seraient éventuellement commis par des soldats américains sur le territoire d'un État partie à la CPI, celle-ci pourra exercer sa compétence. C'est d'ailleurs ce qui s'est produit avec la situation en Afghanistan, qui a donné lieu à des débats extraordinaires à la CPI[10]. Les États-Unis ne veulent pas de cela et jusqu'au bout, ils vont lutter pour avoir une clause les protégeant de tout exercice par la CPI de sa compétence à leur égard. Ils proposent ainsi, l'avant dernier jour de la Conférence de Rome, que l'exercice de sa compétence par la CPI soit exclu lorsque la Cour souhaite poursuivre les nationaux d'un État non-partie et que cet État non partie, par déclaration au greffier de la Cour, déclare que ses nationaux ont agi en son nom. Autrement dit, il aurait suffi, pour exclure la compétence de la CPI sur d'éventuels soldats américains, que le gouvernement des États-Unis fasse une déclaration au greffier de la CPI disant que ces soldats avaient bien agi en son nom.

Nous sommes alors à l'avant dernier jour de la Conférence, et tout le monde a conscience du risque que, si cette proposition venait à être débattue, il n'y aura pas de statut et donc pas de CPI.

C'est alors une astuce des négociations onusiennes qui sera utilisée : *motion of no action*, procédure par laquelle le débat sur un projet d'article est bloqué.

La proposition de « non action » doit être adoptée à la majorité des deux tiers, c'est-à-dire un minimum de 109 voix, auquel cas la proposition initiale faite par les États-Unis serait rejetée sans qu'elle ne soit discutée.

Dans la nuit du 16 au 17 juillet, une tentative pour trouver qui pourrait déposer cette motion est alors menée. Si personne ne semble vouloir discuter de cette proposition américaine, il n'est pas aisé de trouver un État qui lèvera la main contre une discussion de la proposition américaine. C'est la Norvège qui le fera.

Le doute quant à la capacité d'obtenir ces 109 voix était grand. Dans la matinée du 17 juillet, l'ambassadeur américain convoque tous ses collègues d'Amérique latine et d'Afrique en menaçant d'une suspension de l'assistance économique et militaire s'ils votaient en faveur de la motion norvégienne.

Jusqu'à 18 heures, le doute persistait. Finalement, 113 États ont voté en faveur de la *no-action motion* et la proposition américaine est rejetée sans être jamais discutée. Le Statut de Rome est passé à quatre voix près de la catastrophe totale. Le statut est adopté le même jour, le 17 juillet 1998. Il ne comprend dans sa compétence matérielle que les crimes contre l'humanité, le génocide et les crimes de guerre. L'accord sur le crime d'agression n'est adopté qu'au mois de juillet 2010 à Kampala. Il aura donc fallu douze ans de plus pour trouver un accord sur la définition de l'agression et huit ans de plus – en 2018 – pour activer la juridiction de la CPI sur le crime d'agression, avec des conditions d'exercice extrêmement restrictives, qu'on semble redécouvrir à l'aune de la guerre en Ukraine. Les conditions alternatives d'exercice de la compétence de la CPI pour les crimes de guerre, de génocide et contre l'humanité deviennent des conditions cumulatives d'exercice de la compétence pour le crime d'agression. Autrement dit, il faut à la fois que l'État sur le territoire duquel le crime est commis et l'État de nationalité de l'auteur présumé aient tous les deux ratifié le statut de la Cour pénale internationale et l'amendement de 2010 de Kampala pour que la CPI puisse exercer sa compétence.

La France n'est pas en reste puisque jusqu'au 14 juillet 1998, trois jours avant la fin de la conférence de Rome, il n'y a toujours pas d'accord à Paris sur la signature ou non du Statut de Rome et ce, jusqu'au bout de la Conférence. Pour permettre cette signature, il nous faudra négocier à Rome, à la demande expresse du Président de la République, un article pour exclure de la compétence de la CPI les crimes de guerre pendant une période de sept ans. 48 heures avant la fin de la conférence, la France obtiendra un article

124 selon lequel : « *un État qui devient partie au présent Statut peut déclarer que, pour une période de sept ans à partir de l'entrée en vigueur du Statut à son égard, il n'accepte pas la compétence de la Cour en ce qui concerne [les crimes de guerre] lorsqu'il est allégué qu'un crime a été commis sur son territoire ou par ses ressortissants* ». Seuls deux pays au monde ont fait la déclaration en application de l'article 124, à savoir la Colombie et la France.

Malgré ces tergiversations et certaines réticences, la France est peut-être aujourd'hui le pays qui soutient le plus la CPI et qui coopère le plus avec elle. De temps en temps, il faut rappeler ce passé tortueux ; la CPI a eu des moments très difficiles avant de naître et elle continue à connaitre des moments très difficiles dans son existence actuelle. Il faut cependant continuer à œuvrer pour sa réussite.

Notes

1 Les opinions exprimées lors de cette communication n'engagent que l'auteur et ne sauraient en aucun cas refléter les positions des instances où l'auteur a exercé.
2 Traité de Paix de Versailles, 1919, Partie VII, article 227.
3 Traité de Lausanne, 24 juillet 1923.
4 Accord de Londres concernant la poursuite et le châtiment des grands criminels de guerre des pays européen de l'Axe, 8 août 1945.
5 Charte des Nations Unies, Chapitre VII, article 39 : « *Le Conseil de sécurité constate l'existence d'une menace contre la paix, d'une rupture de la paix ou d'un acte d'agression et fait des recommandations ou décide quelles mesures seront prises conformément aux Articles 41 et 42 pour maintenir ou rétablir la paix et la sécurité internationales* ».
6 Convention de Genève pour la prévention et la répression du terrorisme, 16 novembre 1937 ; Convention de Genève pour la création d'une Cour pénale internationale, 16 novembre 1937.
7 La Commission du droit international a été créée par l'Assemblée générale, en 1947, pour assumer le mandat de l'Assemblée, en vertu de l'article 13 (1) (a) de la Charte des Nations Unies, à savoir entreprendre des études et faire des recommandations dans le but d'encourager le développement progressif du droit international et sa codification.
8 Les « *like-minded* » sont des groupes « partageant les mêmes idées ». Ils sont un élément familier des négociations à l'ONU, ils regroupent des pays ayant des points de vue similaires sur différentes questions.
9 Sur le crime d'agression, voir l'article de Rafaëlle Maison dans ce numéro.
10 Voir en ce sens l'article de Pascal Turlan sur les mesures prises par les autorités américaines après l'ouverture de l'enquête sur la situation en Afghanistan par le Bureau du procureur de la CPI.

Pascal Turlan

Expert indépendant en droit international, Directeur juridique et Directeur du Programme Ukraine – Project Expedite Justice. Ancien conseiller du procureur de la CPI[1]

La coopération des États avec le Bureau du Procureur de la CPI : un avant et un après l'Ukraine ?

Résumé

Avec l'invasion de l'Ukraine par la Russie le 24 février 2022, une bascule s'est opérée sur les plans géostratégique, politique et diplomatique, mais aussi dans le domaine de la justice pénale internationale. Le sursaut constaté dans ce domaine ne concerne pas tant le travail des institutions judiciaires, dont le niveau d'engagement et la charge de travail étaient déjà très élevés, mais bien la considération qui leur est accordée par les États et l'implication des partenaires de la CPI et de son Bureau du Procureur. Tant par le soutien public affirmé et les ressources allouées que par les efforts d'entraide pénale effectués, le dynamisme renouvelé de la coopération judiciaire internationale rappelle l'importance et l'utilité du système de Rome. Reste à savoir comment passer d'un sursaut ponctuel et circonstanciel à une consolidation au-delà d'une situation donnée.

Abstract

Russia's invasion of Ukraine on February 24th, 2022 marked a turning point in geostrategic, political and diplomatic terms, but also in the field of international criminal justice. The upsurge in this area does not so much concern the work of the judicial institutions, whose level of commitment and workload were already very high, but rather the consideration given to them by States and the involvement of the partners of the ICC and its Office of the Prosecutor. The renewed dynamism of international judicial cooperation is a reminder of the importance and usefulness of the Rome system, both in terms of the public support it receives and the resources it allocates, and in terms of the efforts it makes to provide mutual assistance in criminal matters. It remains to be seen how to move from a one-off, circumstantial surge to consolidation beyond a given situation.

La situation qui prévaut en Ukraine depuis la nouvelle invasion du territoire ukrainien par l'armée de la Fédération de Russie le 24 février 2022, a rebattu un grand nombre de cartes dans le jeu international, en termes sécuritaires bien sûr, politiques et diplomatiques, économiques aussi, mais également sur le plan du droit international. Non pas qu'elle ait abouti – à ce stade – à des changements notoires sur le plan de la matière du droit pénal international ou du droit international humanitaire (pas de nouvelles conventions internationales, nouvelle codification, ou jurisprudence novatrice), mais sur le plan de l'activation de mécanismes juridiques, du fait de la précocité, presque de l'immédiateté, d'une tentative de traitement judiciaire du conflit et de la volonté affichée des autorités ukrainiennes et de leurs soutiens de mener la guerre par le droit également. La question posée est de savoir si, en réponse à ce nouvel épisode de guerre en Ukraine, nous serions ainsi en train d'assister à un sursaut de la justice pénale internationale, qui pourrait par ailleurs avoir des répercussions positives dans d'autres situations, en particulier au Moyen-Orient, dans le domaine de la coopération des États en vue d'une justice pénale internationale efficace.

Il s'agit ainsi de se questionner sur l'idée d'un avant et d'un après 24 février 2022 du point de vue de la coopération avec le Bureau du Procureur de la Cour pénale internationale ; peut-on constater un « sursaut » de la justice pénale internationale et celui-ci est-il général ?

De quel sursaut parle-t-on ?

Le Statut de Rome est entré en vigueur le 1er juillet 2002 : depuis cette date la CPI est opérationnelle – la première année sous la forme d'une équipe avancée – et son Bureau du Procureur l'est pleinement depuis l'été 2003.

En 20 ans, les structures opérationnelles, les procédures internes, les modalités de travail et les équipes des différents organes de la Cour, institution permanente, ont été mises en place, des enquêtes ont été initiées dans 17 situations sur quatre continents, au moins 51 mandats d'arrêt et citations à comparaitre ont été lancés[2], des poursuites activées et des procédures menées à leur terme. Et même si le nombre total des condamnations prononcées apparait finalement peu élevé par rapport au nombre de mandats émis, cela illustre plus les contraintes extérieures et les limites fixées à la Cour que son échec.

Le travail de la Cour ne se mesure pas uniquement à l'aune des décisions de condamnation rendues et son activité n'a cessé d'augmenter et de se renforcer. De fait, la Cour serait « *confrontée à une charge de travail sans précédent pour 2023* », selon les mots du Greffier lors de sa présentation du Budget le 7 décembre 2022 à l'Assemblée des États Parties (AEP) de la CPI[3]. En 2023, la Cour mène de front :

- Des opérations dans 16 situations, avec au moins 10 enquêtes en cours ;
- Trois procès en parallèle dans trois salles d'audience (affaires *Le Procureur c. Alfred Yekatom et Patrice-Edouard Ngaïssona, Le Procureur c. Mahamat Said Abdel Kani, Le Procureur c. Ali Muhammad Ali Abd-Al-Rahman (« Ali Kushayb »)*) et une affaire au stade des conclusions (affaire *Le Procureur c. Al Hassan Ag Abdoul Aziz Ag Mohamed Ag Mahmoud*);
- Neuf affaires aux stade préliminaire dont une dont l'audience de confirmation des charges est prévue pour l'été 2023 (affaire *Le Procureur c. Maxime Jeoffroy Eli Mokom Gawaka*);
- Cinq affaires ayant mené à des condamnations actuellement au stade des procédures de réparation et de compensation (affaires *Le Procureur c. Ahmad Al Faqi Al Mahdi ; Le Procureur c. Germain Katanga ; Le Procureur c. Thomas Lubanga Dyilo ; Le Procureur c. Bosco Ntaganda ; Le Procureur c. Dominic Ongwen).*

Déjà, lors de la présentation du budget de la Cour pour l'année 2022, avant donc la nouvelle invasion du territoire ukrainien[4] par la Fédération de Russie en février de cette année qui aurait « permis » un tel sursaut éventuel, le Greffier soulignait « *l'augmentation de la charge de travail judiciaire avec un doublement des procès de deux à quatre* »[5].

Dans le même sens, dès décembre 2020, la Procureure d'alors, Mme Fatou Bensouda, dont le Bureau conduisait à ce moment-là des enquêtes dans douze situations, notait que la Cour menait en parallèle « *des activités très soutenues* […] *avec sept affaires* […] *à différents stades de la procédure* » et indiquait que « *l'inadéquation des ressources allouées au Bureau* [avait] *sans doute été l'un des principaux obstacles* […] *rencontrés* » dans son mandat[6]. Quelques jours auparavant, la Procureure avait gelé l'ouverture de nouvelles enquêtes dans deux situations, malgré des examens préliminaires concluant à l'existence d'une base raisonnable pour ouvrir une enquête, en raison justement, comme elle le soutenait, de « *la fâcheuse situation dans laquelle nous nous trouvons compte tenu des restrictions que nous subissons en termes de capacité* [qui] *montre bien les disparités qui existent entre les ressources dont dispose mon Bureau et les exigences toujours plus grandes auxquelles il doit satisfaire* »[7]. Parmi les situations devant faire l'objet d'une enquête différée, la situation au Nigéria, et la situation en Ukraine !

Si l'on élargit la perspective au-delà de la Cour, durant ces mêmes 20 années d'existence de la CPI, d'autres juridictions et mécanismes se sont développés pour prendre en charge les crimes non-couverts par la Cour et sont eux-mêmes « *très occupés* » comme l'expliquait Gilbert Bitti, Juge aux Chambres spécialisées pour le Kosovo[8]. Sans remonter 20 ans en arrière, les récentes années ont vu l'établissement des Chambres Spécialisées pour le Kosovo en août 2015, du Mécanisme international, impartial et indépendant pour la Syrie en décembre 2016, du Mécanisme d'enquête indépendant pour le Myanmar en septembre 2018 ou encore la mise en place de la Cour pénale Spéciale pour la République centrafricaine en 2018, parmi d'autres institutions de la justice pénale internationale.

En parallèle de ces institutions internationales ou régionale, hybrides ou spécialisées, il faut bien évidemment mentionner les systèmes judiciaires nationaux parmi les acteurs clés de ce système de justice pénale internationale. Or il faut bien constater, là encore, une activité croissante des juridictions nationales, de plus en plus actives dans ce domaine des crimes internationaux, parfois grâce aux efforts et au soutien d'une société civile toujours extrêmement active, sur la base de leur compétence territoriale ou personnelle[9], ou de la compétence universelle partielle ou absolue dont leurs législateurs respectifs les ont dotées[10]. À ce niveau également l'on observe plus un trop plein d'affaires qu'un recul de l'activité, et les personnels nationaux spécialisés sont souvent en sous-effectif face à la masse du contentieux possible.

Alors de quel type de sursaut de la justice pénale internationale parlerait-on, qui pourrait être daté de février 2022 et, en creux, de quel désintérêt ou de quelle lassitude avant cette date ? Si l'on ne peut pas observer de réel ralentissement du dynamisme interne de la justice pénale internationale et de ses institutions elles-mêmes, ni de réduction de la charge de travail pour des juridictions et mécanismes qui se sont multipliés et qui sont tous déjà à un niveau d'activité extrêmement élevé, c'est plutôt de sa perception extérieure, de sa visibilité, et du soutien qui lui est apporté qu'il s'agirait lorsque l'on parle d'un « désintérêt grandissant ». C'est donc en réalité de l'attitude politique vis-à-vis de cette justice que nous parlerions et d'une « lassitude » qui serait celle des observateurs extérieurs et des parties prenantes hors champ et en particulier, de celle des acteurs étatiques.

Ce qu'aurait changé la situation en Ukraine, c'est la visibilité globale de cette justice, l'attention qui lui est accordée, la perception réaliste et pragmatique de son utilité, son adéquation avec un besoin politique contemporain et, dans le même mouvement, l'ampleur du soutien politique et opérationnel et de la coopération judiciaire dont elle pourrait bénéficier.

De quelle coopération parle-t-on ?

Le deuxième point à poser concerne justement l'importance de la coopération dans la mise en œuvre de la justice pénale internationale. Du point de vue de la capacité de la CPI, et plus encore de son Bureau du Procureur, à remplir le mandat qui lui a été fixé, la question de la réalité du soutien accordé, qu'il s'agisse d'observer une lassitude ou au contraire un renouveau, n'est pas nouvelle. Et la réponse a toujours été fluctuante. La coopération est la condition *sine qua non* pour que le Bureau du Procureur puisse mener à bien sa mission. Dans le système mis en place par le Statut de Rome, la Cour est le pilier judiciaire et les États sont le pilier « *exécution et mise en œuvre* »[11]. Les actes d'enquête du Procureur ne peuvent être conduits sans la coopération de ses États parties – et au-delà, des États non-parties et des organisations internationales et non-gouvernementales – et l'exécution des décisions de la Cour dépend, de même, de la coopération des États.

Or, malgré le système vertical d'obligation légale de coopérer mis en place et prévu au Chapitre 9 du Statut de Rome[12], l'exécution du mandat du Bureau du Procureur dépend entièrement de la bonne volonté des États *in fine*, en l'absence de force exécutoire des décisions de la Cour et des demandes du Bureau[13], le Bureau ne pouvant pas en réalité ordonner aux États de coopérer, mais uniquement solliciter leur assistance[14] et faire valoir l'existence d'une obligation sans pouvoir l'imposer.

Si le Bureau du Procureur a pu constater dans les années précédent 2022 que le niveau de coopération judiciaire qui lui était accordé était plutôt positif en général dans le cadre des situations sous enquêtes, avec un taux d'exécution des requêtes émises toujours assez élevé malgré une augmentation exponentielle de ses requêtes, ce n'était pas toujours le cas pour les demandes dites sensibles ou complexes telles que l'accès aux renseignements, l'accès aux militaires, les enquêtes financières et, bien sûr, les arrestations et remises.

Surtout, l'évolution de la situation politique régionale et internationale qui constitue la toile de fond des activités de la Cour a systématiquement eu un impact direct sur le soutien général apporté au travail du Bureau du Procureur, sur la diligence avec laquelle ce soutien a pu lui être apporté et sur l'ampleur variable de ce soutien. C'est par rapport à ces interrogations concernant la volonté réelle des États de coopérer avec la justice pénale internationale, dans un cadre bilatéral ou multilatéral, les fluctuations de leurs « besoins » ou attentes de justice au regard des intérêts en jeu, et la volatilité de leurs agendas, que la question de l'avant / après doit finalement être posée.

Le Bureau du Procureur de la CPI et l'Ukraine, une histoire ancienne

Si l'on se penche maintenant plus spécifiquement sur la situation en Ukraine, il faut commencer par rappeler que le Bureau du Procureur de la CPI n'a pas commencé son examen de cette situation le 24 février 2022. Bien que n'ayant pas ratifié le Statut de Rome, l'Ukraine avait reconnu à deux reprises auparavant, en 2014 et 2015, la compétence de la Cour, en vertu de l'article 12-3 du Statut de Rome, à l'égard des crimes présumés commis sur son territoire.

Une première déclaration datée du 9 avril 2014[15] avait reconnu la compétence de la CPI à l'égard des crimes qui auraient été commis sur le territoire ukrainien entre le 21 novembre 2013 et le 22 février 2014. Une seconde déclaration, datée du 8 septembre 2015[16], avait ensuite élargi ce cadre temporel pour une durée indéterminée afin d'englober les crimes qui continueraient d'être commis sur l'ensemble du territoire de l'Ukraine depuis le 20 février 2014.

Sur cette base, un examen préliminaire avait été ouvert le 24 avril 2014 dont la Procureure Fatou Bensouda avait annoncé la conclusion positive le 11 décembre 2020. Elle avait toutefois averti dans le même temps, qu'elle retardait le moment de demander l'autorisation aux juges d'ouvrir cette enquête – étape nécessaire s'agissant alors d'une décision d'ouvrir une enquête prise *proprio motu* sur la base des informations reçues par le Bureau[17] – en raison de « *la fâcheuse situation dans laquelle nous nous trouvons compte tenu des restrictions que nous subissons en termes de capacité* [qui] *montre bien les disparités qui existent entre les ressources dont dispose mon Bureau et les exigences toujours plus grandes auxquelles il doit satisfaire. Il s'agit d'une situation dans laquelle il convient non seulement d'établir des priorités pour le Bureau, pour lequel notre engagement reste entier, mais aussi d'engager de franches discussions avec l'AEP, et d'autres parties prenantes du système mis en place par le Statut de Rome, sur les véritables besoins en ressources de la Cour afin de pouvoir remplir efficacement son mandat* »[18].

Un peu plus d'un an plus tard, et quatre jours seulement après l'invasion militaire du territoire ukrainien par la Russie, le 28 février 2022, le Procureur Karim Khan annonce logiquement que compte tenu des conclusions de cet examen préliminaire[19], il entend demander l'autorisation d'ouvrir une enquête sur la situation en Ukraine[20], enquête qui porterait dès lors également sur tout crime présumé nouvellement commis de la compétence de la Cour.

Cette annonce est suivie dès le lendemain, le 1er mars, par un renvoi collectif devant la Cour de la situation en Ukraine par un groupe de 39 États parties au Statut de Rome[21], rejoints par quatre autres dans les semaines suivantes[22], permettant au Procureur d'ouvrir une enquête directement[23] dès le 2 mars 2022 concernant la situation prévalant sur l'ensemble du territoire ukrainien depuis le 21 novembre 2013[24].

Même s'il ne s'agissait pas ici du premier renvoi collectif d'une situation devant la Cour[25], et même si le Bureau avait ouvert un examen préliminaire concernant la situation en Ukraine depuis déjà huit ans, la rapidité de la succession d'évènements et l'engagement radical d'un grand nombre d'États parties dans ce processus sont inédits et démontrent qu'une bascule s'est opérée, au moins pour cette situation et pour une portion des États parties.

Le point de bascule de février 2022

Au vu de la rapidité de la réaction de certains États, individuellement et collectivement, il est ici approprié de parler, du point de vue de la coopération, d'un moment de bascule. De fait, nous avons assisté dès le début de cette guerre à un changement très clair dans les domaines à la fois du soutien politique et de l'entraide pénale, dont ce renvoi collectif était le premier signe. Affirmation explicite du choix politique – inédit – de l'option judiciaire dans l'éventail possible des réponses à cette entrée en guerre, ce renvoi permettait dans le même temps de donner la main au Procureur dans l'ouverture d'une enquête, sans passer par la procédure d'autorisation des Juges de la Chambre préliminaire.

La couverture médiatique immédiate et massive, avec une présence centrale des questions de droit et de qualification pénale de certains actes de guerre, en parallèle de la couverture des aspects militaires ou diplomatiques, en est un autre signe. Les notions de crimes de guerre, crimes contre l'humanité, crime de génocide et crime d'agression ainsi que la question du forum adéquat pour juger les auteurs de ces crimes ont immédiatement occupé une place qu'elles n'avaient effectivement plus dans le débat public et relancé l'attention sur le système de justice pénale internationale.

Cela s'est aussi traduit, et c'est également suffisamment rare pour être souligné, en termes politiques et opérationnels : le soutien au travail du Bureau du Procureur et la promotion de son action ont été tout aussi forts et constants dans les discours et dans les actes, de la part d'un large panel d'acteurs étatiques.

Le soutien des États parties au Statut de Rome

Au-delà du renvoi de la situation en réponse à une suggestion appuyée du Procureur, les appels de celui-ci dès mars 2022 à la mobilisation des fonds, des ressources et de la coopération au soutien de ses enquêtes vont immédiatement recevoir un écho favorable[26].

Dans les semaines et les mois qui ont suivi le 24 février 2022, le Bureau a pu compter, à sa demande, sur des contributions financières exceptionnelles des États, versées dans un fonds d'affectation spécial mis en place pour financer (1) le développement technologique, (2) le travail sur les crimes sexuels et liés au genre, et (3) la prise en compte du trauma dans les enquêtes[27].

Les États ont aussi mis à disposition du personnel pour rejoindre le Bureau du Procureur temporairement. Ces apports en argent et en personnel exceptionnels devant bénéficier d'ailleurs au bureau dans son ensemble et n'étant pas limités au travail amorcé sur la situation en Ukraine[28].

Simultanément, plusieurs États, dont la France et les Pays-Bas ont déployé des équipes d'experts médicaux-légaux dès la fin du printemps 2022, en soutien des autorités judiciaires ukrainiennes fournissant ainsi un exemple de mise en œuvre idéale du système de Rome avec la CPI agissant de concert avec les autorités nationales compétentes et bénéficiant toutes deux du soutien des États parties et de la société civile intervenant en parallèle, de façon diligente.

L'Ukraine, État territorialement compétent pour poursuivre ces crimes (mais non-État partie) a ainsi bénéficié, et continue de bénéficier, d'un soutien multidimensionnel conséquent de la part d'États lui apportant un soutien opérationnel direct, agissant indirectement en tant que bailleurs avec des groupes de travail conjoints, des conseillers et des experts mis à disposition et s'activant au soutien de tous les départements du système judiciaire ukrainien, au sein du Bureau du Procureur Général, des parquets régionaux, des départements de police compétents, avec des équipes mobiles déployées, des programmes multilatéraux de soutien, des initiatives de la société civile, et des efforts de plaidoyer en faveur de procédures hors d'Ukraine y compris sur la base de la compétence universelle : le « système de Rome » en action.

De manière encore plus parlante, des changements notoires ont pu intervenir à la suite de l'invasion du territoire ukrainien par la Russie dans des délais raccourcis et inimaginables un an auparavant, dans un domaine aussi technique et sensible que l'entraide pénale internationale, dont il faut espérer qu'ils seront durables et reproductibles dans d'autres situations.

Le soutien de l'Union européenne

Ainsi, au niveau de l'entraide entre États-membres de l'Union européenne, et entre ceux-ci, la CPI et l'Ukraine, dès le 25 avril 2022, le Bureau du Procureur annonçait qu'il rejoignait la Lituanie, la Pologne et l'Ukraine au sein d'une équipe conjointe d'enquête sous les auspices d'Eurojust (Agence européenne pour la coopération dans le domaine de la justice pénale)[29], bientôt rejoints par l'Estonie, la Lettonie et la Slovaquie[30], afin de faciliter les enquêtes, la coopération, la communication et le partage d'information en direct entre acteurs judiciaires concernés[31]. C'est la première fois qu'un tel mécanisme s'ouvrait à la Cour, une entité non-étatique. Dans l'univers de l'entraide pénale internationale, c'est un pas de géant.

Si le Bureau avait pu travailler activement depuis 2018 en soutien à une autre équipe conjointe dans la situation en Libye, et collaborer directement avec l'Italie, l'Espagne, les Pays-Bas, le Royaume-Uni et Europol il n'avait jusqu'alors jamais pu formellement intégrer une telle équipe conjointe. Sur la base du précédent établi avec l'Ukraine, le Bureau est officiellement devenu membre à part entière de cette équipe commune d'enquête concernant la Libye, le 7 septembre 2022[32].

Le mandat d'Eurojust a lui-même été amendé dès le 1er juin 2022 en réponse directe à l'agression du territoire ukrainien dans la mesure où, selon les termes du Règlement adopté, « *compte tenu de la gravité de la situation, l'Union devrait prendre de toute urgence toutes les mesures nécessaires pour faire en sorte que les personnes qui commettent des crimes contre l'humanité et des crimes de guerre en Ukraine aient à répondre de leurs actes* » [33]. La modification de son mandat donne à l'Agence jusque-là chargée essentiellement de la coordination entre parquets et juridictions, la capacité nouvelle de rassembler, préserver et partager des éléments de preuve concernant les crimes de guerre et lui permet de créer un système central de stockage dans lequel pourraient être conservées les preuves recueillies par les agences et organes de l'Union, ainsi que par des autorités nationales et internationales ou par des tiers tels que des organisations de la société civile. Le règlement 2022/838 du Parlement européen et du Conseil du 30 mai 2022 prévoit ainsi « *une nouvelle installation de stockage temporaire permettant la préservation, l'analyse et la conservation d'éléments de preuve relatifs aux génocides, aux crimes contre l'humanité, aux crimes de guerre et aux infractions pénales connexes* »[34].

Cet amendement inclut directement dans le mandat de l'agence la possibilité d'analyser et de conserver les preuves relatives aux principaux crimes internationaux ; de traiter des données vidéos, enregistrements audios et images satellites ; et de partager ces preuves avec les autorités nationales et internationales compétentes, y compris la CPI[35].

Cet amendement avait été proposé par la Commission dès le 25 avril 2022, voté le 19 mai 2022 par le Parlement européen, adopté le 25 mai par le Conseil de l'UE. Quand on connait les délais habituels de négociation entre États et organes de l'UE, la rapidité de ce processus est le signe d'un engagement exceptionnel. Celui-ci aboutit d'ailleurs à l'établissement du Centre pour la Poursuite du crime d'agression contre l'Ukraine (ICPA – *International Centre for the Prosecution of the Crime of Aggression against Ukraine*)[36] puis au lancement effectif, dès le 23 février 2023, de la base de données CICED (*Core International Crimes Database*)[37].

Le soutien d'États non-parties : l'exemple des États-Unis

Un autre changement d'importance concerne la position américaine vis-à-vis de la Cour et du Bureau du Procureur. Sans entrer dans l'historique des relations tortueuses entre les administrations américaines successives et la Cour, il suffit ici, afin de démontrer l'ampleur de la bascule, de comparer deux épisodes récents et entièrement opposés de cette relation, l'un datant de deux ans avant le 24 février 2022, l'autre de moins d'un an après.

Le 2 septembre 2020, les États-Unis avaient imposé des sanctions, sous la forme du gel des avoirs, d'une interdiction d'accès au système financier américain et de mesures de restriction des visas à l'encontre de la Procureure Fatou Bensouda et du chef de la Division Compétence, Complémentarité et Coopération du Bureau du Procureur, M. Phakiso Mochochoko sur la base d'allégations de « *tentatives illégitimes de la CPI pour soumettre les Américains à sa juridiction* »[38]. Étaient visées en particulier les enquêtes pour crimes de guerre et crimes contre l'humanité ouvertes sur la situation en Afghanistan et les enquêtes relatives à la situation en Palestine. Cet épisode s'était clos heureusement le 3 avril 2021[39], mais s'inscrivait dans une certaine tradition de défiance vis-à-vis des enquêtes potentielles du Bureau, entamée avec l'adoption du *American Service Members Protection Act* (ASPA) signé le 2 août 2002 immédiatement après l'entrée en vigueur du Statut de Rome[40].

À l'exact opposé, le 30 décembre 2022, le Président Joe Biden signe le *2023 Consolidated Appropriations Act*[41], qui comprend une disposition intitulée « responsabilité pour les crimes de guerre » (« *War Crimes Accountability* ») qui amende l'ASPA de 2002 et permet de débloquer des fonds pour soutenir les enquêtes et les poursuites de citoyens étrangers et d'assister les victimes et les témoins en relation avec les enquêtes sur la situation en Ukraine.

Pour rappel, l'ASPA visait à protéger les citoyens et les membres des forces armées américaines contre la Cour et interdisait de répondre à toute demande de coopération de la part de la Cour ainsi qu'à toute demande de remise ou d'extradition, de fournir toute aide financière, ou de permettre tout acte d'enquête sur le territoire américain.

Si l'amendement Dodd, (« *Dodd Amendment* »), adopté dès le 2 août 2002[42], prévoyait déjà une exception limitée à l'ASPA afin de permettre de soutenir les efforts internationaux visant à amener en justice certains individus non-américains accusés de l'un des trois crimes de la compétence de la Cour, le *Consolidated Appropriations Act* va beaucoup plus loin puisqu'il étend cet amendement et permet explicitement à l'administration américaine de « *prêter assistance à la CPI sur les enquêtes et les poursuites de citoyens non-américains en lien avec la situation en Ukraine, y compris en vue de soutenir les victimes et les témoins* »[43].

Si la position américaine vis-à-vis de la CPI a évolué en fonction des administrations en place, entre opposition frontale et ouvertures ponctuelles favorables à une coopération dans les cas d'alignement stratégique local avec les objectifs de la Cour, il s'agit ici d'une évolution plus explicite et radicale. Même si ce changement reste pour l'heure officiellement limité à la situation en Ukraine, il ouvre théoriquement un large champ des possibles en termes de soutien américain au travail de la Cour et a d'ailleurs immédiatement entraîné toute une série de réactions politiques, académiques et diplomatiques sur l'évolution plus globale de la position légale des autorités américaines[44].

Un paysage nouveau

Plus généralement enfin, l'approche judiciaire de la situation en Ukraine fait l'objet de réflexions juridiques et institutionnelles proactives et créatives, parfois perfectibles mais qui s'étendent au-delà des cercles d'experts et placent la question de la justice au cœur des enjeux, y compris politiques. Sans entrer dans les détails ni se pencher sur les questions de faisabilité et sans vouloir être exhaustif, l'on peut citer :

- Les échanges multiples et l'accueil plus ou moins favorable fait aux demandes pressantes des autorités ukrainiennes en vue de créer un tribunal spécial pour le crime d'agression en raison de l'impossibilité de juger de ce crime devant la CPI dans le contexte de ce conflit ;
- La mise en place rapide à La Haye, annoncée en janvier 2023 par la Présidente de la Commission Européenne, du Centre International d'Enquête pour les Crimes en Ukraine mentionné ci-dessus, qui pourrait préfigurer un tribunal dédié[45].
- Les réflexions sur la question de l'identification, du gel et de la confiscation des avoirs et des réparations et compensations possibles pour les victimes ukrainiennes, y compris sur les possibilités de transfert direct aux victimes ukrainiennes des avoirs gelés et saisis auprès d'entités russes[46];
- La mise en place d'un registre des dommages en vue de l'indemnisation des victimes de l'agression menée par la Fédération de Russie en Ukraine, tel que celui initié par le Conseil de l'Europe le 17 mai 2023[47].

Au-delà de l'Ukraine et du Bureau du Procureur : quelle coopération durable ?

Malgré l'existence de ce sursaut, non pas tant du point de vue de l'activité voire de l'activisme du système judicaire international que de l'attitude des États qui soutiennent et financent ce système, demeure l'interrogation quant à la possibilité de répliquer ces évolutions rapides et significatives du paysage de l'entraide et de la coopération, du soutien politique, opérationnel et juridique au travail du Procureur dans d'autres situations.

Dans ses déclarations du printemps 2022, le Procureur de la CPI a indiqué espérer une réplique de ce phénomène : « *Nous devrions nous mobiliser et coopérer tout autant pour toutes les situations à travers le monde où sont commis des crimes internationaux. Je suis convaincu que les efforts déployés aujourd'hui peuvent servir de modèle à notre action de demain afin de donner une nouvelle impulsion aux activités menées dans toutes les situations dont est saisi mon Bureau* »[48].

On l'a mentionné, les mises à disposition ou la création du fonds d'affectation spécial ont été rendues possibles par la situation en Ukraine mais les fonds ne sont pas fléchés vers l'Ukraine : le Procureur a confirmé publiquement que ces ressources supplémentaires devaient être utilisées à un niveau comparable au soutien de toutes les situations.

De même, comme on l'a vu, la participation à une équipe commune d'enquête sur l'Ukraine a directement facilité la participation du Bureau à une autre équipe commune sur la Libye[49] et il est souhaitable que cette opportunité se renouvelle et se normalise dans le futur.

Ce qu'il convient de surveiller à ce stade, c'est la capacité et la volonté des États, dont les États parties au Statut de Rome en premier lieu, à maintenir leur effort, à soutenir le Bureau dans la continuation de ses enquêtes partout, même et surtout si celles-ci demandent du temps et des ressources, et à financer et soutenir les efforts nécessaires au sein des autres organes de la Cour lorsque des affaires seront portées devant celle-ci.

Ce qu'il conviendra ensuite de surveiller, c'est la capacité et la volonté des États à maintenir leur effort, à soutenir le Bureau dans ses enquêtes partout, même et surtout si celles-ci demandent du temps et des ressources, et à financer et soutenir les besoins des autres organes de la Cour lorsque des affaires seront portées devant celle-ci.

Cependant, jusque-là, on n'a pu observer qu'un impact limité de cette évolution ponctuelle et ciblée sur le budget et les ressources du Greffe de la Cour par exemple. Dans son allocution d'ouverture à l'AEP le 5 décembre 2022, le Président de la Cour M. Piotr Hofmanski a ainsi souligné : « *Ce qui est certain toutefois, c'est qu'en alimentant le moteur, on en augmente le débit. Dans le cas de la CPI, le moteur, c'est le Bureau du Procureur. Il arrivera un moment où l'accroissement de ses activités génèrera davantage de travail pour les chambres. Il est indispensable de mettre d'ores et déjà en place les capacités requises pour répondre efficacement à la charge de travail qui nous attend. Nous avons pour cela besoin d'un budget ordinaire suffisant et équilibré* »[50]. Or, les besoins dans des domaines aussi important que la sécurité du personnel, des infrastructures et des communications de la Cour face à des risques nouveaux ou accrus comme la cybersécurité, de protection des témoins et des victimes, de déploiement des organes de la Cour sur le terrain, de coopération dans les enquêtes financières et de soutien aux arrestations et remises requièrent encore des efforts significatifs.

Plus largement, il s'agit aussi de s'assurer que les chantiers de coopération ouverts en 2022 de façon très soudaine – voire précipitée – puissent s'inscrire dans la durée et peut-être de faire un état des lieux afin de voir comment en maximiser le potentiel. De nombreuses initiatives ont été prises dans l'urgence d'un positionnement politique. Si ce positionnement et ses conséquences concrètes immédiates sont bienvenus et constructifs, ils sont parfois intervenus sans recul et sans coordination, dans une approche dite « en silos ». Il pourrait être utile de prendre du recul afin d'évaluer comment articuler les multiples initiatives, ou à tout le moins comment s'assurer de leur compatibilité et de leur complémentarité. Au niveau européen par exemple, les initiatives portées par les institutions et organes de l'Union européenne, la création d'une nouvelle base de données ou encore l'établissement d'un nouveau centre d'enquête, si elles vont chacune à leur niveau dans le bon sens, risquent aussi de créer de la confusion et des doublons. Les autorités de poursuite nationales elles-mêmes semblent parfois perdues dans ce paysage.

Concilier l'urgence de la réaction attendue face à la violence de l'agression subie et le besoin de prendre le temps d'organiser cette réponse en vue de rendre les progrès réalisés soutenables et reproductibles, trouver un point d'équilibre, c'est le dilemme qui s'offre à la justice pénale internationale dans ce mouvement de bascule.

Un défi global posé à la justice pénale internationale

Enfin, si l'on peut confirmer qu'il s'agit sans nul doute d'un moment de bascule des perceptions et des prises de positions vis-à-vis du rôle et des attentes placées dans la justice pénale internationale, il reste à voir quelles seront l'étendue temporelle et la portée géographique réelles de cette évolution.

Au vu de l'ensemble géographique considéré et des acteurs impliqués, il pourrait être tentant de comparer grossièrement la situation actuelle à ce qui a pu se passer en termes d'évolution flagrante de la coopération dans un sens positif avec le Tribunal Pénal International pour l'ex-Yougoslavie (TPIY) lorsque la perspective d'intégration européenne a commencé à être crédible pour les pays concernés (Croatie et Serbie au premier chef) et que l'Union Européenne a fait de la « *coopération pleine et entière* »[51] avec le TPIY une condition spécifique posée à tous les pays de la région en vue de cette intégration, qu'une évolution positive en matière de coopération entre la Croatie et la Serbie avec le TPIY s'est produite. Actuellement c'est un mouvement exactement inverse, où, eu égard à la gravité de la situation se déroulant à ses portes, ce sont ces mêmes États de l'Union Européenne – entre autres – qui relancent spontanément et avec force leur propre coopération avec les institutions judiciaires pénales.

Nous observons ici un soutien régional large et clair aux enquêtes menées par la Cour dans une situation proche géographiquement. Ce soutien provient d'États parties dont certains sont aussi parmi les plus gros contributeurs au budget de la Cour. Des États qui par ailleurs ont les moyens politiques, financiers et opérationnels de faciliter l'avancée des enquêtes. C'est extrêmement positif et c'est indéniablement un progrès.

Mais en parallèle, la perception de l'action de la Cour sur d'autres continents, y compris sur le continent africain, où les premières enquêtes de la Cour se sont déroulées et dont l'ensemble des suspects jugés à ce stade par la Cour proviennent, semble se détériorer. Si des facteurs multiples peuvent expliquer une perception négative du travail de la justice pénale internationale en particulier hors des groupes dits « des États d'Europe occidentale et autres États »[52] et « des États d'Europe Orientale »[53] (qui, avec la Colombie, le Costa Rica, le Japon et le Chili constituent l'essentiel du groupe ayant renvoyé la situation en Ukraine à la Cour), dont certains fort éloignés de la problématique judicaire, il n'est malgré tout pas certain que cet effort soudain diligent et massif au soutien d'une enquête en Europe soit vu sous un jour positif partout sur le globe et ne crée pas un ressentiment et une perception de deux poids deux mesures proportionnelle au niveau d'effort et de créativité consenti depuis un an et jamais vu auparavant.

Conclusion

Souligner un avant et un après 24 février 2022 en termes de coopération avec le Bureau du Procureur de la CPI et de l'attitude vis-à-vis des institutions de la justice pénale internationale relève de l'évidence. Le changement est flagrant à la fois en ce qui concerne le développement des possibilités et facilités d'entraide pénale mais aussi autour des efforts budgétaires consentis par les États parties pour apporter une réponse judiciaire multimodale aux actes criminels commis dans le cadre de cette invasion du territoire ukrainien.

Ce n'est pas la justice pénale internationale qui a sursauté, ce sont les États qui en avaient établi les fondements et qui se rappellent soudain son existence, confrontés à une situation particulièrement grave et menaçante. En dézoomant, la question se pose cependant de la durabilité de ce sursaut, de son impact ailleurs et de ses répercussions sur les autres situations d'intérêt pour la Cour – voire du risque d'une nouvelle lassitude et d'un retour au sol brutal.

L'efficacité réelle de la coopération avec la Cour et l'ampleur du rebond dépend finalement toujours des intérêts politiques en jeu. Si l'on regarde ailleurs, au-delà de la Méditerranée par exemple, il n'est pas certain que ce sursaut soit visible avec autant de netteté. Ces fluctuations temporelles et géographiques ne sont pas nouvelles, mais elles confirment de façon extrêmement visible que les acteurs de cette justice, aussi indépendante et impartiale que soient leurs prises de décision, ne reçoivent le soutien adéquat leur permettant de mener à bien leurs activités que lorsque celles-ci se retrouvent alignées avec un agenda politique international suffisamment consensuel ou dominant.

Il s'agit donc de réussir à utiliser l'énergie de ce sursaut pour d'autres situations et de relever le défi du maintien d'un équilibre entre coopération nécessaire et justice sélective, d'éviter la politisation du soutien budgétaire et opérationnel à la Cour et de revenir à un terrain de jugement neutre. Une partie de la réponse réside dans la constance des efforts des États. Une autre partie réside dans notre capacité à nous tous, acteurs de cette justice pénale internationales, à continuer nos efforts de sensibilisation au plus près des décideurs politiques et des populations concernées.

Notes

1 Les opinions exprimées dans cette contribution n'engagent que l'auteur et ne sauraient en aucun cas refléter la position de *Project Expedite Justice.*

2 Le site de la Cour recense 51défendants, sans compter les mandats d'arrêt non-publics ni les mandats récemment émis contre M. Vladimir Vladimirovich Putin et Mme Maria Alekseyevna Lvova-Belova, le 17 mars 2023.

3 Traduction libre, voir la Déclaration du Greffier de la Cour pénale internationale, M. Peter Lewis sur le Projet de budget-programme pour 2023, prononcée lors de la 21ème session de l'Assemblée des États parties, le 7 décembre 2022 à La Haye

4 Après les évènements de début 2014 qui avaient vu l'annexion de la Crimée par la Russie (le 28 février) puis la proclamation par celle-ci des deux « républiques populaires » de Donetsk (le 7 avril), et de Lougansk (le 11 mai).

5 Traduction libre, voir la Déclaration du Greffier de la Cour pénale internationale, M. Peter Lewis sur le Projet de budget-programme pour 2022 prononcée lors de la 20éme session de l'Assemblée des États parties, le 9 décembre 2021 à La Haye

6 Déclaration du Procureur de la Cour pénale internationale, Fatou Bensouda, à l'Assemblée à sa 19e session, 20 décembre 2020

7 Ibid.

8 Voir l'intervention de M. Gilbert Bitti lors du panel du Colloque international organisé par l'iReMMO le 24 février 2023, intitulé *De l'Ukraine au Moyen-Orient: un sursaut de la justice pénale internationale ?*

9 Voir par exemple les procédures en cours en Guinée : https://www.fidh.org/fr/regions/afrique/guinee-conakry/guinee-proces-28-septembre-2009-victimes.

10 Voir quelques exemples récents de procédures aux Pays-Bas : https://www.justiceinfo.net/fr/117069-pays-bas-premier-proces-crimes-contre-yezidis.html ; en Suisse : https://www.justiceinfo.net/fr/115844-gambien-ousman-sonko-juge-crimes-contre-humanite-suisse.html ; ou en France : https://www.justiceinfo.net/fr/116682-genocide-rwanda-mille-et-une-vies-officier-gendarmerie-juge-paris.html

11 Voir Juge Phillipe Kirsch, premier Président de la CPI, *Address to the United Nations General Assembly 4* (1 novembre 2007, cité in *International Cooperation and Judicial Assistance* P. TURLAN & R. RASTAN, *in* Babington Ashaye, Comrie and Adeniran (eds.), *International Criminal Investigations: Law and Practice,* Eleven International Publishing, 2018.

12 Article 86 et suivants.

13 Voir "La Coopération des États, un enjeu majeur", P. TURLAN, in J. Fernandez & O. de Frouville, Les Mutations de la Justice pénale internationale, Colloque international du CRDH, Pédone,

2018.
14 Voir Article 87 (a) du Statut de Rome : « *La Cour est habilitée à adresser des demandes de coopération aux Etats Parties* ».
15 Voir https://www.icc-cpi.int/sites/default/files/itemsDocuments/997/declarationRecognitionJuristiction09-04-2014.pdf.
16 Voir https://www.icc-cpi.int/sites/default/files/iccdocs/other/Ukraine_Art_12-3_declaration_08092015.pdf#.
17 Sur la base de l'article 15 du Statut de Rome.
18 Voir *supra,* note 7.
19 Voir *supra*, note 10.
20 Voir https://www.icc-cpi.int/fr/news/declaration-du-procureur-de-la-cpi-karim-aa-khan-qc-sur-la-situation-en-ukraine-jai-pris-la.
21 Voir https://www.icc-cpi.int/situations/ukraine?ln=fr et https://www.icc-cpi.int/fr/news/declaration-du-procureur-de-la-cpi-karim-aa-khan-qc-sur-la-situation-en-ukraine-reception-de.
22 Voir https://www.icc-cpi.int/sites/default/files/2022-04/JAPAN_referral.pdf, https://www.icc-cpi.int/sites/default/files/2022-04/State-Party-Referral-North-Macedonia.pdf, https://www.icc-cpi.int/sites/default/files/2022-04/20220321164751497-ukraine-referral-montenegro.pdf et https://www.icc-cpi.int/sites/default/files/2022-04/20220401-Chile-Letter-to-OTP.PDF.
23 Cette fois-ci sur la base de l'article 14 du Statut de Rome.
24 Voir *supra*, note 28.
25 Voir le renvoi de la Situation en République bolivarienne du Venezuela I par un groupe d'États parties en date du 27 septembre 2018 : https://www.icc-cpi.int/fr/venezuela-i.
26 Voir *supra* note 27 et https://www.icc-cpi.int/fr/news/le-procureur-de-la-cpi-m-karim-aa-khan-qc-annonce-le-deploiement-en-ukraine-dune-equipe.
27 Voir https://www.icc-cpi.int/fr/news/declaration-du-procureur-de-la-cpi-karim-aa-khan-qc-loccasion-de-sa-visite-en-ukraine-et-en.
28 Voir https://www.icc-cpi.int/fr/news/le-procureur-de-la-cpi-m-karim-aa-khan-qc-annonce-le-deploiement-en-ukraine-dune-equipe.
29 Voir https://www.icc-cpi.int/fr/news/declaration-du-procureur-de-la-cpi-karim-aa-khan-qc-le-bureau-du-procureur-se-joint-aux.
30 Voir https://www.eurojust.europa.eu/news/estonia-latvia-and-slovakia-become-members-joint-investigation-team-alleged-core-international
31 Voir https://www.eurojust.europa.eu/judicial-cooperation/instruments/joint-investigation-teams.
32 Voir https://www.icc-cpi.int/sites/default/files/2022-11/2022-11-09-otp-report-unsc-libya-fra.pdf
33 Voir https://www.eurojust.europa.eu/document/regulation-eu-2022838-european-parliament-and-council-30-may-2022.
34 Voir le Règlement (UE) 2022/838 du Parlement européen et du Conseil du 30 mai 2022 modifiant le règlement (UE) 2018/1727 en ce qui concerne la préservation, l'analyse et la conservation, au sein d'Eurojust, des éléments de preuve relatifs aux génocides, aux crimes contre l'humanité, aux crimes de guerre et aux infractions pénales connexes : https://www.eurojust.europa.eu/sites/default/files/assets/celex-32022r0838-fr-txt.pdf, para. 12
35 « Eurojust (art. 4 - Fonctions opérationnelles d'Eurojust) : (...) j) soutient l'action des États membres dans la lutte contre les génocides, les crimes contre l'humanité, les crimes de guerre et les infractions pénales connexes, y compris en préservant, en analysant et en conservant les éléments de preuve relatifs à ces crimes et infractions pénales connexes et en permettant l'échange de ces éléments de preuve ou autrement en mettant ces éléments de preuve directement à la disposition des autorités nationales compétentes et des autorités judiciaires internationales, en particulier de la Cour pénale internationale. » Voir le Règlement (UE) 2018/1727 du Parlement européen et du Conseil du 14 novembre 2018 relatif à l'Agence de l'Union européenne pour la coopération judiciaire en matière pénale (Eurojust) et remplaçant et abrogeant la décision 2002/187/JAI du Conseil : https://eur-lex.europa.eu/legal-content/FR/TXT/PDF/?uri=CELEX:32018R1727 , article 4, Fonctions opérationnelles d'Eurojust.
36 Voir https://neighbourhood-enlargement.ec.europa.eu/news/statement-president-von-der-leyen-joint-press-conference-ukrainian-president-zelenskyy-2023-02-02_en

37 Voir https://www.eurojust.europa.eu/news/start-operations-core-international-crimes-evidence-database-and-new-international-centre, et https://www.eurojust.europa.eu/publication/core-international-crimes-evidence-database-ciced.
38 Voir https://www.icc-cpi.int/fr/news/la-cour-penale-internationale-condamne-les-sanctions-economiques-des-etats-unis.
39 Voir https://www.icc-cpi.int/fr/news/la-cpi-se-felicite-de-la-decision-du-gouvernment-des-etats-unis-mettant-fin-aux-sanctions-et.
40 Voir https://www.govinfo.gov/content/pkg/PLAW-107publ206/pdf/PLAW-107publ206.pdf.
41 Voir https://www.congress.gov/bill/117th-congress/house-bill/2617/text.
42 Voir https://www.law.cornell.edu/uscode/text/22/7433.
43 Voir supra, note 49, Section 7073 of the Act, War Crimes accountability, traduction libre.
44 Voir entre autres : https://www.justsecurity.org/85362/almost-there-when-will-the-biden-administration-support-the-icc-in-ukraine/; https://www.justsecurity.org/85408/unpacking-new-legislation-on-us-support-for-the-international-criminal-court/; https://www.justsecurity.org/85121/the-american-servicemembers-protection-act-and-the-dodd-amendment-shaping-united-states-engagement-with-the-icc-part-ii/#:~:text=Under%20the%20Dodd%20Amendment%2C%20the,crimes%2C%20or%20crimes%20against%20humanity; https://www.justsecurity.org/85148/the-binding-interpretation-by-the-office-of-legal-counsel-of-the-laws-constraining-us-engagement-with-the-icc-part-iii/.
45 Voir le Règlement (UE) 2018/1727 du Parlement européen et du Conseil du 14 novembre 2018 relatif à l'Agence de l'Union européenne pour la coopération judiciaire en matière pénale (Eurojust) et remplaçant et abrogeant la décision 2002/187/JAI du Conseil : https://eur-lex.europa.eu/legal-content/FR/TXT/PDF/?uri=CELEX:32018R1727 , article 4, Fonctions opérationnelles d'Eurojust.
46 Voir https://neighbourhood-enlargement.ec.europa.eu/news/statement-president-von-der-leyen-joint-press-conference-ukrainian-president-zelenskyy-2023-02-02_en
47 Voir https://www.eurojust.europa.eu/news/start-operations-core-international-crimes-evidence-database-and-new-international-centre, et https://www.eurojust.europa.eu/publication/core-international-crimes-evidence-database-ciced.
48 Voir https://www.icc-cpi.int/fr/news/le-procureur-de-la-cpi-m-karim-aa-khan-qc-annonce-le-deploiement-en-ukraine-dune-equipe.
49 Voir https://www.icc-cpi.int/fr/news/la-cpi-se-felicite-de-la-decision-du-gouvernment-des-etats-unis-mettant-fin-aux-sanctions-et
50 Voir l'Allocution du Président lors de l'ouverture de la 21ème session de l'Assemblée des États parties au Statut de Rome : https://www.icc-cpi.int/fr/news/le-procureur-de-la-cpi-m-karim-aa-khan-qc-annonce-le-deploiement-en-ukraine-dune-equipe
51 Voir les Conclusions du Conseil européen du 3 octobre 2005 : https://data.consilium.europa.eu/doc/document/ST-12883-2005-INIT/en/pdf
52 Le Groupe des États d'Europe occidentale et autres États (GEOA) est un bloc régional non-officiel votant aux Nations unies et comprenant 28 États, soit 24 États d'Europe de l'Ouest, la Turquie, Israël, les États-Unis, le Canada, la Nouvelle-Zélande et l'Australie.
53 Le Groupe des États d'Europe Orientale (GEO) est un autre bloc régional non-officiel votant aux Nations unies et souvent opposé au GEOA. Il comprend 23 États, majoritairement issu de l'ancien bloc de l'Est pendant la guerre froide ; soit tous les pays d'Europe de l'Est, ainsi que ceux du Caucase.

Rafaëlle Maison

Agrégée des facultés de droit, Professeur à l'Université Paris Saclay

Quelles poursuites internationales des crimes commis en Ukraine ?

Résumé

Loin d'un engouement « international » pour la poursuite des crimes commis en Ukraine, nous sommes en présence d'une forte pression occidentale. Cette pression soulève différents problèmes. L'insistance européenne et états-unienne risque d'alimenter la réserve d'États non-occidentaux vis-à-vis de la Cour pénale internationale et fait craindre une fragilisation des enquêtes qu'elle mène sur d'autres situations. La licéité des poursuites pour crimes de guerre visant le Président russe récemment annoncées par la Cour pénale internationale est incertaine dès lors, notamment, que le conflit en Ukraine n'a pas fait l'objet d'un renvoi par le Conseil de sécurité des Nations Unies, qu'il concerne deux États non-parties au Statut de la Cour, et que le travail de celle-ci paraît grandement influencé par un troisième État non-partie, les États-Unis. Enfin, l'impossibilité pour la juridiction pénale internationale de se saisir du crime d'agression, dont la définition est d'ailleurs très stricte au regard des précédents de Nuremberg et de Tokyo, conduit les États occidentaux à contourner la Cour en proposant la création d'un Tribunal ad hoc, au risque de modifier l'état du droit international tel que consacré dans la Charte des Nations Unies.

Abstract

Far from an "international" enthusiasm for prosecuting the crimes committed in Ukraine, we are witnessing a strong Western pressure. This pressure raises a number of problems. The insistence of Europe and the United States risks fueling reservations about the International Criminal Court on the part of non-Western States and raises fears that the Court's investigations into other situations will be undermined. The legality of the war crimes prosecutions against the Russian President recently announced by the International Criminal Court is questionable, particularly given that the conflict in Ukraine has not been referred by the United Nations Security Council, that it involves two States that are not parties to the Court's Statute, and that the Court's work appears to be greatly influenced by a third non-party State, the United States. Lastly, the impossibility for the international criminal court to deal with the crime of aggression, which is, moreover, very strictly defined by the Nuremberg and Tokyo precedents, has led the Western States to bypass the Court by proposing the creation of an ad hoc Tribunal, at the risk of changing the state of international law as enshrined in the United Nations Charter.

« Il est indispensable de discuter de la fin de ce conflit qui a causé tant de morts et de ravages et remis en cause la sécurité alimentaire et énergétique à travers le monde, sans oublier les risques graves pour la sûreté et la sécurité nucléaires de la région et du monde entier. Le Brésil condamne le recours à la force pour régler tout différend, a réaffirmé son représentant, en exhortant le Conseil de sécurité et la communauté internationale à agir pour promouvoir des pourparlers de paix entre la Fédération de Russie et l'Ukraine, par la médiation de l'ONU et des pays désireux d'y contribuer »,
ONU, couverture de la réunion du Conseil de sécurité, 17 février 2023

Savoir si l'engouement « international » pour les poursuites pénales internationales, suscité par la situation en Ukraine, peut avoir des « effets d'entraînement » sur d'autres enquêtes conduites par le Procureur de la Cour pénale internationale, notamment les enquêtes portant sur le Proche et le Moyen Orient, est une question centrale dans les rapports géopolitiques actuels. Cet engouement pourrait-il, notamment, engendrer un sursaut de l'activité pénale relative à la situation en Palestine, qui semble être aujourd'hui très restreinte[1] ? Il est évidemment possible d'en douter tant la poursuite internationale des crimes commis en Ukraine obéit à un schéma très particulier, qui cherche à modifier les règles et pratiques classiques, schéma dans lequel l'influence des alliés de l'Ukraine s'exerce au sein de la Cour pénale internationale ainsi qu'hors de cette institution. À cet égard, il convient de parler d'engouement occidental plus qu'international.

Cet engouement états-unien et européen pour les poursuites internationales risque bien plutôt de retarder les enquêtes ouvertes par ailleurs par la Cour pénale internationale, et d'alimenter la réserve des États non-occidentaux à l'égard de celle-ci. On relèvera d'ailleurs immédiatement que ces États ne se sont pas associés aux demandes d'enquête formulées au printemps 2022 par nombre d'États européens auprès du Procureur de la Cour pénale internationale, demandes d'enquêtes qui ont permis au Procureur international – de nationalité britannique – de décider, très rapidement, d'ouvrir une enquête sur la situation en Ukraine puis de demander l'émission de mandats d'arrêts à l'encontre de hauts responsables russes.

Deux aspects composent cet engouement occidental : la poursuite des crimes de guerre d'une part, celle du crime d'agression d'autre part. Le régime juridique international attaché à ces crimes différant grandement, les possibilités de poursuites internationales sont variées et il convient donc de les exposer successivement. C'est bien parce que la Cour pénale internationale ne pourrait juger que des crimes de guerre que d'autres solutions sont vantées en Europe pour que soit jugé le crime d'agression.

La poursuite de crimes de guerre commis en Ukraine : l'option incertaine de la Cour pénale internationale ?

L'invasion russe de l'Ukraine, et le conflit en résultant, relevons-le d'emblée, met en présence deux États belligérants non-parties au Statut de Rome. Ce traité de Rome, qui crée l'organisation internationale qu'est la Cour pénale internationale, permet néanmoins des enquêtes sur des crimes de guerre, crimes contre l'humanité ou génocide, dès lors que l'un des États, l'Ukraine, a accepté ponctuellement en 2014[2] puis en 2015[3], la compétence de la Cour qu'il institue[4]. L'acceptation ponctuelle de sa compétence autorise donc la Cour à connaître de crimes commis sur le territoire ukrainien, y compris par un État non-partie au Statut de Rome. Il est bien connu que cette spécificité du Statut de Rome, qui semble contraire au principe classique de l'effet relatif des traités, suscite la réserve d'un certain nombre d'États, parmi lesquels les États-Unis. On peut en conséquence être légitimement surpris de voir les États-Unis s'engager dans une collaboration avec une organisation, la Cour pénale internationale, dont ils avaient, de plus, très récemment sanctionné les fonctionnaires auxquels ils reprochaient leur enquête sur l'Afghanistan et sur la Palestine[5].

Des tiers au Statut de Rome

Toutefois, aujourd'hui, les États-Unis entendent participer pleinement aux enquêtes concernant la situation en Ukraine[6], et peuvent donc les orienter. Ils y ont, semble-t-il, été invités par le Procureur de la Cour[7], alors même que cette collaboration avec un État tiers, habituellement hostile à l'institution, pose des problèmes à la fois politiques et juridiques. Juridiquement, on peut certainement s'interroger sur l'exercice d'un contrôle financier[8] et diplomatique sur une organisation, la Cour, que cet État n'a pas choisi de rejoindre, sans d'ailleurs que les États parties au Statut de Rome n'aient eu à se prononcer sur cette forme d'association inédite. Les États-Unis paraissent ainsi exercer, au sein de la Cour, un pouvoir qui correspond normalement à celui des États parties au Statut de Rome, les seuls à pouvoir renvoyer une situation pour enquête, et, dès lors, alimenter cette enquête[9]. Il y a certainement lieu d'insister sur l'originalité et la fragilité de la configuration actuelle : un État non-partie faisant l'objet d'une enquête sur la base de l'acceptation de la compétence de la Cour par un autre État non-partie, enquête elle-même alimentée, notamment, par un troisième État non-partie. Quel est donc cet outil, la Cour, permettant son utilisation par des tiers au détriment de tiers ? La situation juridique inédite affecte certainement, en droit, le processus d'enquête et permet à la Russie d'affirmer légitimement qu'elle n'est nullement liée[10].

Il n'en demeure pas moins que l'acceptation ponctuelle de la compétence de la Cour pénale internationale par l'Ukraine, en 2014 puis 2015, a d'abord conduit le Procureur de la Cour à mener un examen préliminaire sur la situation antérieure au mois de février 2022. Dans sa communication de presse, le Procureur de l'époque, assez classiquement au regard de sa pratique, affirmait avoir identifié des crimes « *commis par les différentes parties au conflit* »[11].

Accélération et ciblage de l'enquête

L'approche s'est toutefois modifiée et le processus s'est accéléré avec des demandes d'enquêtes formellement déposées par nombre d'États parties au Statut de Rome après la fin du mois de février 2022 : d'abord la Lituanie, le 1er mars, suivi de quarante-deux autres États parties au Statut de Rome, essentiellement européens[12]. Ces demandes collectives ont eu deux conséquences. La première est d'ordre juridique. Avec ces demandes étatiques d'enquête, le Procureur est dispensé d'obtenir l'autorisation d'enquêter d'une Chambre préliminaire. Le positionnement des juges de la Chambre préliminaire aurait en effet exigé du temps, et son contenu demeurait aléatoire, ces juges pouvant accepter ou refuser l'enquête[13]. La seconde est plus immédiatement politique. La demande d'enquête émanant d'un nombre inédit d'États témoigne d'une forte pression exercée sur le Procureur pour une action rapide. Elle a donc permis à un Procureur – convaincu à vrai dire

– d'ouvrir une enquête très vite. Le 28 février 2022, il l'annonçait déjà en précisant son intention « *d'inclure dans cette enquête toute nouvelle allégation de crime relevant de la compétence de mon Bureau, commis par toute partie au conflit, sur quelque partie du territoire ukrainien que ce soit* »[14]. Depuis cette annonce, l'enquête a donc été conduite et alimentée par une coopération avec Eurojust[15], c'est-à-dire l'Union européenne, et, on l'a signalé, d'autres États non-parties au Statut de Rome, les États-Unis ayant adopté une loi spécifique aux fins de cette coopération inhabituelle[16].

À l'origine donc, l'examen préliminaire pouvait laisser penser que le Procureur de la CPI enquêterait sur toutes les parties au conflit, position réitérée en février 2022. Les offensives ukrainiennes sur la région du Donbass, par exemple, n'étaient pas exclues du regard de la Cour. Mais il est successivement apparu, au regard des coopérations annoncées, que la cible serait particulièrement identifiée et que l'enquête s'attacherait en réalité aux seuls acteurs russes. C'est donc sans grande surprise que l'on a pu constater son issue en mars 2023 avec les mandats d'arrêts émis contre le Président russe et sa Commissaire aux droits de l'enfant[17]. Le chef d'accusation retenu était peut-être plus surprenant : transferts d'enfants comme crime de guerre[18]. On peut s'en étonner à deux titres, sans que cette analyse ne soit définitive. D'abord, parce que ce chef d'accusation suggère que d'autres comportements dans la guerre, particulièrement exposés au public occidental, n'ont peut-être pas pu être retenus au regard, à ce stade, d'une insuffisance de preuves. D'autre part, parce que le « transfert d'enfants » renvoie d'abord à la figure du génocide, qui a sans doute été envisagée, avant d'être finalement écartée, en un mouvement dont il serait intéressant de connaître les raisons, la thématique du « génocide » étant d'ailleurs sous-jacente à l'argumentaire de l'un et l'autre des belligérants[19].

Rappelons-le, enfin, dans le Statut de Rome, la Cour peut encore être empêchée de juger d'éventuelles affaires si les États compétents, ici l'Ukraine et la Russie, exercent leurs propres pouvoirs pénaux : c'est le principe de complémentarité. Cibler des transferts d'enfants officiellement organisés par les autorités russes permet de réduire ce premier aléa, car un État est peu susceptible de poursuivre lui-même des comportements qui sont licites au regard de son droit interne. L'aléa de poursuites visant tous les belligérants a également disparu, on l'a vu, en raison des pressions exercées sur l'enquête. Cet aléa existait cependant à l'origine, ce qui a pu conduire à rechercher, un temps du moins, d'autres options, permettant de centrer les enquêtes sur la seule Russie.

La poursuite d'un crime d'agression dans le conflit russo-ukrainien ?

Poursuivre le crime d'agression présentait en effet un intérêt politique majeur qui transparait assez clairement chez les promoteurs de cette idée : l'Ukraine, l'Union européenne, où certains États sont plus motivés que d'autres, une partie de la doctrine s'étant exprimée à plusieurs reprises dans la presse[20]. L'intérêt, pour l'Ukraine et ses alliés, est qu'une seule cible apparente subsiste : la Russie. L'autre intérêt est que, contrairement aux crimes de guerre, seuls les dirigeants peuvent être reconnus coupables de ce crime, c'est-à-dire « *les personnes effectivement en mesure de contrôler ou de diriger l'action politique ou militaire d'un État* »[21]. En revanche, l'outil international qu'est la Cour pénale internationale n'est plus disponible car, s'agissant du crime d'agression, le Statut de Rome organise un régime spécifique, témoignant clairement du caractère extrêmement sensible de la question dans le système juridique international, dominé, en matière de maintien de la paix ou de sécurité collective, par le droit des Nations Unies. S'agissant du crime d'agression, aucun État non-partie au Statut de Rome ne peut voir ses agents poursuivis devant la Cour[22]. Il est donc absolument exclu de voir les dirigeants russes poursuivis à ce titre devant la Cour pénale internationale.

Des projets incertains

Des solutions *ad hoc* ont ainsi été proposées[23]. Celles-ci restent cependant très incertaines car, contrairement aux précédents des Tribunaux pénaux internationaux pour l'ex-Yougoslavie et le Rwanda, il est évidemment impossible de créer un tribunal spécial par le moyen d'une résolution du Conseil de sécurité. Il pourrait alors s'agir d'un tribunal international créé par l'Ukraine et ses alliés. C'est la version proposée par Philippe Sands, mais ceci ne compose pas un tribunal véritablement international[24]. Une autre version, celle de la Commission européenne par la voix d'Ursula von der Leyen[25], passerait par la création d'un tribunal soutenu par l'Organisation des Nations Unies (ONU). Mais comment pourrait-il être soutenu par cette organisation ? S'il s'agissait d'un tribunal créé par accord entre l'Ukraine (et ses alliés) et l'ONU, sa création devrait d'une manière ou d'une autre, faire intervenir soit le Conseil de sécurité (c'est le modèle du Tribunal spécial pour la Sierra Leone), soit l'Assemblée générale de l'organisation (c'est le modèle des Chambres extraordinaires au sein des tribunaux cambodgiens). Dans les deux exemples précités (Sierra Leone, Cambodge), il s'agissait en outre de juger des crimes commis dans un contexte essentiellement interne, nullement de juger d'un crime d'agression[26]. Enfin, un tribunal créé par l'Assemblée générale des Nations Unies elle-même n'est pas à exclure complètement. L'Assemblée générale pourrait peut-être se baser sur les pouvoirs qu'elle exerce depuis qu'a été ressuscitée, en février 2022, la résolution « Union pour la paix » de 1950[27] ? Cette solution serait toutefois inédite et juridiquement contestable[28]. Politiquement, l'évolution des votes[29] et, surtout, le contenu des résolutions adoptées par l'Assemblée générale depuis février 2022, permet de la considérer comme improbable.

En somme, si tribunal spécial il y avait, ce serait peut-être un tribunal supranational, mais surtout un tribunal des alliés de l'Ukraine contre la Russie. Sa légitimité en serait affaiblie et sa légalité très fragile, notamment au regard du droit qu'il devrait appliquer : le droit du recours à la force des Nations Unies, dont l'acceptation est universelle et l'applicabilité contrainte par les rapports de force que sanctuarise le texte de la Charte, ici contournée. En effet, la réaction à un acte d'agression relève de la responsabilité du Conseil de sécurité et l'un de ses membres permanents peut s'y opposer[30]. C'est bien la raison pour laquelle l'intervention états-unienne en Irak en 2003 n'a pu donner lieu à des sanctions, et que la situation qu'elle a créée a été progressivement réintégrée dans le cadre légal par une série de résolutions du Conseil de sécurité[31]. Condamner les dirigeants russes pour un crime d'agression serait assez évidemment un contournement de la lettre et de l'esprit de la Charte des Nations Unies. C'est d'ailleurs pour atténuer un tel conflit normatif que le régime pénal de l'agression défini par l'Assemblée des États parties au Statut de Rome en 2010 exclut son application à un État qui ne l'aurait pas accepté. Le Statut de Rome permet, en tout état de cause, et dès l'origine, au Conseil de sécurité de suspendre des poursuites qui menaceraient la paix et la sécurité internationale[32]. Le Statut de Rome, et la Cour pénale internationale, sont donc subordonnés au droit de la Charte[33]. Comment un tribunal *ad hoc*, un tribunal régional, un tribunal de l'Ukraine et ses alliés, parfois promu, pourrait-il s'en émanciper ? À moins de renoncer à la Charte – solution politiquement inaccessible et juridiquement périlleuse –, il est bien difficile de l'imaginer.

L'identification du crime d'agression

Évoquons enfin les spécificités du crime d'agression. D'abord pour rappeler que toute agression n'est pas un crime d'agression. La définition du crime d'agression, adoptée par l'Assemblée des États parties au Statut de Rome en 2010, exige que l'on soit en présence d'un « *acte d'agression qui, par sa na-*

ture, sa gravité et son ampleur, constitue une violation manifeste de la Charte des Nations Unies »[34]. Certes, ce pourrait être le cas en présence d'une invasion, accompagnée de combats et d'annexion territoriale, et un premier pas a été franchi avec la qualification de l'agression russe par l'Assemblée générale des Nations Unies[35]. Mais si un tribunal institué dans les conditions douteuses décrites ci-dessus choisissait de s'inspirer des précédents de Nuremberg et de Tokyo, précédents constamment convoqués dans une partie de la doctrine occidentale, la question resterait tout de même extrêmement délicate.

En effet, à Nuremberg et à Tokyo, le cœur des procès était bien le crime contre la paix (aujourd'hui crime d'agression) et le « *complot en vue de commettre le crime contre la paix* ». Il s'agissait de saisir des politiques expansionnistes de l'Allemagne et du Japon au détriment d'États, de populations et de territoires étrangers. Les juridictions militaires internationales ont retenu deux critères du crime contre la paix : un critère matériel d'attaque militaire et un critère intentionnel – le but de domination permanent de territoires et de populations étrangères. Et afin de le sanctionner, c'est-à-dire d'identifier le lieu et la nature des décisions de politique étrangère adoptées, les tribunaux militaires internationaux ont dû interroger les ressorts des choix allemands et japonais sur une assez longue période ; ils ont identifié un plan global (Japon) ou des plans successifs (Allemagne) de domination, finalement réalisés[36]. Si l'on suivait ce modèle, qui est l'unique précédent, il faudrait donc faire retour sur l'histoire du conflit, interroger le discours justificatif de la Russie et poser plusieurs questions dérangeantes, qui se rapportent au but de l'intervention de la Russie dans un conflit qui existait avant le 24 février 2022.

Peut-on accepter juridiquement l'invocation par la Russie de l'article 51 de la Charte des Nations Unies (légitime défense et légitime défense collective), hypothèse qui empêcherait la qualification d'un acte d'agression, excluant alors que l'on puisse s'engager dans l'analyse de toute dimension criminelle[37] ? Des éléments permettent de le soutenir dès lors que les Républiques du Donbass ont proclamé leur indépendance en 2014[38] ; finalement reconnues par la Russie le 21 février 2022, celle-ci entendrait les aider à lutter contre les offensives ukrainiennes. Le discours du Président russe du 24 février 2022 accompagne cette invocation de la légitime défense de la nécessité de protéger la population du Donbass[39]. Peut-on accepter le devoir de protection des populations du Donbass avancé par la Russie, qui exprime une version étendue de la « responsabilité de protéger »[40] ? La question n'est pas non plus à écarter définitivement dès lors que des sources internationales officielles attestent des pertes de la population civile du Donbass à partir de 2014[41]. Si cet argument ne suffit pas à lui seul à écarter définitivement la qualification d'un acte d'agression (l'intervention n'ayant pas été autorisée par le Conseil de sécurité, et ce n'est pas par hasard que le Président russe invoque la nécessité de protéger les populations en combinaison avec l'article 51 de la Charte), il pourrait permettre, de même, d'écarter la figure du projet de domination. Enfin, peut-on considérer que la Russie chercherait à dominer des populations étrangères dès lors que le rattachement à la Russie a été accepté par plusieurs référendums (septembre 2022) après l'intensification du conflit ? Certes, l'Assemblée générale des Nations Unies a condamné ces référendums[42], mais ceci n'a pas nécessairement de conséquences sur l'identification du but de domination aux fins de la qualification d'un crime d'agression, qui reste incertaine.

L'analyse du conflit en Ukraine sur la longue durée produit donc une image plus complexe que celle qui est avancée par les tenants d'une juridiction spéciale[43]. Elle commande de le re-situer dans le processus de dissolution de l'URSS, de l'avancée de l'OTAN et de l'Union européenne en Europe de l'Est[44], du changement de régime en Ukraine, ou coup d'État[45], ayant suivi les événements de Maidan, prolongé par une politique de restrictions des libertés politiques[46] et des spécificités linguistiques[47], de l'utilisation par le gouvernement ukrainien de groupes paramilitaires radicaux liés à des mouvements nationalistes nostalgiques du bandérisme[48], de la répression de l'insurrection du Donbass, qui a trouvé une solution politique dans les accords de Minsk, internationalement acceptés[49] mais non respectés. C'est à la lumière de ce contexte que doit être évaluée la position récente de la Russie, et ce contexte ne permet pas une assimilation du comportement de cet État à celui de l'Allemagne ou du Japon qui permettrait aisément de reconnaître un crime d'agression à l'aune du précédent de Nuremberg et de Tokyo.

Conclusion

Si l'activité récente de la Cour pénale internationale semble avoir fait reculer les projets de tribunal spécial, puisqu'elle a abouti au résultat que ceux-ci recherchaient, c'est-à-dire la désignation pénale du Président russe, induisant des obligations d'arrestation pour certains États, il y a toujours lieu de poser une dernière question ; celle du risque généré par ce résultat s'agissant des projets de paix. Comment, en effet, négocier la paix, et en même temps juger ceux avec qui cette négociation doit être conduite[50] ? Cette dernière question pourrait bien éclairer ce qui est recherché par le bloc occidental soutenant l'Ukraine. L'accusation pénale a pour objectif très évident de discréditer le pouvoir russe, de le poser en ennemi avec lequel il n'est pas envisageable de négocier la paix. Il s'agit probablement de prolonger la guerre dans l'espoir d'obtenir un changement de régime en Russie. Nous sommes donc dans le cas typique où le choix pénal peut – ou vise à – miner les espoirs de paix. Ce cas est théoriquement reconnu par le Statut de Rome qui permet au Conseil de sécurité, aujourd'hui impuissant, de suspendre des enquêtes ou des poursuites qui gêneraient des négociations de paix[51]. On peut estimer que ce choix pénal, et le projet qui le sous-tend, entrent en contradiction avec le droit des Nations Unies dont la Cour pénale internationale s'émancipe imprudemment. C'est ce risque que cherchait à prévenir la définition d'un régime spécial pour l'agression dans le Statut de Rome ; il se réalise néanmoins par le résultat d'une enquête pour crimes de guerre sous contrôle occidental. Et, finalement, en dépit des précautions prises en 2010, le procureur Karim Khan pourrait devenir l'outil d'une tentative de transformation de la logique de la sécurité collective posée, en 1945, dans la Charte. À moins que ses choix ne viennent, à l'inverse, délégitimer durablement la Cour pénale internationale.

Notes

1 Voir la contribution de Triestino Mariniello dans ce numéro.

2 Déclaration du 9 avril 2014 : l'Ukraine accepte la compétence de la Cour pour les actes commis en Ukraine entre le 21 novembre 2013 et le 22 février 2014.

3 Déclaration du 8 septembre 2015 : l'Ukraine accepte la compétence de la Cour pour connaître des actes commis en Ukraine depuis le 20 février 2020. Des crimes qui auraient été commis par des agents de la Fédération de Russie (« senior officials ») et les responsables des organisations « terroristes » DNR et LNR sont spécialement visés. Dans sa pratique, la Cour ne s'estime pas liée par de telles restrictions.

4 Article 12 du Statut de Rome.

5 « Washington sanctionne Fatou Bensouda, la procureure de la Cour pénale internationale », Paris, *Le Monde*, 2 septembre 2020

6 Voir la contribution de Pascal Turlan dans ce numéro.

7 Déclaration du Procureur de la CPI, Karim A.A. Khan, 11 mars 2022 : « *Il reste essentiel pour mon Bureau de pouvoir compter sur le soutien collectif de l'ensemble des États parties et de la communauté internationale dans son ensemble* [nous soulignons]. *À cet égard, je suis en mesure d'annoncer également que j'ai envoyé une communication officielle à l'ensemble des Etats parties pour les inviter à prêter assistance à mon Bureau par le biais de contributions financières volontaires et du détachement d'experts nationaux.* » On le voit, cette dernière invitation ne s'adresse officiellement qu'aux États parties, la pratique décrite par Pascal Turlan, *op. cit.*, excède clairement ce cercle.

8 Un fonds spécial, pouvant être alimenté par des contributions volontaires, a été créé suite à l'ouverture de l'enquête sur l'Ukraine officiellement pour parer à l'accroissement des activités du bureau et au bénéficie de l'ensemble des situations, voir Pascal Turlan, *op. cit.* Voir aussi la déclaration du Procureur de la CPI, Karim A.A. Khan QC, à l'occasion de sa visite en Ukraine et en Pologne : « *Cette assistance est cruciale pour permettre à mon Bureau de répondre à ses besoins urgents en matière de ressources, et d'accorder toute l'attention voulue à l'ensemble des situations faisant actuellement l'objet d'une enquête ou pour lesquelles un procès est en cours* ».

9 Article 14 du Statut de Rome : « *L'État qui procède au renvoi indique autant que possible les circonstances pertinentes de l'affaire et produit les pièces à l'appui dont il dispose* ». *Certes, le*

Statut de Rome, complété par le Règlement du Bureau du Procureur, permet au procureur d'utiliser des sources extrêmement variées. L'article 54 du Statut précise aussi que le Procureur peut « conclure tous arrangements ou accords qui ne sont pas contraires aux dispositions du présent Statut et qui peuvent être nécessaires pour faciliter la coopération d'un État, d'une organisation internationale ou d'une personne ».

10 « *La Russie, comme un certain nombre d'États, ne reconnaît pas la compétence de ce tribunal. Par conséquent, du point de vue de la loi, les décisions de ce tribunal sont nulles et non avenues* » affirme le porte-parole Dimitri Peskov après l'annonce des mandats d'arrêt visant Vladimir Poutine et Maria Lvova-Belova, Paris, *Le Monde*, 17 mars 2023.

11 CPI, Déclaration du Procureur Fatou Bensouda, 10 décembre 2020. Voir aussi le rapport du Bureau du Procureur sur les activités menées en 2020 en matière d'examen préliminaire, 14 décembre 2020, pp. 73 s.

12 Ainsi que l'Australie, le Canada, la Nouvelle-Zélande, le Japon, la Colombie, le Costa Rica, le Chili. Aucun État africain ne s'est associé, voir la Déclaration du Procureur de la CPI, Karim A. A. Khan, 11 mars 2022. Dans le « renvoi collectif » du 2 mars, les États demandent à la Cour d'exercer sa compétence "*with respect to the jurisdictional scope accepted by Ukraine*".

13 Déclaration du Procureur de la CPI, 28 février 2022 : le renvoi d'un État partie « *nous permettrait de commencer à enquêter activement sans plus attendre, en toute indépendance et impartialité* ».

14 Déclaration du Procureur de la CPI, 28 février 2022.

15 CPI, communiqué de presse du 21 septembre 2022 : « *Eurojust et le Procureur de la CPI publient des lignes directrices concrètes pour aider à consigner et préserver les informations relatives aux crimes internationaux* ».

16 Voir la contribution de Pascal Turlan, *op. cit.*

17 Voir la déclaration du Président de la Cour, le juge polonais Piotr Hofmanski, https://www.youtube.com/watch?v=FbKhCAaRLfc. On relèvera dans cette déclaration la formule suivante, qui pourrait s'appliquer au cas de la Palestine (colonisation) : "*It is forbidden by international law for occupying powers to transfer civilians from the territory they live in to other territories*". La décision des juges émettant les mandats d'arrêts ne semble quant à elle pas accessible au public ; le contenu des mandats est tenu secret.

18 Plus précisément, selon le site de la Cour : « *déportation illégale de population (enfants) et transfert illégal de population (enfants)* », « *de certaines zones occupées de l'Ukraine vers la Fédération de Russie* », Communiqué de presse du 17 mars 2023.

19 Le Président Poutine invoque un génocide au Donbass le 24 février 2022 tandis que l'Ukraine saisit la Cour internationale de justice pour obtenir un jugement sur l'intervention russe. C'est la Convention de 1948 sur la prévention et la répression du crime de génocide qui est employée par l'Ukraine : la Russie ne devrait pas pouvoir invoquer l'existence d'un génocide pour justifier son intervention armée. La Cour a ordonné des mesures conservatoires exigeant la suspension immédiate, par la Russie, des opérations militaires qu'elle a commencées le 24 février sur le territoire de l'Ukraine, estimant, à ce stade, que « *l'Ukraine a un droit plausible de ne pas faire l'objet d'opérations militaires par la Fédération de Russie aux fins de prévenir et punir un génocide allégué sur le territoire ukrainien* » (Cour internationale de justice, *Allégations de génocide au titre de la Convention pour la prévention et la répression du crime de génocide, Ukraine c. Fédération de Russie*, Ordonnance du 16 mars 2022, par. 60). Le différend porte en réalité sur la licéité du recours à la force, et se trouve, selon le juge Bennouna « *artificiellement rattaché* » à la Convention sur le génocide pour permettre à la Cour de statuer.

20 Philippe Sands a particulièrement œuvré en ce sens, voir ses tribunes publiées dans *Le Monde* : « Créons un tribunal spécial pour juger le crime d'agression commis contre l'Ukraine » (avec Gordon Brown), 4 mars 2022, « Il ne peut y avoir d'impunité pour le crime d'agression contre l'Ukraine » (avec Mathilde Philip-Gay, 24 février 2023).

21 Article 8 *bis* du Statut de Rome.

22 Pas plus que les agents d'États parties au Statut de Rome n'ayant pas accepté l'amendement sur la définition de l'agression, qui sont à vrai dire nombreux (seuls 44 États parties sur 123 l'ont accepté). Le régime spécial en matière d'agression est posé aux articles 15 *bis* et 15 *ter* du Statut de Rome.

23 Pour une analyse approfondie, voir la consultation des professeurs Olivier Corten et Vahios Koutroulis pour le Parlement européen, "Tribunal for the crime of aggression against Ukraine – a legal assessment".
24 Voir la note 20. C'est semble-t-il à cette version du tribunal spécial que se rallient deux ouvrages récents, Robert Badinter, Bruno Cotte et Alain Pellet, *Vladimir Poutine, L'accusation*, Paris, Fayard 2023 et Mathilde Philip-Gay, *Peut-on juger Poutine* ?, Paris, Albin Michel 2023.
25 Philippe Jacqué et Stéphanie Maupas, « Guerre en Ukraine : Bruxelles recommande la création d'un tribunal spécial pour poursuivre Vladimir Poutine », Paris, *Le Monde*, 1er décembre 2022. Voir aussi la Résolution du Parlement européen du 19 janvier 2023 sur la création d'un tribunal pour le crime d'agression contre l'Ukraine (2022/3017(RSP)).
26 Pour une présentation de ces différentes juridictions internationales, voir notamment Rafaëlle Maison, *Justice pénale internationale*, Paris, PUF, 2017.
27 Conseil de sécurité, Résolution 2623 (27 février 2022) ; Assemblée générale, Résolution ES-11/1, Agression contre l'Ukraine (A/RES/ES-11-1), 2 mars 2022.
28 En ce sens, Olivier Corten et Vahios Koutroulis estiment qu'elle ne pourrait relever que d'une interprétation évolutive du droit international. La solution est juridiquement douteuse mais néanmoins envisageable : "*We cannot definively exclude this possibility, at least as a means of evolving international law*", in « Tribunal for the crime of aggression against Ukraine – a legal assessment », *op. cit.*, p. 16.
29 Voir Pierre Breteau, « Résolution sur la Russie à l'ONU : quels pays ont changé de position depuis mars 2022 ? », *Le Monde*, 24 février 2023. La résolution de l'Assemblée générale relative aux réparations du 14 novembre 2022 n'a été adoptée que par 94 votes favorables (14 votes contre et 73 abstentions), A/RES/ES-11/5.
30 Articles 24, 27 et chapitre VII de la Charte des Nations Unies.
31 Sur cette question, voir notamment Rafâa Ben Achour, « L'ONU et l'Irak II », in Actualité et droit international, Paris, *Revue d'analyse juridique de l'actualité internationale*, novembre 2003. Pour l'auteur, « *la réanimation de l'ONU sera progressive mais toujours très en deçà des exigences de la stricte légalité internationale* ».
32 Article 16 du Statut de Rome.
33 La subordination au droit des Nations Unies est annoncée dès le préambule du Statut de Rome, les États y « *réaffirmant les buts et principes de la Charte des Nations Unies et, en particulier, que tous les États doivent s'abstenir de recourir à la menace ou à l'emploi de la force, soit contre l'intégrité territoriale ou l'indépendance politique de tout État, soit de toute autre manière incompatible avec les buts des Nations Unies* » et « *Soulignant à cet égard que rien dans le présent Statut ne peut être interprété comme autorisant un État partie à intervenir dans un conflit armé ou dans les affaires intérieures d'un autre État* ». La Cour pénale est « *permanente et indépendante* » mais « *reliée au système des Nations Unies* ». Rappelons surtout l'important article 103 de la Charte des Nations Unies qui pose « *En cas de conflit entre les obligations des Membres des Nations Unies en vertu de la présente Charte et leurs obligations en vertu de tout autre accord international, les premières prévaudront* ».
34 Article 8 *bis* du Statut de Rome, qui renvoie d'ailleurs explicitement aussi, pour l'identification des actes d'agression, à la célèbre résolution 3314 (1974) de l'Assemblée générale des Nations Unies.
35 Assemblée générale, Résolution ES-11/1, Agression contre l'Ukraine (A/RES/ES-11-1), 2 mars 2022 : plus précisément l'Assemblée générale « *Déplore, dans les termes les plus vifs, l'agression commise par la Fédération de Russie contre l'Ukraine en violation du paragraphe 4 de l'article 2 de la Charte* » (point 2). Relevons aussi qu'elle « *Demande instamment le règlement pacifique immédiat du conflit entre la Fédération de Russie et l'Ukraine par voie de dialogue, de négociation, de médiation et autres moyens pacifiques* » (point 14).
36 Pour une analyse de cette jurisprudence, voir Rafaëlle Maison, *La responsabilité individuelle pour crime d'État en droit international public*, Bruxelles, Bruylant, 2004, pp. 58-83.
37 Le fondement juridique invoqué pour l' « opération militaire spéciale » a fait l'objet d'une notification en vertu de l'article 51 de la Charte, accompagnée du discours du Président Poutine du 24 février 2022, voir Lettre datée du 24 février 2022, adressée au Secrétaire général par le Représentant permanent de la Fédération de Russie auprès de l'organisation des Nations Unies,

document S/2022/154, disponible en ligne : https://digitallibrary.un.org/record/3959647?ln=fr#record-files-collapse-header

38 Carlo Santulli interroge déjà en 2014 la possibilité du constat de l'indépendance du Donbass « *auquel s'attacherait la qualité étatique* », « La crise ukrainienne : position du problème », Paris, *RGDIP*, 2014, pp. 813-815. Si, poursuit-il, « *le Donbass a accédé à l'indépendance, les 'insurgés ' sont alors devenus les autorités légitimes de l'État exerçant son droit 'inhérent' à la légitime défense codifié par les termes de l'article 51 de la Charte des Nations Unies* », *op. cit.*, p. 816.

39 « *Les Républiques populaires du Donbass ont appelé la Russie à l'aide. Ainsi, en application de l'Article 51 du Chapitre VII de la Charte des Nations Unies, avec l'aval du Conseil de la Fédération de Russie et conformément aux traités d'amitié et d'assistance mutuelle conclus avec les Républiques Populaires de Donetsk et de Lougansk et ratifiés par l'Assemblée fédérale le 22 février de cette année, j'ai pris la décision de mener une opération militaire spéciale. Son objectif est de protéger ceux et celles qui, huit années durant, ont subi les outrages du régime de Kiev et le génocide orchestré par lui. Aussi, à cette fin, nous oeuvrerons à la démilitarisation et à la dénazification de l'Ukraine et traduirons en justice les auteurs de nombreux crimes sanglants perpétrés contre des civils, dont des citoyens de la Fédération de Russie. Cela étant dit, nous n'avons pas pour projet d'occuper des territoires ukrainiens. Notre intention n'est pas d'imposer quoi que ce soit à qui que ce soit par la force.* [...] *Notre politique est fondée sur la liberté, la liberté des choix, qui permet à chacun de déterminer son propre avenir et celui de ses enfants. Or, nous pensons qu'il importe que ce droit – le droit de choisir – puisse être exercé par tous les peuples vivant sur le territoire de l'Ukraine actuelle, par tous ceux qui le souhaitent* ». *Le discours du 24 février insiste sur le contexte général d'extension de l'OTAN et invoque la protection de la sécurité de la Russie :* « *Il est ici question de la protection de la Russie même contre ceux qui ont pris l'Ukraine en otage et tentent de l'utiliser contre notre pays et son peuple* ». Et avant : « *La poursuite de l'expansion des infrastructures de l'Alliance de l'Atlantique Nord et le début de la militarisation des territoires de l'Ukraine nous sont inacceptables. Bien sûr, le problème ne vient pas de l'Organisation du Traité de l'Atlantique Nord elle-même, puisqu'elle est un instrument de la politique étrangère américaine. Le problème est que sur des territoires limitrophes de notre pays – je précise, sur nos propres territoires historiques – une 'anti-Russie' qui nous est hostile est en train de se créer, placée sous un contrôle extérieur total, lourdement fortifiée par les forces armées des pays de l'OTAN et inondée d'armes parmi les plus modernes* », voir Annexe à la Lettre adressée au Secrétaire général de l'ONU, S/2022/154.

40 Résolution de l'Assemblée générale des Nations Unies du 16 septembre 2005, Document final du sommet mondial de 2005, A/RES/60/1, points 138 et 139.

41 Haut Commissariat aux droits de l'homme des Nations Unies (HCDH), Conflict-related civilian casualties in Ukraine, 27 janvier 2022 : "*During the entire conflict period, from 14 April 2014 to 31 December 2021, OHCHR recorded a total of 3,106 conflict related civilian deaths* [...]. *The number of injured civilians is estimated to exceed 7,000*". Voir HCDH, Report on the human rights situation in Ukraine, 16 November 2019 to 15 February 2020, p. 8, ainsi que « Attention à ces publications trompeuses sur le bilan des morts dans le Donbass depuis 2014 », Paris, AFP, 4 mars 2022.

42 Assemblée générale, résolution du 12 octobre 2022, A/RES/ES-11/4. L'Assemblée générale « *condamne l'organisation par la Fédération de Russie de soi-disant référendums illégaux dans des régions situées à l'intérieur des frontières internationalement reconnues de l'Ukraine et la tentative d'annexion illégale des régions ukrainiennes de Louhansk, de Donetsk, de Kherson et de Zaporijia qui a suivi* ».

43 Relevons la formule déjà juste en 2014 de Carlo Santulli : « *Dans nos démocraties pluralistes, les universitaires s'alignent comme un seul homme derrière le monolithe médiatique pour condamner l''attitude russe', sans même prendre la peine d'en exposer les points de force* », *op. cit.*, p. 800.

44 Sur l'accord d'association UE-Ukraine, qui a aussi joué un rôle dans la crise de Maidan, voir Philippe Maddalon, selon lequel « *l'accord d'association demeure le moyen pour l'Union d'obtenir l'application de ses normes en dehors du territoire des Etats membres* », « La crise ukrainienne : un instrument de mesure des possibilités et des limites du droit de l'Union européenne », Paris, *RGDIP*, 2014, p. 832. Sur les dimensions économiques du conflit, voir Giulio

Palermo, *Le conflit russo-ukrainien, L'impérialisme US à la conquête de l'Europe*, Paris, Delga, 2023.

45 En ce sens, Carlo Santulli, *op. cit.*, p. 801.

46 Par exemple, Amnesty international, 17 décembre 2015 : « Ukraine : l'interdiction du parti communiste est un coup porté à la liberté d'expression dans le pays ».

47 Nikita Taranko Acosta, « Ukrainisation à marche forcée », Paris, *Le Monde diplomatique*, mai 2019.

48 Sur le sort du bandérisme après la Seconde Guerre mondiale, voir notamment Annie Lacroix-Riz, « Impérialismes dominants en Ukraine de l'avant 1914 au sauvetage-recyclage germano-américain des criminels de guerre banderistes (1980-1990) », et les sources citées, in *La Russie sans œillères, Du conflit en Ukraine au tournant géopolitique mondial*, Paris, Delga, 2022, pp. 153-177.

49 Résolution 2022 du Conseil de sécurité du 17 février 2015

50 C'est la question que posent Olivier Corten et Vahios Koutroulis dans leur consultation pour le Parlement européen : "*Would such a creation lead to an aggravation of the conflict or, on the contrary, would it lead Russian authorities to negotiate a general settlement including the scope and the limits of this judicial avenue? Here again, those questions should be addressed carefully before engaging in such a path*", consultation précitée (note 23), p. 40

51 Article 16 du Statut de Rome.

Entretien avec le juge Bruno Cotte
Propos recueillis par Leïla Bourguiba

Président honoraire de la Chambre criminelle de la Cour de cassation et ancien président de chambre de première instance à la Cour pénale internationale

La montée en puissance de la CPI

Résumé

Ancien juge français à la Cour pénale internationale (CPI) et Président honoraire de la Chambre criminelle de la Cour de cassation, Bruno Cotte a occupé les plus hautes fonctions judiciaires et pénales au niveau national et international. Il est aujourd'hui toujours aussi actif et mobilisé sur les questions de justice pénale internationale, apportant son éclairage et son expertise dans différents fora. Dans un entretien accordé à la revue Confluences Méditerranée, nous revenons avec lui sur la mobilisation extraordinaire de la CPI et de juridictions nationales dans les enquêtes et poursuites des crimes commis dans le conflit russo-ukrainien. Une mobilisation qui soulève des questions quant à la capacité d'en poursuivre les plus hauts responsables, mais aussi quant aux capacités ou volontés de répliquer les mêmes efforts s'agissant d'autres conflits.

Abstract

Bruno Cotte is a former French judge at the International Criminal Court (ICC) and Honorary President of the Criminal Division of the Cour de Cassation. He has held the highest judicial and criminal positions at both national and international level. Today, he remains as active as ever on issues of international criminal justice, contributing through his insights and expertise in a variety of forums. In an interview with Confluences Méditerranée, we touch upon the extraordinary involvement of the ICC and national courts in the investigation and prosecution of crimes committed in the Russian-Ukrainian conflict. This mobilisation raises questions about the capacity to prosecute those most responsible, but also about the capacity or willingness to replicate the same efforts in other conflicts.

Confluences Méditerranée : Vous avez récemment publié aux éditions Fayard l'ouvrage Vladimir Poutine, L'accusation, co-écrit avec Robert Badinter et Alain Pellet. Pourquoi, le juge que vous êtes a décidé de publier ce qui est définitivement un « acte d'accusation » un an après le début du conflit armé ?

Bruno Cotte : Au mois de décembre 2022, Robert Badinter a pris contact avec Alain Pellet et moi-même car il lui est apparu que l'on ne pouvait plus se taire, et qu'il fallait, peut-être, en écrivant un bref ouvrage permettre à tous nos compatriotes, qui ont le souci de chercher à comprendre ce qui se passe, de bien réaliser les actes qui se commettaient en Ukraine depuis le 24 février 2022. Réaliser qui était à l'origine de ces actes, leur gravité et qu'ils étaient susceptibles de constituer des crimes de guerre, des crimes contre l'humanité voire, peut-être aussi, si on se réfère à certaines déclarations, le crime de génocide.

Il est certain que les juristes qu'ils réunissaient là avaient conscience qu'ils ne disposaient d'aucun des éléments de preuve en cours de constatation judiciaire et que s'aventurer sur le terrain d'une mise en accusation, quand on ne dispose pas de tels éléments, pouvait apparaître comme particulièrement imprudent. Cet obstacle a été levé dans la mesure où il s'est avéré que, dès le début des hostilités, des crimes de guerre par les troupes de la Fédération de Russie étaient commis. On ne peut hélas dire que de tels comportements en temps de conflit sont rares mais d'emblée, ici, ces actes ont été presque instantanément portés à la connaissance de l'opinion internationale. Ces informations venaient d'organismes institutionnels comme les commissions mises en place par les Nations unies ou par l'OSCE[1], de grandes organisations non-gouvernementales dont les enquêtes sont soumises à des protocoles stricts qui en garantissent la fiabilité et l'objectivité, tout en procédant à des auditions sur le terrain et à des recoupements. Ce recueil d'informations se fait alors indépendamment des travaux d'un certain nombre de reporters de guerre ou de correspondants de journaux ayant déjà une certaine habitude des scènes de guerre. C'est tout cela réuni qui a permis aux trois auteurs de ce livre de trouver des éléments suffisants, tout en disant avec prudence qu'il appartiendra au Procureur, au vu des éléments de preuve qu'il aura collectés, s'il a une base suffisante pour une caractérisation de crimes de guerre, de crimes contre l'humanité et évidemment du crime d'agression, qui semble déjà caractérisé juridiquement, ce crime étant à l'origine de tous les autres crimes commis.

Il nous est apparu, qu'à partir de là, nous étions quand même en droit de proposer un acte d'accusation et c'est pour cela qu'il n'y a pas de conclusion. La conclusion est brève et sèche : c'est un acte d'accusation.

CM : Tout le monde semble s'être jeté dans la bataille judiciaire très tôt pour collecter les éléments de preuve, enquêter, poursuivre et juger. Comment envisagez-vous la répartition, voire la concurrence des dossiers ?

BC : D'emblée la réaction judiciaire a été immédiate. C'est vrai. Elle a été immédiate bien entendu du côté des autorités judiciaires ukrainiennes, qui d'ailleurs ont déjà jugé un premier auteur de crimes de guerre – un procès médiatisé. Depuis, on a entendu parler de deux ou trois autres jugements. Réaction judiciaire étonnement rapide aussi, on ne peut que s'en féliciter, de la Cour pénale internationale (CPI) qui a effectivement engagé des enquêtes avec transport sur les lieux, déploiement de médecins légistes et experts de toute sorte. Réaction judiciaire de la part d'un certain nombre d'États également, avec une portée toutefois différente selon les États.

Cette multiplicité d'enquêtes peut donc en effet faire redouter une dispersion ou la disparition d'éléments de preuve, ou encore leur non-communication judiciaire aux autorités les plus compétentes. Il semble néanmoins qu'assez rapidement une sorte de coordination s'est mise en place au niveau européen par le biais de Eurojust[2]. Les États européens ont décidé l'élargissement de ses compétences avec une activité, précisément, de réception et de stockage des éléments de preuve réunis et la mise en œuvre d'équipes d'enquête commune. Ce qui aurait donc pu être redouté il y a un an, semble ne pas s'être produit. Une coordination minimale semble s'être mise en place.

La question est de savoir comment se répartiront ensuite les jugements des affaires menées à leur terme. On a tendance à penser, et c'est raisonnable, que la CPI devrait connaître le sort et les accusations portées contre les plus hauts dirigeants, tel le président de la Fédération de Russie et les ministres les plus directement concernés ou encore certains oligarques dont il pourrait être démontré qu'ils auraient financièrement contribué, de manière plus que significative, à l'effort de guerre. La CPI laisserait alors aux juridictions ukrainiennes le soin de poursuivre ceux ayant commis les crimes de guerre sur instruction ou tout autre mode de responsabilité prévu. En même temps, il ne faudrait pas que les juridictions ukrainiennes ne poursuivent de tels comparses et ne les jugent très rapidement alors que devant la CPI il faudrait attendre des années pour que soit prononcé un seul jugement. Cela milite d'autant plus pour la possibilité de procédures *in absentia* – nous y reviendrons peut-être –, car si seules des condamnations d'exécutants sont prononcées, aussi terribles qu'aient été leurs actes, le sentiment d'une justice véritablement rendue n'adviendra pas, car ils n'étaient que les exécutants, parfois présentés comme ayant été livrés à eux-mêmes sur le terrain des combats. Il faut absolument éviter une justice à deux vitesses.

CM : C'est une forte et remarquable mobilisation que vous décriviez s'agissant de l'Ukraine. Elle semble historique et est certainement louable, mais aussi essentiellement occidentale. Cela questionne finalement la capacité de répliquer de tels efforts pour des crimes commis ailleurs. Quelle est votre analyse de cette situation qui pourrait finalement fragiliser l'idée même de justice pénale « internationale » ?

BC : L'extrême mobilisation du mois de mars 2022 a montré la capacité de mobilisation rapide du Bureau du procureur afin d'éviter le dépérissement d'un certain nombre d'éléments de preuve. Elle montre également l'extrême fragilité de cette justice pénale internationale qui, d'évidence, ne pourra pas et ne peut pas tout mener de front simultanément. On ne peut pas s'empêcher de penser que cette forte mobilisation, mise en œuvre par le Procureur de la CPI, est susceptible de se faire au détriment des autres dossiers dont est déjà saisie la CPI. Autrement dit, est-ce que cette mobilisation n'a pas comme contrepartie de laisser dans l'ombre des poursuites en cours, qui méritent pourtant incontestablement d'être menées rapidement à leur terme ?

C'est vraiment aux responsables de la CPI, à la fois la présidence et au bureau du procureur, dans le respect de leurs compétences respectives, et vraisemblablement à l'Assemblée des États parties, de veiller à ce que la CPI remplisse l'intégralité de sa mission. Aussi, si un jour il devait il y avoir des procès, il faudrait veiller à ce que chacun ait sa place.

Il y a aussi un certain nombre de procédure qui ne sont pas en cours, mais qui mériteraient d'être mises à l'étude et vraisemblablement lancées. On peut en particulier se poser la question de l'abandon, à ce point et totalement, de la Syrie. Des millions de réfugiés ont quitté la Syrie. Faut-il leur souhaiter d'y retourner alors même que l'on ignore totalement les conditions dans lesquelles ils seront accueillis et s'ils ne seront pas arrêtés comme opposants ? Les propriétés, les terres qu'ils exploitaient depuis longtemps n'ont-elles pas été confisquées ?

De nombreuses questions se posent ainsi pour l'avenir de la justice pénale internationale. Peut-elle tout mener de front ? Peut-on admettre que des comportements, constitutifs de crimes de guerre et de crimes contre l'humanité, constatés sur le territoire syrien à compter de l'année 2011, puissent demeurer impunis ?

CM : Justice et paix sont souvent présentées comme étant inconciliables. S'agissant de l'Ukraine, il a pu être reproché la délivrance de mandats d'arrêts à l'encontre notamment de Vladimir Poutine, perçus comme bloquant toute issue diplomatique. Qu'en pensez-vous ?

BC : Indépendamment même de ce souci de ne pas compromettre ce qu'on appelle parfois le jeu diplomatique, il faut avoir conscience que pour beaucoup, la justice peut être un obstacle à la paix. C'est vrai. Celle-ci impose des concessions réciproques et, il est peu probable, pour certains, que Vladimir Poutine, par exemple, accepte la moindre discussion tendant à un règlement pacifique, tant qu'il est poursuivi. Nous avions assisté ce printemps 2023 à une tentative de conciliation ou de recherche de solutions initiée par différents pays du continent africain, en particulier l'Afrique du Sud. Certes, elle a vraisemblablement échoué, mais parmi les conditions qui étaient posées à la recherche d'une solution pacifique figurait la suspension des poursuites actuellement engagées par la CPI contre Vladimir Poutine ; et donc par voie de conséquence la levée des mandats d'arrêt.

C'est une question importante et qui explique parfois la résistance de la part de certains gouvernements, et vraisemblablement du gouvernement français, à la recherche d'une solution qui paraît inconciliable avec la continuation des poursuites engagées. Je crois me souvenir que lorsque les mêmes problèmes se posaient devant le Tribunal pénal international pour l'ex-Yougoslavie, Antonio Cassese, qui le présidait à l'époque – figure incontestable du droit pénal international – répondait quasi systématiquement : 'la diplomatie aux diplomates et la justice aux juges'. Ne mélangeons pas, à chacun son domaine !

Depuis le début de ce conflit, j'entends effectivement souvent que la justice ne doit pas aller trop vite au risque d'être une entrave à la paix. À titre personnel et je n'hésite pas à le dire, il faut impérativement aboutir à la paix. Est-ce que cette paix passe par le succès de l'une des parties, ce qui évidemment créera des ressentiments profonds pour l'autre qui n'aura plus qu'une envie, à savoir gagner à son tour lorsque le moment sera venu ? Je ne sais pas.

Mais il faut vraiment avoir conscience que justice et paix sont parfois très difficilement conciliables et, à l'heure actuelle comment peut-on décemment envisager des négociations avec le président de la Fédération de Russie ? Le comportement qu'il adopte, les doubles discours qui sont tenus, la désinformation qui sévit actuellement en Russie permettent-ils de penser que des pourparlers puissent être sérieusement engagés.

CM : Lors du colloque, M. Gilbert Bitti rappelait des propos entendus au ministère de la Défense français en marge des négociations de Rome (CPI), en situation de conflit : « soit on envoie les militaires, soit on envoie les juges, mais pas les deux ». Eu égard aux difficultés rencontrées par la CPI à poursuivre lorsque le conflit ou la situation de violence est en cours, peut-on juger efficacement et justement en période de conflit ?

BC : Il est vrai que la plupart des tribunaux pénaux internationaux sont jusqu'ici intervenus quand les conflits sont en cours, mais c'est en même temps l'accusation que l'on faisait à cette justice, celle d'être une justice au service des vainqueurs. À l'heure actuelle, nous sommes en plein conflit. On n'en voit pas la fin, et on a l'impression que les positions des deux parties sont totalement irréconciliables, s'il fallait que la justice lève le pied au prétexte que ce serait peut-être un argument pour faciliter des négociations de paix, je pense qu'elle ne remplirait pas son rôle. Elle pourrait peut-être, au contraire, en avançant rapidement et de manière beaucoup plus efficace, constituer un argument en faveur de la négociation d'un véritable traité de paix, et encore, je n'en suis pas certain. C'est une situation en réalité assez inextricable.

Ce que l'on a pu connaître jusqu'à présent, notamment dans différents pays du continent africain, n'avait absolument pas la même ampleur, ni la même portée en termes d'opérations militaires, de nombre de victimes combattants et de victimes civiles, ainsi que de dégâts gigantesques causés aux infrastructures militaires et civiles. Jamais dans les grands conflits armés antérieurs, il n'était question de justice et celle-ci fonctionne et avance actuellement en même temps que le conflit. C'est totalement inédit.

CM : Du temps s'est déjà écoulé pour les crimes commis en Syrie, on imagine aussi les difficultés de l'arrestation de Vladimir Poutine. Vous parlez souvent de « patience » lorsque vous parlez de justice pénale internationale, comment concilier ce temps judiciaire et l'urgence, légitime, des victimes et des communautés affectées d'obtenir des réponses à leurs questions et souci de justice ? Comment s'assurer que les plus hauts responsables, qu'il s'agisse de Vladimir Poutine ou de Bachar al-Assad soient un jour, pas trop lointain souhaitons-le, poursuivis et jugés ?

BC : Lorsqu'on est placé face à des situations comme la guerre russo-ukrainienne, on peut se demander si l'on a encore de la mémoire. S'il nous en reste, on ne peut pas ne pas faire référence à la situation de Bachar al-Assad. Est-ce que l'on peut admettre un seul instant s'agissant du conflit avec le cortège de victimes civiles, dont on a déjà connaissance, que les responsables du côté de la Fédération de Russie de cette agression puissent, quelques années plus tard, se trouver dans la même situation que le chef de l'État syrien qui, après avoir été mis, du moins en parole, au ban de la société internationale, est en train de retrouver une place sur l'échiquier diplomatique international ? Si l'on admet que la paix peut passer et doit passer par des comportements de cette nature, avouons que c'est désespérant ! Si l'on considère que ce n'est absolument pas tolérable, alors il faut trouver une autre solution. La question qui se pose est de savoir si l'on accepte que les poursuites en cours contre Vladimir Poutine et, espérons-le, un certain nombre de ceux qui sont à ses côtés et qui portent une responsabilité sinon analogue à la sienne, du moins extrêmement importante, s'arrêtent ? Et est-ce que l'on peut admettre surtout, si les poursuites progressent, qu'il puisse ne pas être un jour dans le box des accusés ? Est-ce que l'on parviendra ou non à mettre à exécution les deux mandats d'arrêt déjà délivrés et ceux qui seront peut-être délivrés par la suite ?

Milosevic et Radovan Karadzic ont été rattrapés. Mais que se passera-t-il si l'on ne peut pas appréhender les plus hauts responsables de la Fédération de Russie ? Probablement rien, à moins que…

La Cour pénale internationale ne connaît pas le procès *in absentia*, par défaut ou par contumace, c'est-à-dire un procès en l'absence de l'accusé. Le tribunal *ad hoc* que certains veulent créer pour permettre la poursuite du crime d'agression prévoira-t-il cette procédure *in abstentia* alors que le monde anglo-saxon, très présent en matière de justice pénale internationale, y est étonnamment allergique ? Pourra-t-on accepter que, comme dans l'affaire de l'Armée de résistance du Seigneur en Ouganda, des mandats d'arrêt émis par la CPI restent inexécutés pendant 17 ans ?

Il faut avoir conscience qu'à l'heure actuelle, aucune des juridictions pénales internationales, à l'exception du tribunal spécial pour le Liban, n'a prévu de procédure *in absentia* totale. Il peut exister dans les statuts et règlements de procédure, des dispositions qui s'en rapprochent, mais il ne s'agit que de procédures *in absentia* partielles. On a l'impression que la moitié du chemin est déjà parcourue et qu'il ne faudrait pas grand-chose pour qu'un dernier effort puisse être fait et aboutir à une procédure *in absentia* totale.

Sommes-nous prêts à admettre que les principaux responsables continuent à vivre et à sévir en toute impunité ? Et puis, de manière beaucoup plus triviale encore, à quoi sert de dépenser des millions d'euros ou de dollars en frais d'enquête si tout cela n'aboutit pas un jour à un procès ou peut-on espérer qu'un tribunal sera en mesure de donner un récit judiciaire, et non pas médiatique, de ce qui s'est passé sur la base de preuves publiquement débattues et en ayant assuré une défense effective.

Les victimes que l'on dit en permanence vouloir prendre en considération n'ont-elles pas droit à un tel débat judiciaire, mais par défaut ?

Rappelons-le, le Tribunal Militaire international de Nuremberg, plus précisément l'article 12 de la Charte de Londres du 8 août 1945, autorisait les procédures par défaut en cas de fuite du suspect ou lorsque pouvait être invoqué « *l'intérêt de la justice* ». La question s'était d'ailleurs posée lorsqu'il fallut juger Gustav Krupp, mais celui-ci était atteint d'une déficience mentale et jugé alors hors d'état de comparaître. En revanche, Martin Bormann, probable successeur d'Hitler, était à cette époque introuvable, et tous, y compris le procureur russe et le juge russe, ont considéré qu'il fallait mettre en œuvre cette procédure de jugement par défaut après avoir veillé à notifier les charges pesant sur cet accusé par voie de presse, d'annonce radiophonique durant un mois. Il s'agissait là de deux conditions essentielles : notification des charges dans la mesure du possible et une défense réelle, effective, efficace.

Chacun sait que les Anglo-saxons ont fort peu d'appétit pour la procédure par défaut, qui vraisemblablement dans leur esprit, est trop en contradiction avec la notion de procès équitable qui domine tout le procès en *common law*, même si ce procès équitable est parfaitement intégré dans la procédure romano-germanique. Il n'est donc pas inintéressant de rappeler, quand même, la déclaration du procureur général Jackson qui a été alors le pilier de ce tribunal de Nuremberg. Nous sommes en présence d'un procureur américain qui vient dire lors de l'audience préliminaire du 14 novembre 1945 : « *en établissant le Statut nous devions prendre en considération que tout ce qui permettrait d'éviter un procès tournerait à l'avantage des accusés et, par conséquent, le Statut autorisa le procès par défaut quand c'était de "l'intérêt de la justice", ne laissant comme guide à la discrétion du tribunal que cette notion très générale* ».

Pour le Tribunal pour l'ex-Yougoslavie et le Tribunal pour le Rwanda, les statuts ne prévoyaient pas de procédure de défaut en tant que telle, mais des textes qui s'en rapprochaient au stade du recueil des éléments de preuve et surtout de l'acte d'accusation. Ainsi, les règles 61 (TPIY) et 63 (TPIR) prévoyaient la possibilité de tenir une audience pour réexaminer l'acte d'accusation, en présence de trois juges et de témoins, si le Procureur avait démontré que toutes les mesures raisonnables pour retrouver le mis en cause avaient été prises. Lors de cette audience, on apprend alors publiquement ce qui s'est passé. Dans un communiqué de presse du TPIY du 18 mars 1996 la procédure était ainsi décrite : « *l'audience de l'article 61 permet de rappeler à la communauté internationale que les accusés sont recherchés pour des violations graves du droit humanitaire international. De plus, l'audience de l'article 61 offre la possibilité aux victimes d'atrocités commises en ex-Yougoslavie de consigner pour la postérité les actes perpétrés par les accusés* ».

Une des lacunes dans ces textes : il n'y a pas de défense. Il faudrait évidemment y remédier.

À la CPI, si l'article 63 du Statut de Rome exige la présence de l'accusé à son procès, l'article 61.2 permet toutefois à la Chambre préliminaire de tenir une audience « *en l'absence de l'intéressé pour confirmer les charges sur lesquelles le procureur entend se fonder pour requérir son renvoi en jugement* ».

Le procès par défaut redonne aux victimes les droits auxquels elles ont droit. Et cela, tout le monde peut en convenir. Le procès par défaut permet de préserver les éléments de preuves et de ne pas les laisser dépérir au fil des années. Un mandat d'arrêt non-exécuté pendant 17 ans est quand même un grand risque de déperdition des preuves et de préservation des droits des mis en cause, des co-accusés également, car il est préférable de tout juger en même temps, contradictoirement pour les uns, par défaut pour les autres.

Il n'est pas mauvais non plus que sur le plan de l'histoire, à court terme, on puisse dresser judiciairement officiellement, lors d'une procédure *in absentia*, un constat des actes commis, ce qui permet aux générations actuelles et futures d'être objectivement et judiciairement informées, et non pas seulement médiatiquement informées.

Vous m'avez donc compris : mieux vaut un procès par défaut que pas de procès du tout. À condition, bien évidemment que soit respecté certaines conditions impératives : 1) avoir accompli toutes les diligences nécessaires pour trouver l'accusé et l'interpeller s'il est en fuite ou s'il est localisé et non-appréhendable, s'assurer qu'il refuse expressément de comparaître ; 2) tout mettre en œuvre pour qu'il soit informé des charges dont il fait l'objet, par les moyens les plus divers et modernes ; 3) veiller à ce que l'accusé bénéficie d'une défense effective, c'est-à-dire notamment que son avocat puisse communiquer avec lui ; et enfin 4) prévoir la possibilité de rouvrir l'intégralité des débats si l'accusé se présente ou est interpellé.

Tout cela n'est pas plus onéreux que des affaires qui dorment pendant des années avec des équipes d'enquête réduites qui s'efforcent de ne pas les laisser dormir.

Si d'aventure un tribunal *ad hoc* pour juger le crime d'agression est créé, comme le proposent notamment Philippe Sands ou encore l'ancien Premier ministre britannique M. Brown, il faut évidemment – puisque l'on part de rien – et impérativement prévoir une procédure *in absentia*. Il serait très souhaitable aussi que la CPI accepte de réviser son Statut, car je pense que c'est de nature statutaire et pas uniquement au niveau de son règlement de procédure et de preuve que les choses doivent être inscrites.

CM : Est-ce qu'une telle réforme est envisageable ?

BC : Réviser le Statut de Rome est un parcours du combattant devant la Cour pénale internationale. Ce sera certainement difficile, mais quand on a la volonté d'aboutir, on peut toujours aboutir. Le seul impératif est de savoir si un certain nombre d'États parties au Traité de Rome seront d'accord pour s'associer à une telle révision, car on ne peut quand même pas exclure qu'un certain nombre de responsables d'État se sentent, plus ou moins directement, concernés un jour ou l'autre par d'éventuelles poursuites. Il ne faut pas faire preuve d'angélisme, tous les chefs d'État, actuellement États parties au traité de Rome, ne sont pas totalement à l'abri de poursuite. La difficulté est donc réelle.

Si une procédure *in abstentia* pouvait être prévue dans le statut d'un éventuel tribunal *ad hoc* appelé à juger le crime d'agression ou pouvait être intégré dans une révision du Statut de la Cour pénale internationale, il faudra bien évidemment prévoir des délais, ce dont souffre actuellement le statut de la CPI qui ne prévoit que très rarement des délais à ses procédures.

Il faudra prévoir des délais 1) d'abord lorsque le procureur envisage de demander que l'on ait recours à une procédure *in abstentia* pour que la chambre de première instance à laquelle il formulera cette demande statue dans un délai qui soit fixé ; 2) prévoir un délai pour toutes les recherches à mettre en œuvre pour s'assurer que l'intéressé soit véritablement en fuite – vu les moyens dont on dispose pour la diffusion de ce genre de recherche, ce délai peut être bref ; 3) prévoir un délai, pas trop long pour l'audience au terme de laquelle, il sera décidé de passer en procédure *in abstentia* et 4) les débats *in abstentia* doivent être enserrés dans des délais fixés. L'important est que les charges soient présentées publiquement, que les témoins puissent être entendus et que les victimes aient le sentiment, enfin, que l'on s'intéresse à elles.

À titre de comparaison, même si ce n'est pas une procédure par défaut, citons le procès en France de l'attentat commis le 14 juillet 2016 le long de la promenade des Anglais à Nice. L'accusé principal n'était pas présent, parce que mort, seuls étaient présents dans le box des accusés ses présumés comparses. Malgré tout, les victimes ont eu le sentiment qu'on leur rendait d'une certaine façon justice ce jour-là. Tout récemment la cour d'assises de Paris a tenu 40 ans plus tard le procès par contumace de l'attentat commis rue Copernic au début des années 1980. Il restait encore des victimes vivantes ainsi que leurs proches. On ne peut pas ne pas penser que le jour où elles ont comparu devant la cour d'assises de Paris, même des années après, elles ont toutes eu le sentiment, qu'enfin, leurs voix allaient être écoutées.

Là encore, le procès par contumace permet de « bénéficier » de la présence de témoins et de victimes encore en vie. C'est extrêmement important : permettre la production d'éléments susceptibles d'être utilement exploités. Si c'est pour être produit des années après, cela ne servira pas à grand-chose. On retorquera que si l'accusé est arrêté plusieurs années après et si on purge la contumace, peut-être que ces éléments de preuve n'auront pas la même valeur. Cela vaut la peine, à mon sens, d'encourir un tel risque. De la même manière, s'il y a besoin d'entendre des experts, il vaut mieux les entendre quand ils sont encore en vie et en pleine possession de leurs moyens, de leur technique, pour exposer les résultats de leurs expertises. Je pense donc qu'il y a là, si vous voulez parler en termes de rentabilité, une sorte d'investissement qui est éminemment productif et auquel il faut toujours songer. On pense également à la nécessité, et je crois que jamais on ne le ressentira autant que depuis le début de l'invasion russe de l'Ukraine, la nécessité d'avoir un récit judiciaire, même si une procédure *in abstentia* est bien plus courte qu'un procès en présence de l'accusé. Même si l'accusé n'est pas là, l'audition des témoins qui peuvent être contre-interrogés par la défense de l'accusé absent, ainsi que l'audition de victimes, doivent permettre d'aboutir à une décision de justice qui est, quand même au regard de l'histoire, infiniment supérieure et objective, que les récits, aussi compétents soient-ils, de reporters de guerre ou d'experts réels ou prétendus au sein des émissions quotidiennement présentées par les chaînes d'information en continu.

Notes

1 Organisation pour la sécurité et la coopération en Europe.

2 Eurojust est l'Agence de l'Union européenne pour la coopération judiciaire en matière pénale. Eurojust a pour objectif de faire de l'Europe un territoire plus sûr en coordonnant les travaux des autorités nationales – des États membres de l'UE comme des pays tiers – concernant les enquêtes et poursuites à l'encontre de la criminalité transnationale.

Joël Hubrecht

Institut des études et de la recherche sur le droit et la justice

La Syrie, victime du double-standard de la justice pénale internationale ?

Résumé

Le décalage entre la forte mobilisation en faveur des Ukrainiens et l'abandon des populations syriennes avalise la critique sur l'inégalité de l'application du droit international. Cet article analyse les divergences et les enjeux communs entre les deux situations puis décrypte les véritables ressorts de ce « deux poids-deux mesures » sur lequel joue, paradoxalement, la propagande russe alors que Poutine conduit dans ces deux pays une même politique criminelle. A contrario, les sanctions occidentales à l'encontre du régime syrien combinées à la sous-traitance régionale d'une « paix de basse intensité » ne constitue pas une politique cohérente. La justice internationale n'est pas une simple option parmi d'autres et son avenir ne se joue pas seulement à Kyiv ou à Moscou, mais aussi à Damas.

Abstract

The gap between the strong mobilization in favor of the Ukrainians and the abandonment of the Syrian populations reinforces the criticism of the unequal application of international law. This article analyzes the differences and the common issues between the two situations and then decrypt the true factors of this "double standard" on which Russian propaganda plays, paradoxically, while Putin pursues the same criminal policy in these two countries. Conversely, Western sanctions against the Syrian regime combined with the acceptance of a regional "low-intensity peace" does not constitute a coherent policy. International justice is not just one option among others and its future is not only being played out in Kyiv or Moscow, but also in Damascus.

Bien que la justice pénale internationale tende, par son caractère normatif et l'affirmation de son indépendance, à s'émanciper du politique, elle reste, de sa fondation à sa mise en oeuvre, dépendante du soutien et de la coopération des États. L'environnement politique dans lequel elle opère[1] peut lui être plus ou moins (dé)favorable. Lorsque le procureur de la Cour pénale internationale (CPI) demanda, le 28 février 2022, l'autorisation d'ouvrir une enquête sur la situation en Ukraine, il indiqua dans son communiqué que son Bureau pourrait engager son travail bien plus rapidement si un État partie au Statut de Rome lui référait la situation, lui évitant ainsi le passage par l'autorisation d'une chambre préliminaire. Quelques jours plus tard, il recevait un référé collectif de la part de 39 États parties (auquel se joindront 4 autres États) suivi par les promesses de contributions volontaires exceptionnelles et la mise à disposition d'enquêteurs supplémentaires. Un soutien confirmé et amplifié après le mandat d'arrêt contre Vladimir Poutine le 17 mars 2023. Près de 11 millions d'euros ont été mobilisé par l'Union européenne pour la CPI depuis le début de la guerre en Ukraine. Le message envoyé est limpide : il n'y a pas d'impunité pour un chef d'État qui commet des crimes internationaux.

Quelques semaines plus tard, le 19 mai, un signal tout autre est envoyé à la communauté internationale par la Ligue arabe à travers la réintégration au sein de l'organisation régionale du dictateur syrien Bachar Al-Assad (sauvé en 2016 par l'appui militaire du même Poutine). Les États qui ont conduit le processus de paix d'Astana – la Russie, l'Iran et la Turquie – ne sont pas des adeptes de la justice internationale et, hormis la Palestine et la Jordanie, aucun État de la région n'a ratifié le Statut de Rome. Bloqué par les vétos russes et chinois, le Conseil de sécurité de l'ONU n'a pu saisir la CPI sur la situation en Syrie, laissant le pays gangréné par l'impunité. La différence entre les situations ukrainienne et syrienne est criante. On peut toutefois se demander si le choc de l'agression russe de février 2022 et la mobilisation internationale en faveur des Ukrainiens ne pourraient pas provoquer un sursaut plus large des démocraties : la prise de conscience de la nécessité de rétablir le respect du droit international non seulement en Europe, mais dans les autres régions du monde.

Pour qu'un retournement de tendance puisse advenir au Moyen-Orient, il faudrait (a minima) une mobilisation plus active des gouvernements démocratiques, mais aussi de la créativité, pour imaginer des dispositifs de justice pouvant contourner le maintien de la dictature à Damas[2]. Du réalisme enfin pour ne pas évacuer les contraintes et limitations auxquelles les États sont eux-mêmes soumis. Prévenir, arrêter, punir : face aux persécutions et aux massacres de masse (considérés en droit comme « les crimes internationaux les plus graves »), le bilan de la « communauté internationale » est bien maigre. Il témoigne surtout des contradictions et des tensions qui traversent les États, à la fois entre eux et en leur sein. Le plus souvent les États prennent des mesures collectivement tout en en adoptant d'autres de manière unilatérale. Leur réalisation dépend de nombreux acteurs – diplomates, militaires, experts, entrepreneurs, médias, acteurs de la sociétés civile – qui vont interagir entre eux, mais seront aussi en désaccord ou en concurrence. Les richesses et les capacités très inégales de ces États et de ces sociétés compteront aussi dans cette équation à multiples variables. « *Après les deux guerres mondiales et les deux grands régimes totalitaires*, écrit Pierre Hassner, *notre époque prend conscience de la primauté de l'individu d'une part, du sort commun de la planète de l'autre. Mais ni l'individu ni la planète ne constituent par eux-mêmes un champ politique. La politique est faite par des collectivités particulières ou en leur nom. Mais les unités collectives sont de plus en plus interpénétrées, leurs identités et leurs priorités respectives de plus en plus ambigües, et c'est précisément cette incertitude et le contraste entre le caractère global des problèmes et le caractère particulier, partisan et partiel, des réponses qui est le thème central de la politique internationale* »[3]. Nous voilà donc renvoyés à la complexité (et à l'épaisseur) du monde. La pensée magique n'opère pas davantage en politique qu'en justice. Mais la complexité n'équivaut pas à l'impuissance. Bien au contraire.

Qu'est devenu l'esprit de Rome ?

C'est en affichant leur volonté de ne pas laisser impuni crimes de guerre et crimes contre l'humanité, que 161 États, aux visions très diverses, se sont réunis en 1998 pour concevoir ensemble le Statut de Rome qui a fondé la Cour pénale internationale. Bien qu'incomplète et imparfaitement appliquée, cette convention, rapidement ratifiée par une majorité d'États (123 à ce jour), apparait comme le fruit d'un âge d'or du multilatéralisme. Un âge d'or qui, comme tous les âges d'or, est en partie mythique mais qui contraste avec la période actuelle de crise existentielle des organisations multilatérales et de montée des tensions mondiales. Pour autant, et c'est particulièrement manifeste dans le domaine de la justice internationale, « l'esprit de Rome » n'est pas tout à fait éteint puisque, en marge de cet affaissement de l'ordre international, de nouveaux outils de coopération sont conçus. Des délégations de plus de 70 États, des organisations internationales et de la société civile ont ainsi adopté le 26 mai 2023 la convention (dite de Ljubljana-La Haye) pour la coopération internationale en matière d'enquête et de poursuite du crime de génocide, des crimes contre l'humanité, des crimes de guerre et autres crimes internationaux. Elle comble un vide juridique et permettra d'améliorer sensiblement l'entraide entre juridictions nationales. Elle renforce ainsi la logique de complémentarité, inscrite au cœur du Statut, qui laisse aux États la responsabilité première dans la poursuite et la répression des crimes du Statut, l'intervention de la CPI ne se justifiant qu'en second ressort, lorsque cette responsabilité n'est pas pleinement assumée par son titulaire, soit par manque de volonté soit par incapacité (qui peut n'être que partielle comme en Ukraine).

La nouvelle stratégie du Procureur de la CPI, présentée en décembre 2022, est entièrement construite autour de cette « complémentarité dynamique » avec les États. Dans une déclaration publique, le procureur Karim Khan a avancé que « *ce genre de partenariat montre que l'on peut changer la dynamique de coopération judiciaire – non seulement en Ukraine, mais partout ailleurs. Les justices nationales ont des capacités importantes et peuvent permettre des procédures moins coûteuses et plus efficaces. Au lieu que La Haye soit la base de la justice pénale internationale, nous pouvons créer un front commun formé d'enquêteurs et de procureurs nationaux, de cours nationales, et de la CPI, tout en préservant l'indépendance de chacune de ces institutions* »[4].

Le nouveau Mécanisme international, impartial et indépendant (M3I) de recueil et de partage de la preuve créé pour la Syrie par l'Assemblée générale, facilite également les enquêtes et les poursuites engagées devant des juridictions nationales au titre de la compétence universelle (qui permet de poursuivre des criminels étrangers ayant commis un crime international à l'étranger sur des victimes étrangères). Une quinzaine d'États sont particulièrement actifs, grâce notamment à la constitution de pôles spécialisés et de plateformes d'échanges comme le « Réseau (européen) génocide ». Il y a aujourd'hui plus de procès pour crimes internationaux tenus devant des juridictions nationales que devant des tribunaux internationaux. En 2022, dans 12 pays appliquant la compétence universelle, 23 condamnations pour crimes de guerre, crimes contre l'humanité et crimes de génocides ont été rendus tandis que 57 accusés attendaient l'ouverture de leur procès[5]. Entre 1998 et 2023, le paysage de la justice pénale internationale a considérablement évolué : la CPI, malgré les nombreux revers subis, s'est installée sur la scène internationale mais, loin d'accaparer le champ des poursuites, elle encourage les initiatives et les actions des juges nationaux. Les États restent donc, plus que jamais, à la barre.

C'est fondamental pour la Syrie. Un ensemble d'initiatives ont été prises au niveau multilatéral, par exemple la création en 2011 d'une Commission d'enquête par le Conseil des droits de l'homme de l'ONU, tandis que d'autres l'ont été de façon plus unilatérale, comme lorsque les Pays-Bas, en septembre 2022, ont amorcé le dépôt d'une plainte officielle contre la Syrie auprès de la Cour internationale de justice (CIJ) pour violation de la Convention sur la torture de 1984 (initiative qui sera confortée par le soutien d'autres États). La France a quant à elle lancé en 2018 le Partenariat international contre l'impunité d'utilisation d'armes chimiques et a obtenu le 21 avril 2021, au nom de 46 États parties, la suspension de certains droits de la Syrie au sein de l'Organisation pour l'interdiction des armes chimiques (l'OIAC).

Cependant, force est de constater :

- L'inaboutissement de la plupart de ces initiatives. Elles ont certes permis de documenter les crimes et de les condamner dans des déclarations publiques mais, hormis une poignée de procès en Allemagne, elles n'ont pas permis de les juger ni de les sanctionner de manière significative ;
- L'insuffisance des moyens déployés. Contrairement à l'Ukraine, il n'y a pas eu de « tournant syrien », même après le bombardement chimique d'août 2013 qui aurait pu être un point de rupture fatal pour Bachar Al-Assad mais qui s'est révélé au contraire une bascule allant dans l'autre sens, ouvrant la voie à la montée en puissance du soutien russe, au retrait progressif des Américains et des Européens (focalisés sur la lutte contre Daech), laissant la Turquie, l'Iran et la Russie établir une paix bancale et injuste. Emboitant le pas aux Émirats arabes unis et à la Jordanie, la Grèce et Chypre ont rétabli leurs relations diplomatiques avec Damas tandis que la Hongrie, la Pologne et l'Autriche envisagent à leur tour la normalisation en dépit des rapports alarmants sur le sort de la population syrienne et des réfugiés poussés au retour. Si l'esprit de Rome n'est pas mort en Syrie, il est, à haute dose de soi-disant « réalisme » politique, de plus en plus gagné par la schizophrénie.

Un sursaut salvateur ?

Certes, en Ukraine non plus, les pays européens n'ont ni anticipé ni prévenu la guerre, mais ils font tout aujourd'hui pour stopper l'agresseur et se sont fermement engagés à en punir les crimes.

Pourquoi en Ukraine et pas en Syrie ?

Un premier facteur d'explication, c'est qu'à partir de l'attaque du 24 février, l'Union européenne et l'OTAN ont finalement réalisé – les actes et les discours de Poutine sont explicites – qu'ils étaient eux aussi des cibles de l'attaque. L'Ukraine apparait comme la ligne de front d'une remise en cause plus globale de l'Europe et de l'ordre international. En Syrie, les Européens et les Américains ne se sont sentis directement menacés que par les attentats de Daech, et pour certains d'entre eux par le flot de réfugiés, mais jamais par Damas. Évidemment sans voir que le régime des Assad instrumentalisait et attisait la menace terroriste pour masquer sa terreur d'État, plus sanglante encore que celle des djihadistes.

Un second facteur d'explication serait qu'en Ukraine, la population peut compter sur son propre gouvernement, légitimement élu, pour riposter y compris sur le terrain judiciaire, ce que le président Zelenski a fait en saisissant la Cour International de Justice et en reconnaissant la compétence de la CPI. La justice ukrainienne a déjà conduit sur son sol une dizaine de procès pour crimes de guerre. La population syrienne, sous la férule d'une dictature issue d'un coup d'État, est privée de cette représentation et de cet appui institutionnel. Au contraire, le régime de Damas fait tout ce qu'il peut pour entraver la justice.

Cette différence a des répercussions sur la nature du soutien diplomatique et militaire, plus facile à mettre en œuvre avec Kyiv dans le cadre classique d'une alliance interétatique que dans le soutien à une population qui se soulève contre le pouvoir en place. Pour autant, cela n'explique pas tout. La doctrine a beaucoup évolué pour restreindre la toute-puissance domestique du souverain. Si en Ukraine c'est le cadre classique de la légitime défense qui opère, il était possible, en Syrie, d'agir au nom de la responsabilité de protéger[6], doctrine qui engage la communauté internationale lorsque, manifestement, un État n'assure pas la protection de sa population. Sur le plan juridique, même si le Statut de Rome a maintenu la distinction entre les deux types de conflit – avec d'un côté les Conflits armés internationaux (CAI), et de l'autre les Conflit armés non internationaux (CANI) – la différence tend, au fil des amendements et de la jurisprudence, à s'effacer de plus en plus.

Il est évident que le recours au droit de véto des États permanents du Conseil de sécurité onusien a constitué un frein aux initiatives internationales en Syrie, autant pour saisir la CPI que pour appliquer pleinement la R2P. Toutefois, la paralysie du Conseil de sécurité se retrouve également dans la crise ukrainienne. Ce n'est pas une singularité de la situation syrienne. Les deux conflits partagent d'ailleurs un certain nombre de problématiques.

Des problématiques et des enjeux communs

Le contexte n'est a priori favorable ni en Syrie, ni en Ukraine à l'exercice de la justice. Il serait bien plus aisé dans le cadre d'un après-guerre ou d'une transition, or d'un côté la dictature perdure, et de l'autre la guerre se poursuit, à tel point qu' on ne peut écarter la menace d'une escalade et d'une généralisation du conflit, à l'échelle régionale pour la Syrie, voir à l'échelle mondiale pour l'Ukraine. Dans les deux cas se pose le dilemme de la relégitimation du dictateur, par la normalisation et la reconstruction (Assad) ou la négociation de la paix (Poutine). De plus, la Syrie ayant servi de laboratoire militaire à la Russie, et nombre de généraux envoyés sur le front ukrainien, avec plus ou moins de succès, ayant d'abord fait leurs armes en Syrie – sans même parler de la milice Wagner –, on retrouve en Ukraine, le même type de crimes qu'en Syrie : Marioupol est dans le même état de ruine qu'Alep ; Boutcha en Ukraine rappelle Houla en Syrie (lieu de massacres de familles entières dans leur maison) ; la torture et les viols ; les bombardements contre les secours et les civils qui fuient. Seul l'usage d'armes chimiques manque en Ukraine mais sinon, on le voit, la répression et les guerres menées par Bachar Al-Assad et Vladimir Poutine se ressemblent « comme deux gouttes de sang ».

En Ukraine et en Syrie, se manifeste en retour une même soif de justice de la part des victimes. Dans les deux cas, des projets de création d'un tribunal international ad-hoc – pour les crimes contre l'humanité en Syrie et pour le crime d'agression en Ukraine – ont été avancés. Dans les deux cas, les problématiques de compétence, d'immunité et d'effectivité sont complexes. Cependant, autre ressemblance, le défi est moins de rassembler des preuves (elles abondent) que de pouvoir les conserver et les utiliser. Et que ce soit en Syrie ou en Ukraine, des dispositifs similaires de stockage et de partage de la preuve ont été mis en place : avec le M3I en Syrie et avec Eurojust pour l'Ukraine. Pourquoi alors ce qu'il est possible de faire pour les Ukrainiens ne pourrait pas, sinon à l'identique du moins en partie, bénéficier aux Syriens ?

Le poids insoutenable du double-standard

À l'ONU et dans les sommets internationaux, Volodimir Zelensky n'a eu de cesse de décrire l'invasion russe comme une agression impérialiste menée par un État fort contre son voisinage. Évoquant le combat de David contre Goliath, il en appelle à réformer l'ordre international pour plus d'équité, d'égalité, et pour limiter le poids des grandes puissances. Le décalage entre la mobilisation en faveur des Ukrainiens de la part des Européens et des pays occidentaux au regard de l'abandon des populations syriennes, particulièrement visible dans l'aide et l'accueil apportés aux réfugiés, est à rebours du discours ukrainien et conforte la propagande de Moscou qui joue du (re) sentiment d'un deux poids-deux mesures dans les relations internationales et dans l'application du droit international.

Des discours fallacieux mais efficaces

Ce décalage n'est pas qu'une question de cohérence rhétorique (qui a d'ailleurs son importance parce que le sens des mots, la valeur de la parole, constitue la base de toute « relation », y compris internationale !). Les conséquences sont très concrètes, notamment dans les votes à l'ONU de pays comme l'Inde, le Brésil ou nombre de pays africains qui ont rejoint les 35 États qui se sont abstenus de voter le 2 mars 2022, la résolution condamnant l'attaque russe[7]. Ces pays refusent de participer aux sanctions, offrant pour certains une échappatoire salvatrice à l'économie russe, leur nombre rendant également incertain, sinon inenvisageable, l'adoption par l'Assemblée générale d'une résolution pour la création d'un Tribunal spécial.

Bien sûr, il serait naïf de penser que les choix d'alliances géopolitiques de l'Inde, de la Chine ou du Mali, reposent sur un sentiment sincère d'injustice dans les relations internationales. La plupart de ces pays ne respectent pas les droits humains chez eux et ne font rien en faveur de l'universalisation de la justice. La critique mériterait d'ailleurs d'être retournée : si le verre n'est qu'à moitié plein seulement, ne faudrait-il pas chercher à le remplir davantage plutôt que de le renverser ? Mais c'est presque toujours dans l'autre sens – « si on ne peut pas juger partout, ne jugeons nulle part » – que la critique est tenue et c'est quasi-exclusivement aux pays occidentaux qu'elle est adressée, réduisant du même coup le projet de justice pénale international à un projet occidental alors même que la Cour pénale internationale réunit une majorité d'États non-occidentaux : 33 États africains, 28 d'Amérique latine et des Caraïbes, 19 d'Asie et du Pacifique (dont la Jordanie et la Palestine) pour 18 États d'Europe orientale et 25 venant d'Europe occidentale (« et autres » pour le Canada et la Nouvelles Zélande). Le Japon est le premier contributeur de la Cour qui fonctionne de façon égalitaire dans les votes de ses États-membres et qui élit ses juges en suivant des règles de représentativité équitable des différents groupes régionaux.

Avec l'Ukraine, la CPI revient sur le devant de la scène internationale, mais elle paie son retour en grâce en nourrissant la critique du double standard. D'autant plus que, au nom du pragmatisme, Karim Khan avait fait savoir qu'il concentrerait les enquêtes en Afghanistan sur les Talibans et l'État islamique, laissant de côté les crimes reprochés aux forces américaines. Peu de temps auparavant, le dossier irakien, qui visait des soldats britanniques, avait aussi été refermé. Le Procureur n'a plus besoin de prouver qu'il ne se cantonne pas à la poursuite de criminels africains, comme certains États du continent africain lui en faisaient le reproche il y a quelques années, mais il doit montrer qu'il s'investira tout autant dans d'autres dossiers sensibles, en particulier celui de la Palestine.

Doit-on alors s'attendre à une relance des discours anti-CPI ? En provenance de l'alliance économique des BRICS, qui réunit l'Afrique du Sud, la Chine, le Brésil, l'Inde et la Russie, très probablement. L'Afrique du Sud organise en août 2023 un sommet où Vladimir Poutine est susceptible de venir alors que Pretoria a théoriquement l'obligation de l'arrêter et de l'extrader à La Haye (l'Afrique du Sud étant membre de la CPI). Le président Ramaphosa a déjà fait des déclarations tonitruantes à l'encontre de la Cour. Cette situation rappelle ce qui c'était passé avec l'ancien dictateur soudanais Omar el-Bechir lorsque ce dernier, également sujet d'un mandat d'arrêt de la CPI, s'était rendu, en juin 2015, en Afrique du Sud pour participer à un sommet de l'Union africaine. L'organisation avait multiplié les résolutions contre la Cour, appelant à un retrait collectif (qui n'eut jamais lieu) de ses États-membres du Statut de Rome. L'UA comprend 55 membres ; les BRICS seulement cinq, mais ils représentent 42 % de la population de la planète. De plus, une douzaine de pays émergents ont exprimé leur intérêt pour une adhésion à ce bloc. Parmi eux, l'Arabie Saoudite, l'Égypte, l'Indonésie, l'Algérie, la Thaïlande, l'Argentine et le Nigeria. Aucun de ces États n'a adhéré à la CPI excepté les deux derniers. Si le groupe s'élargit encore, il pourrait donc devenir un groupement qui comprendra plus de la moitié de la population de la planète. Bien que rien n'assure que la solidarité avec Moscou se traduise par de nouvelles menaces de retraits d'États membres du Sud de la CPI, une alliance frondeuse de l'Afrique du Sud et du Brésil, même purement déclamatoire, ne manquera pas de réveiller au sein de l'Assemblée des États-parties les craintes d'un retour aux polémiques et aux heures les plus sombres de la Cour.

La nécessité d'agir plus vigoureusement et équitablement

Même s'ils sont souvent de mauvaise foi, les effets délétères de ces discours sont incontestables. Au-delà des régimes autoritaires qui en usent à dessein contre ceux qui pourraient un jour leur demander des comptes, ils trouvent aussi un écho favorable en France et dans tous les pays démocratiques, ce qui pourrait amener à relativiser l'opposition essentialiste entre l'« Occident » et le reste du monde, mais ce paradoxe est rarement pris en compte. Comme ne sont pas non plus perçues les contradictions entre les diatribes « anti-impérialistes » de Poutine et sa politique prédatrice de « reconquête ». Elles sont escamotées par les théories du complot dans lesquels le rôle de l'hégémon américain et de l'Otan explique et justifie tout. Une grille de lecture popularisée dans le monde arabe, confortée par l'alliance avec Israël et l'aventure désastreuse en Irak – à laquelle Poutine renvoie systématiquement ses contempteurs. La dénonciation des double-standards, qui gangrène le « système-monde », s'inscrit naturellement dans cette géopolitique paranoïaque où les causes profondes des violences du monde finissent toujours par retomber du côté de Washington et des puissances occidentales. Certes, leurs stratégies d'influence et de développement pèsent considérablement au sein de la globalisation, et souvent de manière abusive et néfaste, mais comme le note Hamit Bozarslan, cela ne doit pas occulter les autres responsabilités, souvent bien plus décisives et profondes : « *On ne peut nier l'impact des rapports de domination à l'échelle mondiale, qui déterminèrent la trajectoire de la quasi-totalité de la région sur de longues décennies ; le colonialisme, l'impérialisme, la Nakba, la "Guerre froide"... furent des moments profondément déstructurants et réduisirent considérablement la possibilité d'une démocratisation. Mais comment négliger le fait que le "système-monde" n'est que marginalement responsable des rapports de domination interne à la plupart des sociétés arabes et moyen-orientales actuelles ? De même, comment nier que depuis plusieurs décennies, la violence que produit le Moyen-Orient a cessé d'être une "résistance" contre "l'impérialisme" ou le "sionisme", mot d'ordre marquant le "1968 régional" pour devenir quasi exclusivement interne* »[8] . Pour autant, cette violence interne a quelque chose à dire du monde et au monde. « *Pour les Syriens aux prises avec la violence déchaînée qui fit suite à la révolution de 2011, alors qu'ils s'étaient rués dans la rue pour réclamer dignité et liberté, le monde est ce qui a fait silence ou détourné les yeux pendant un interminable crime* », écrit Catherine Coquio pour qui « *ce seul enchaînement Syrie-Ukraine montre que ce qui s'est passé en Syrie ne concerne pas seulement les Syriens : la politique de Bachar al-Assad touche à un illimité qui a atteint notre monde et devrait le réveiller dans ses ressorts vitaux* »[9]. La recherche de la justice fait partie de ses ressorts vitaux qui peuvent redonner au monde un sens qu'il n'a pas forcément en lui-même. Hamit Bozarslan parle de « *a-sens* » et se demande « *que deviendront ces sociétés ainsi poussées "hors de l'histoire", puis hors d'une "géographie de sens", vivant désormais leur destruction comme le seul destin possible ?* »[10].

En réaffirmant par des mesures et des actes concrets, l'importance du droit international en Syrie et dans les autres régions où ce droit est bafoué, et en agissant en cohérence avec les valeurs universalistes et les objectifs qu'ils affichent, les responsables européens pourraient non seulement retourner cet argument, et mettre à jour les mensonges des donneurs de leçons cyniques qui l'instrumentalisent, mais ils répondraient aussi mieux aux attentes des victimes qui en ont vraiment et légitimement besoin. La justice internationale n'est pas une simple option parmi d'autres, ni une variable d'ajustement dans les relations internationales. Traitée ainsi, elle perd inexorablement sa valeur. C'est pourquoi son avenir ne se joue pas seulement à Kyiv ou à Moscou, mais aussi à Damas.

Conclusion

Les sanctions en vigueur aujourd'hui – mais pour combien de temps encore ? – à l'encontre du régime syrien combinées à la sous-traitance régionale (plus la Russie) d'une « paix de basse intensité » ne constitue pas une politique. Elle conforte le maintien au pouvoir de responsables placés sous sanctions, mais indéboulonnables. Reconstruire une véritable politique française et européenne vis-à-vis de la Syrie est donc urgent. Elle devra se faire en cohérence et en articulation avec les choix et le volontarisme pratiqués en Ukraine, c'est-à-dire en considérant la question du droit et de la justice comme une question majeure et non comme un simple « supplément d'âme ». Le droit n'est pas, comme le prétend une formule galvaudée, une autre arme de guerre : « l'arme du droit ». C'est par contre un enjeu de la guerre dont l'importance stratégique est cruciale. La Syrie a représenté pour la Russie un laboratoire décisif pour tester son matériel militaire et déchainer son *hubris* revancharde en Ukraine. Il faudrait, a contrario, que l'Ukraine puisse servir de laboratoire de justice qui poussera les pays occidentaux à se réorganiser pour revenir, plus déterminés et plus efficaces, vers les Syriens et leur désir de liberté et de justice.

Notes

1 Voir Jean-Paul Chagnollaud, « Le juge et le politique. Entretien avec Claude Jorda », in Justice pénale et politique internationale, Paris, *Confluences Méditerranée*, 2008, pp. 11 à 23

2 Voir le dossier *Justice en Syrie* sur le site d'Al-Joumhouriya, juin 2023. Disponible : https://aljumhuriya.net/en/

3 Pierre Hassner, *La revanche des passions. Métamorphoses de la violence et crises du politique*, Paris, Fayard, 2015, p. 337-338

4 Stéphanie Maupas, « Karim Khan, procureur de la CPI : « En Ukraine, avant toute chose, nous devons rechercher les faits et établir la vérité » », Paris, *Le Monde*, 14 mai 2022

5 "Key findings", in *Universal Juridiction Annual Review 2023*, Genève, Trial international, p. 13

6 La responsabilité de protéger (souvent appelée « R2P ») établie en 2005 par l'ONU repose sur trois piliers :

- La responsabilité de chaque État de protéger ses populations ;
- La responsabilité de la communauté internationale d'aider les États à protéger leur population ;
- La responsabilité de la communauté internationale de protéger lorsque, manifestement, un État n'assure pas la protection de sa population.

7 Le 29 mars 2022, le porte-parole du ministère chinois des Affaires étrangères a ainsi déclaré

que le double standard des Occidents compatissant avec les réfugiés ukrainiens tout en ignorant les réfugiés des pays du Moyen-Orient, d'Afrique et d'Amérique latine « est inacceptable ». Voir aussi *Philippe Ricard, « Ukraine : après un an de guerre, une scène internationale fragmentée », Paris, Le Monde, 18 février 2023.*

8 Hamit Bozarslan, *Révolution et état de violence. Moyen-Orient 2011-2015*, Paris, CNRS éditions, 2015, p. 258

9 Catherine Coquio, *À quoi bon encore le monde ? La Syrie et nous*, Arles, Actes Sud, 2022, p. 7

10 Hamit Bozarslan, *op. cit.*, p. 264

Leïla Bourguiba

La France, possible havre d'impunité pour criminels syriens ? Un sauvetage in extremis de la compétence universelle des tribunaux français

Résumé

Le développement de la justice pénale internationale est sans aucun doute une évolution majeure du droit international. La Cour pénale internationale en est l'une des figures emblématiques. Son incapacité à se saisir du drame syrien, pour des raisons juridiques, a mis en lumière le travail effectué par d'autres acteurs, notamment les juridictions pénales nationales exerçant leur compétence universelle. Si l'Allemagne a pu mener à terme plusieurs procès sur ce fondement, les juridictions françaises, travaillant pourtant étroitement avec leurs homologues allemands, sont à la peine. Pourquoi ? L'arrêt dit « Chaban » rendu en novembre 2021 par la Chambre criminelle de la Cour de cassation a mis en lumière le fossé abyssal qui séparait les incantations à la lutte contre l'impunité de la diplomatie française et le carcan procédural national paralysant tout exercice de la compétence universelle. Si l'Assemblée plénière, formation solennelle de la Cour de cassation, a procédé à un sauvetage in extremis de la compétence universelle des tribunaux français, il faut constamment demeurer vigilant pour en assurer l'effectivité.

Abstract

The development of international criminal justice is undoubtedly a major development in international law. The International Criminal Court is one of its emblematic figures. Its inability to deal with the Syrian tragedy, for legal reasons, has highlighted the work carried out by other actors, in particular national criminal courts exercising their universal jurisdiction. While Germany has been able to bring several trials to a successful conclusion on this basis, the French courts, despite working closely with their German counterparts, are struggling. Why is this so? The "Chaban" ruling handed down in November 2021 by the Criminal Division of the Court of Cassation highlighted the abyssal gulf between French diplomacy's incantations to fight impunity and the national procedural straitjacket that paralyses any exercise of universal jurisdiction. Although the plenary session of the Court of Cassation, a solemn composition, saved the universal jurisdiction of French courts in extremis, we must remain constantly vigilant to ensure its effectiveness.

Le 24 novembre 2021, la Chambre criminelle de la Cour de cassation française rendait un arrêt créant l'émoi et de vives inquiétudes, partagées au-delà des frontières françaises : la France serait-elle un havre d'impunité pour des criminels syriens ?

Par cet arrêt dit « Chaban », du nom du mis en cause de nationalité syrienne, la Cour de cassation concluait à l'incompétence des juridictions françaises à poursuivre les crimes contre l'humanité commis en Syrie, sur le fondement de la compétence universelle, au motif que la Syrie n'incriminait pas ces infractions dans sa législation nationale. C'est une application du critère dit de la « double incrimination » prévu par le code de procédure pénale français. L'arrêt Chaban mettait ainsi en lumière une législation nationale cadenassant à tel point l'exercice de la compétence universelle de ses juridictions qu'elle la rend *in fine* inopérante. Et partant, à première vue, complètement à rebours des ambitions et des discours de la diplomatie française sur la scène internationale en matière de lutte contre l'impunité des crimes les plus graves. Cette discordance interroge.

À y voir de plus près, la justice pénale internationale dans laquelle s'inscrit finalement la compétence universelle n'est pas exclusivement vue par les États dans sa seule dimension judiciaire. Ces derniers y voient aussi, et sans doute surtout, un outil diplomatique et politique qu'il convient d'utiliser, ou d'immobiliser, en fonction des circonstances. L'engagement de la France ces dernières décennies trahit cette ambivalence. Si l'on peut aujourd'hui se complaire à avancer que la France entretient une coopération dynamique avec la CPI, au point d'en devenir le premier État de coopération, qu'elle est l'un des principaux contributeurs à son budget ou qu'elle a été à l'initiative de résolutions au Conseil de sécurité pour saisir la Cour du drame syrien[1] – demeurées sans effet – il ne faut pas occulter que ce soutien n'a pas toujours été au rendez-vous. Le juge Gilbert Bitti nous le rappelle en ce sens parfaitement[2]. Au niveau national, cette frilosité et cette méfiance demeurent, elles se traduisent par un verrouillage procédural dont les conséquences désastreuses ont été crûment mises en lumière par la plus haute juridiction française. Elles se manifestent aussi par des possibilités de contourner ou ralentir autrement l'exercice de cette compétence par les juges. Ainsi si les juges ont fini par nous rassurer, la vigilance demeure à plusieurs égards.

Verrouiller la compétence universelle : outil de sérénité diplomatique au prix de l'impunité

Compétence universelle et diplomatie française : l'embarrassante compétence des juges

Il n'existe pas de définition conventionnelle de la compétence universelle mais elle est généralement comprise comme un principe juridique *autorisant* ou *obligeant* un État à poursuivre pénalement la commission de certains crimes, indifféremment du lieu de leur commission ou de la nationalité de la victime ou de l'auteur présumé[3]. Il s'agit donc d'une dérogation aux règles ordinaires de compétence pénale des juridictions nationales qui recouvrent quatre principes : le principe de territorialité (lieu où a été commis le crime), le principe de la personnalité active (nationalité de l'auteur présumé de l'acte), le principe de la personnalité passive (nationalité de la victime) et le principe de la protection ou compétence réelle (protection des intérêts nationaux ou de la sécurité nationale).

S'il a pu exister un temps une compétence universelle inconditionnelle n'exigeant aucun lien de rattachement à l'État qui envisageait les poursuites (A. Pinochet en Espagne ; R. Rumsfeld ou A. Sharon en Belgique), ce temps est révolu. Désormais, la pratique des États exerçant une compétence universelle exige à tout le moins un lien de rattachement notamment territorial par la présence du suspect sur le territoire national[4]. Certains États conditionneront aussi l'exercice de cette compétence à l'assurance qu'aucune procédure ou aucune intention de poursuite ne soit exprimée par l'État normalement compétent, voire qu'aucune immunité ne fasse barrage à des poursuites pénales. La compétence universelle est alors relative ou conditionnelle, à l'instar de celle exercée par la France.

Il reste à voir pour quels crimes la compétence universelle peut être mobilisée. Il est indéniable que la compétence universelle, compétence extraordinaire, puise ses racines dans un fondement moral selon lequel certains crimes sont si abjects qu'ils « *défient l'imagination et heurtent profondément la conscience humaine* »[5], partant, ils ne peuvent rester impunis. Cesare Beccaria y voyait également un moyen d'en prévenir la commission en assurant à leurs auteurs qu'ils ne trouveraient refuge nulle part : « *la persuasion de ne pouvoir trouver un lieu sur la terre, où les crimes pussent demeurer impunis, serait un moyen efficace de les prévenir* »[6].

Il est alors du devoir de l'humanité, de chaque État, de veiller à ce qu'ils soient poursuivis, indépendamment des critères de compétence classique de leurs tribunaux. La compétence universelle se trouve alors souvent prévue par des conventions internationales telles que celles portant sur les crimes de guerre[7], torture, esclavage, disparitions forcées, piraterie ou encore apartheid[8]. Inscrite dans ces Conventions, la compétence universelle devient un engagement international pris par l'État signataire qui s'engage dès lors à la mettre en œuvre.

Néanmoins, au-delà de ces engagements internationaux louables, on constate que quel que soit le continent ou le pays concerné, la reconnaissance en droit interne, mais surtout la mise en œuvre de la compétence universelle ne se fait pas si aisément. Le pouvoir politique s'en méfie, tant il parait difficile d'équilibrer, ou simplement de faire coexister, d'une part une justice, avec ses exigences d'indépendance et d'impartialité ainsi que son temps judiciaire, souvent long, et d'autre part les impératifs politiques et diplomatiques qui ne répondent pas aux mêmes exigences ni au même *tempo*.

Des crispations autour de plaintes déposées contre des personnalités étrangères de passage en France sont récurrentes. Ces tensions justice-diplomatie s'illustrent notamment au travers de deux exemples qui ont été particulièrement relayés par les organisations non-gouvernementales (ONG) et les médias. À chaque fois, l'arbitrage s'est fait en faveur des intérêts diplomatiques de la France au détriment des poursuites judiciaires.

En 2002, d'abord, une information judiciaire est ouverte en France s'agissant de faits de disparitions à grande échelle commis au Congo-Brazaville lors de la troisième guerre civile en 1998. L'affaire est connue comme celle des « *Disparus du Beach* ». En 2001, plusieurs ONG avaient déposé plainte en France contre plusieurs personnalités congolaises. De passage à Paris en 2004, le chef de la police congolaise, J-F. Ndengue, est arrêté par les forces de police sur la base de cette plainte. Il était, au moment des faits reprochés, en charge de la sécurité au Port fluvial du Beach, où plusieurs personnes auraient disparu. Interpellé dans sa résidence de Meaux le 1er avril 2004, il sera placé en garde à vue, puis mis en examen le 2 avril et placé sous mandat de dépôt par le juge des libertés et de la détention (JLD). Il est transféré à la prison de la Santé. Aussi bien l'avocat de M. Ndengue que le Procureur de Meaux feront le soir même appel de cette décision par un « référé-liberté ». En pleine nuit, la présidente de la Chambre de l'instruction de la Cour d'appel de Paris est réveillée et décide d'annuler la décision du JLD. J-F. Ndengue est libéré immédiatement et s'envole directement vers le Congo. Le Quai d'Orsay justifiera cette libération par le fait qu'il « *avait un passeport diplomatique en cours de validité et était en visite officielle* »[9]. Cette procédure nocturne est vécue comme une exfiltration en catimini par les parties civiles.

Plus récemment, en 2014-2015, c'est une crise diplomatique avec le Royaume du Maroc qui est déclenchée par l'affaire dite « Hammouchi ». Abdellatif Hammouchi était alors directeur général de la surveillance du territoire (DGST) au Maroc. Visé par plusieurs plaintes pour torture et complicité de torture, une ONG française, apprenant sa présence en France, sollicita son audition auprès d'une juge d'instruction. Déposée par des policiers français le 20 février 2014 à l'Ambassade du Maroc, sa convocation pour audition provoqua une vive réaction des autorités marocaines. Selon les autorités marocaines, cette procédure « *constituait une atteinte grave aux règles élémentaires de la coopération entre les deux pays et porte préjudice à l'esprit de cette coopération, voire à la respectabilité et à la crédibilité de la justice marocaine* »[10]. Si les autorités françaises tentaient de s'expliquer en arguant naturellement de l'indépendance de la justice et donc, de l'impossibilité de s'immiscer dans une procédure en cours, ce fut insuffisant pour satisfaire les autorités marocaines. Le Maroc suspendit, quelques jours après, toute coopération judiciaire avec la France causant, selon un rapport présenté à l'Assemblée nationale, le blocage de plus de 230 dossiers (suspension des extraditions, des auditions de témoins, etc.). La suspension de cette coopération inquiéta Paris notamment concernant son volet relatif à la lutte contre le terrorisme. Rappelons, s'il en est besoin, que la France était frappée par une vague d'attentats particulièrement meurtrière en novembre 2015. L'équation fit alors entrer une nouvelle donnée, quant à elle irrésistible, celle de la sécurité intérieure.

Dans l'impasse, le gouvernement arbitra en faveur de l'apaisement des relations diplomatiques en signant, le 6 février 2015, un Protocole additionnel à la Convention d'entraide judiciaire pénale avec le Maroc. S'il fut présenté comme portant sur le simple échange d'informations s'agissant de procédures concernant des faits commis sur le territoire de l'autre partie, en réalité, à le lire de plus près, ce Protocole prévoyait en son article 23 *bis*[11] une obligation de dénonciation officielle des faits et encourageait fortement un dessaisissement des autorités judiciaires françaises des procédures pénales engagées, y compris et ce qui était particulièrement choquant, par des personnes ayant la double nationalité franco-marocaine. Les efforts diplomatiques allèrent jusqu'à annoncer l'élévation d'Abdellatif Hammouchi au grade d'officier de la légion d'honneur…

On le voit bien, des efforts sont ainsi déployés par la diplomatie et le pouvoir politique pour corriger les effets, qu'ils jugent fâcheux, de l'exercice par les juges de leur office. Il faut sans doute y percevoir une partie des raisons de l'attentisme du législateur à amender les règles procédurales relatives à l'exercice de la compétence universelle.

Verrous procéduraux, des freins à l'exercice effectif de la compétence universelle des juridictions françaises

Il faut d'emblée le préciser, l'enjeu dans les capacités de poursuite en France ne tient pas tant dans la définition des crimes, celle-ci étant au demeurant perfectible en droit français (la notion de « plan concerté » devant être abandonnée), mais bien dans les règles procédurales en vigueur. Finalement, nous avons du côté pile une diplomatie qui prône éloquemment la lutte contre l'impunité en en ratifiant les principales conventions, tandis que du côté face, les poursuites nationales ont été longtemps entravées par des verrous procéduraux incapacitants.

La loi du 9 août 2010 a certes introduit dans le code de procédure pénale (CPP) un article 689-11 organisant la compétence universelle des juridictions françaises s'agissant des crimes relevant du Statut de Rome de la Cour pénale internationale (génocide, crimes contre l'humanité, crimes de guerre), autrement dit des juridictions françaises ont la possibilité de poursuivre des étrangers pour des crimes commis à l'étranger sur des étrangers. Cependant, pendant trop longtemps, cet article posait néanmoins plusieurs conditions dont une première interprétation fut donnée par la Chambre criminelle de la Cour de cassation, dans son arrêt Chaban du 24 novembre 2021. Cette interprétation stricte rendait son application quasi-exceptionnelle, une invitation à nombre de criminels de choisir la France plutôt que l'Allemagne, par exemple, pour trouver refuge.

L'émoi suscité par ce premier arrêt Chaban était compréhensible, mais tellement prévisible qu'il questionne naturellement la réelle volonté de la France à effectivement prendre sa juste part, ou à tout le moins celle qu'elle prétend vouloir prendre, dans la répression des crimes les plus graves. Cet arrêt a révélé, pour certains avec brutalité, que verrouiller la compétence universelle pour de tels crimes pouvait signifier laisser en liberté sur son territoire des personnes à l'encontre desquelles il existe pourtant des doutes sérieux quant à leur participation à des crimes aussi graves… C'est aussi finalement une question de sécurité intérieure.

Les verrous consacrés à l'article 689-11 CPP étaient :

- La résidence habituelle en France de l'auteur présumé du crime[12]
- Le monopole du parquet antiterroriste dans l'ouverture des poursuites
- L'absence de poursuite diligentée par la CPI ou l'absence de demande de remise par une autre juridiction internationale ou d'extradition par aucun autre État
- Nécessaire double incrimination lorsque l'État concerné n'est pas partie au Statut de Rome (*critère abandonné par l'article 63 de la loi du 23 mars 2019 s'agissant du crime de génocide*).

Sans aborder chacun de ces verrous qui nécessiteraient des développements propres, s'agissant du critère de la double incrimination, cela signifie que les faits, qui constituent en droit français des crimes contre l'humanité ou des crimes de guerre, soient également punis par la législation de l'État où ils ont été commis, ou si cet État dont la personne soupçonnée a la nationalité est partie à la convention portant statut de la Cour pénale internationale.

De manière tout à fait assumée, le ministère de la Justice justifiait ces conditions très restrictives afin « [d']*assurer la nécessaire répression d'infractions particulièrement graves, tout en permettant de concilier la sauvegarde des impératifs nationaux et le respect des grands principes du droit international* »[13]. La crainte d'une instrumentalisation politique de la compétence universelle a conduit, de manière disproportionnée, à multiplier les obstacles à la poursuite des crimes les plus graves, ceux-là mêmes que la France s'engage à combattre sur la scène internationale. La priorité est évidente, il s'agit de veiller à ce que les poursuites judiciaires, prématurées ou tout simplement indépendantes, ne viennent pas affecter les relations diplomatiques que la France considère pouvoir mettre en œuvre à tout instant avec tout État en fonction de ses enjeux stratégiques à un moment donné.

L'affaire Chaban montre qu'une application stricte des verrous comporte des effets dévastateurs. Rappelons que cette affaire concernait un ressortissant syrien signalé par l'Office français des réfugiés et apatrides (OFPRA) au parquet antiterroriste pour son rôle présumé au sein d'une branche des renseignements généraux syriens. Arrêté le 15 février 2019 à Asnières-sur-Seine pour des faits commis entre mars 2011 et fin août 2013, il a été mis en examen pour complicité de crimes contre l'humanité par torture, viol, atteinte volontaire à la vie et emprisonnement. Le 12 août 2019, le mis en examen a formé une requête en nullité de sa mise en examen au motif que les juridictions pénales françaises seraient incompétentes pour juger ces faits, la Syrie n'ayant ni ratifié le Statut de la CPI ni incriminé dans sa législation nationale les crimes contre l'humanité. Partant, l'un des 4 critères cumulatifs à l'exercice de la compétence universelle – la double incrimination – n'étant pas rempli, les juridictions françaises s'avèrent alors incompétentes pour le poursuivre.

Certes, la Chambre de l'instruction de la Cour d'appel de Paris a rejeté la requête en nullité au motif que « *si les crimes contre l'humanité ne sont pas visés comme tels dans le code pénal syrien, celui-ci incrimine le meurtre, les actes de barbarie, le viol, les violences et la torture* », pourvu que les « faits » concernés soient incriminés même sous une autre qualification. Elle souligne d'ailleurs que la Constitution syrienne interdit la torture et que le pays est également parti aux Conventions de Genève qui interdisent les crimes de guerre, ainsi qu'au Pacte international relatif aux droits civils et politique qui protège le droit à la vie et interdit la torture. Elle déclare donc les juridictions françaises compétentes pour connaître des faits qui lui sont reprochés. Le suspect se pourvoit en cassation arguant que la condition de la double incrimination devait s'entendre dans son sens strict, c'est-à-dire une identité des incriminations dans les législations française et syrienne.

Finalement, contre l'avis de son avocat général, dans son arrêt du 24 novembre 2021, la Cour de cassation casse l'arrêt de la chambre de l'instruction au motif que « *les crimes contre l›humanité sont définis au chapitre II du sous-titre premier du Code pénal et nécessairement commis en exécution d›un plan concerté à l›encontre d›un groupe de population civile dans le cadre d›une attaque généralisée ou systématique. Dès lors, l›exigence posée par l›article 689-11 du Code de procédure pénale selon laquelle les faits doivent être punis par la législation de l›État où ils ont été commis inclut nécessairement l›existence dans cette législation d›une infraction comportant un élément constitutif relatif à une attaque lancée contre une population civile en exécution d›un plan concerté* ». Selon la Cour de cassation, la loi ne lui permettait pas de se contenter d'une simple réciprocité des actes sous-jacents (meurtre, viol, torture, etc.) mais également des éléments contextuels fondant la spécificité du crime contre l'humanité : actes commis dans le cadre d'une « *attaque systématique ou généralisée contre la population civile* » en « *exécution d'un plan concerté* ». Elle déclarait en conséquence les juridictions françaises incompétentes pour juger, sur le fondement de la compétence universelle, les crimes commis en Syrie par des auteurs syriens contre des victimes syriennes ou étrangères, car le droit pénal syrien n'incrimine pas le crime contre l'humanité.

Or, on le constate, nombre d'État n'ont pas intégré les crimes contre l'humanité dans leur législation nationale, à l'instar de la Syrie, ou lorsque d'autres l'ont fait certains ne transposent pas textuellement la définition de l'article 7 du Statut de Rome de la CPI, à l'instar de la France avec l'exigence de la démonstration d'un « *plan concerté* ». Cette multitude de particularismes combinée à l'exigence d'une double incrimination, entendue en son sens le plus restrictif, vidait entièrement la compétence universelle de son contenu et sonnait comme une invitation à qui souhaiterait trouver refuge en France en toute impunité.

Les conséquences immédiates étaient alarmantes : une dizaine d'années d'enquête étaient menacées. À ce moment, du haut de ses dix années d'existence, le Pôle avait plus de 160 enquêtes ouvertes dans 27 pays, contre une vingtaine lors de sa création[14]. Plus précisément, selon la note établie par le procureur général de Paris, M. Molins, versée au débat devant l'Assemblée plénière de la Cour de cassation, sur les 79 informations judiciaires ouvertes par le Pôle crimes contre l'humanité et crimes de guerre, 14 pourraient être affectés par cette jurisprudence et 36 des 85 enquêtes préliminaires[15]. D'après les informations publiquement disponibles, les dossiers concerneraient notamment le fameux dossier « César »[16], utilisé comme une « *enquête structurelle* »[17] sur le système de détention et de torture des services de renseignements syriens, le recours à l'arme chimique en août 2013[18] ainsi que des enquêtes à l'encontre de ressortissants syriens déboutés de leur demande d'asile[19].

Face à ces inquiétudes, le pouvoir politique est donc resté spectateur. La planche de salut viendra des magistrats de la plus haute instance judiciaire française, réunis dans sa formation la plus solennelle.

L'intervention salvatrice mais insuffisante de l'Assemblée plénière de la Cour de cassation

Un sauvetage in extremis des magistrats : la France ne sera pas un havre d'impunité

Sur le plan international, l'arrêt Chaban du 24 novembre 2021, a produit de la déconsidération. Cette décision met dans l'embarras la diplomatie française exposant au public l'abysse séparant la posture française sur la scène internationale et la mise en œuvre fragile et instable au niveau national de ses intentions de lutter effectivement contre l'impunité des crimes commis en Syrie. Embarras également lorsque l'on rappelle qu'à quelques centaines de kilomètres de là, les homologues allemands ont jugé et condamné des ressortissants syriens depuis plusieurs mois déjà. Situation d'autant plus embarrassante lorsque l'on sait que plusieurs dossiers portés devant les juridictions allemandes sont aussi le fruit d'une forte coopération judiciaire franco-allemande, y compris par des opérations conjointes d'arrestation. L'avocat Fritz Streiff, auteur du podcast *Branch 251*, nous apporte d'ailleurs un éclairage intéressant à différents égards sur le dynamisme de ces juridictions allemandes, mais aussi de ses limites (voir *infra*).

L'application de la jurisprudence Chaban et la persistance de ces freins procéduraux ont eu pour conséquence une marginalisation de la justice française dans la poursuite des crimes les plus graves. Comme le soulignait le juge Bruno Cotte lors du colloque tenu au Palais du Luxembourg le 24 février 2023, le Pôle spécialisé de Paris, dont la France s'est dotée précisément pour de tels dossiers[20], pourtant opérationnel, se bornerait à l'avenir à assurer l'exécution de commissions rogatoires émises par d'autres juridictions européennes, notamment allemandes.

Cet arrêt de 2021 de la Cour de cassation a été, fait assez rare, frappé d'opposition par la Fédération internationale des droits de l'homme, permettant ainsi la reprise des débats. Parallèlement, la Cour d'appel de Paris, dans une autre affaire similaire concernant des crimes de guerre en Syrie, a rendu le 4 avril 2022 ce qui est communément appelé un « arrêt de rébellion », c'est-à-dire qu'elle a maintenu sa position malgré la décision de la Cour de cassation – considérant que nombres de crimes et délits de guerre sont prévus « *par équivalence* » dans la législation syrienne. Dès lors, il revenait à l'Assemblée plénière de la Cour de cassation de se prononcer.

Les débats devant l'Assemblée plénière sont alors retransmis, à l'instar des plaidoiries du 17 mars 2023. Le 12 mai 2023, l'Assemblée plénière rend sa décision considérant désormais que pour satisfaire le critère de la double incrimination, il n'est pas nécessaire que les faits relevant en France des infractions de crime contre l'humanité ou de crime de guerre soient qualifiés de manière identique par les lois du pays étranger. Il suffit que la législation étrangère punisse ces actes comme infraction de droit commun tels que le meurtre, le viol ou la torture. Pour aboutir à cette conclusion, l'Assemblée plénière est partie du constat que le simple libellé du texte ne permettait pas de lui donner un sens certain. Dès lors, il convient de rechercher l'intention du législateur, « *déterminante s'agissant de la mise en œuvre de la compétence universelle des juridictions françaises, laquelle relève de la souveraineté de l'État en matière pénale* ». La Cour en conclut qu'il résulte des débats parlementaires ayant précédé à l'adoption de la loi du 9 août 2010, insérant l'article 689-11 CPP, ainsi que de la jurisprudence en matière d'extradition, que la condition de double incrimination, ne requiert pas une identité de qualification et d'incrimination[21].

C'est un véritable soulagement, ressenti au-delà des frontières françaises. La décision est citée, commentée et relayée sur plusieurs réseaux, assez logiquement auprès de juristes, mais aussi dans les médias et par des ONG dont des syriennes. On peut aussi naturellement imaginer qu'après l'onde de choc médiatique ayant mis dans l'embarras la diplomatie française, certains diplomates notamment à New York ou Genève, mais aussi les juges internationaux français retrouvent un peu d'air.

Le basculement d'une interprétation trop restrictive vers une interprétation minimaliste du critère de la « double incrimination » semble assez clairement poursuivre l'objectif de garantir l'effectivité de la compétence universelle en France. En témoignent les extraits choisis des débats parlementaires. Si l'on peut se satisfaire de cette décision, on peut aussi légitimement se questionner sur la relation entre la loi et les juges. Revenait-il aux juges de combler les failles de la loi alors même, qu'interpellé à plusieurs reprises sur ces mêmes points, le législateur a toujours refusé de faire évoluer ces verrous pour l'ensemble des crimes ?

Il est en effet très difficile d'imaginer que le législateur n'avait pas du tout conscience du pouvoir paralysant de ce critère. Pendant plus d'une décennie, outre la mobilisation des ONG contre les 4 verrous et les avis de juristes, plusieurs tentatives parlementaires visant à les supprimer ont échoué à l'instar de la proposition de loi du sénateur Jean-Pierre Sueur déposée dès 2013. Une nouvelle fois, lors des débats parlementaires de la loi du 23 mars 2019, un amendement adopté par la commission des lois du Sénat avait abandonné l'exigence de double incrimination avant que l'Assemblée nationale ne la réintroduise. Elle sera finalement abandonnée pour le crime de génocide, preuve supplémentaire, s'il en fallait, que la portée de cette exigence n'était pas ignorée et qu'un aménagement était rendu possible pour le génocide. Le communiqué conjoint du ministère de l'Europe et des Affaires étrangères et du ministère de la Justice publié le 9 février 2022, en réaction au premier arrêt Chaban, disait également « *se tenir prêt à définir rapidement les évolutions, y compris législatives, qui devraient être effectuées afin de permettre à la France de continuer à inscrire résolument son action dans le cadre de son engagement constant en faveur de l'impunité des crimes internationaux* ».

La décision de l'Assemblée plénière est salutaire, la motivation de son arrêt et la solennité de sa formation ne laissaient pas trop craindre un revirement de jurisprudence. Pourtant, le législateur entend désormais confirmer cette décision de justice par un amendement, considérant ainsi important d'expliciter les dispositions de l'article 689-11 CPP[22]. Si lors de son adoption en 2010, le législateur ne se projetait certainement pas dans la situation causée par le conflit syrien et le nombre important de réfugiés en résultant sur le territoire national, le spectre de son incapacité à contribuer à la répression des crimes commis en Ukraine[23] a sans doute convaincu les derniers récalcitrants.

Si l'heure est momentanément au soulagement, il faut rester vigilant à plusieurs égards.

Vigilance constante : mise en adéquation des ressources des acteurs judiciaires français et résister aux menaces

Il existe en France plusieurs acteurs de la répression des crimes contre l'humanité, génocide et crimes et délits de guerre. Leur existence est certes en soi un pas en avant vers l'efficacité des poursuites, mais il faut continuellement veiller à leur efficacité en leur octroyant les ressources nécessaires à leur mission.

En décembre 2011[24] est créé un Pôle spécialisé dans la poursuite, l'instruction et le jugement des crimes contre l›humanité et les crimes et délits de guerre ainsi que les infractions qui leur sont connexes. Il sera effectif dès 2012. Il faut rappeler que la création d'unités spécialisées pour connaitre de ce contentieux était encouragée par le Conseil de l'Union européenne dès 2003[25]. Un Office central de lutte contre les crimes contre l'humanité, les génocides et les crimes de guerre (OCLCH) est également créé[26]. Il est composé de gendarmes, de policiers et d'agents mis à disposition par le ministère des Armées et de tout autre administration possédant une expertise dans la lutte contre les crimes internationaux les plus graves et les formes de criminalité qui leur sont liées.

Lors des travaux parlementaires la *raison d'être* de cette spécialisation et l'ambition étaient affichées : « *Ce pôle devrait permettre de concentrer davantage de moyens sur l'instruction de ces crimes, qui suppose une connaissance approfondie du contexte historique et culturel particulier dans lequel les faits ont été commis. Il paraît en effet indispensable qu'une équipe de magistrats puisse, dans le cadre du nouveau pôle, se consacrer exclusivement à ce type d'affaires et que des enquêteurs exclusivement consacrés aux crimes contre l'humanité et crimes de guerre soient mis à sa disposition* »[27] – « *Par définition, de tels dossiers impliquent un grand nombre de protagonistes (accusés et victimes), sont le plus souvent perpétrés à l'étranger et, de ce fait, conduisent à des investigations particulièrement lourdes et complexes. Ne remettant pas en cause la compétence des juridictions de droit commun à même de juger de faits qui seraient commis en France, la dévolution à la juridiction parisienne d'une compétence concurrente, élargie aux cas relevant du principe de compétence universelle, apparaît constituer un bon équilibre entre efficacité et respect des grands principes procéduraux* ».

Or, les moyens mis à disposition de ces acteurs de la répression n'ont pas suivi la croissance importante du nombre de dossiers ouverts et leur diversification géographique. D'une vingtaine de dossiers à sa création, le Pôle aurait actuellement la charge de plus de 190 dossiers dans 27 pays[28].

Sans aucun doute, la visibilité et la spécialisation du Pôle auprès des ONG a conduit à une augmentation des plaintes. Toutefois, l'explosion du contentieux est en grande partie attribuable à la réforme du droit d'asile de 2015, au terme de laquelle le directeur de l'OFPRA signale au procureur les dossiers des personnes déboutées de leur demande d'asile en raison d'une clause d'exclusion[29]. Cette clause d'exclusion prévue par l'article 1er F de la Convention de Genève est ainsi rédigée : « *Les dispositions de cette Convention ne seront pas applicables aux personnes dont on aura des raisons sérieuses de penser : a) qu'elles ont commis un crime contre la paix, un crime de guerre ou un crime contre l'humanité, au sens des instruments internationaux élaborés pour prévoir des dispositions relatives à ces crimes ; b) qu'elles ont commis un crime grave de droit commun en dehors du pays d'accueil avant d'y être admises comme réfugiées ; c) qu›elles se sont rendues coupables d'agissements contraires aux buts et aux principes des Nations Unies* ». En a résulté de nombreux dossiers communiqués par l'OFPRA (441 signalements depuis 2015[30]) et concernant de nombreuses zones géographiques dont la Syrie, donnant lieu à des enquêtes pour crimes contre l'humanité, crimes de guerre ou encore torture.

Cette fulgurante croissance n'a non seulement pas été accompagnée d'une évolution suffisamment conséquente des moyens alloués (4 juges d'instruction et 5 procureurs), mais les moyens du parquet ont été dissous au sein du Parquet national antiterroriste (PNAT)[31]. La section antiterroriste et la section *AC5* du parquet alors en charge des crimes contre l'humanité ont été regroupées sous l'égide du PNAT. On peut légitimement craindre que cette « mutualisation » des moyens ne se fasse au détriment du Pôle, l'arbitrage risquant de se faire au profit de dossiers touchant immédiatement à la sécurité intérieure.

Or des ressources en inadéquation à l'ampleur du contentieux en France ont nécessairement des conséquences néfastes sur les délais de procédure qui s'allongent : i) impatience et incompréhension légitime des victimes ; ii) des suspects, toujours présumés innocents, parfois privés préventivement de leur liberté, pour des faits d'une particulière gravité et stigmatisants en attente d'une décision sur leur renvoi ou non devant une cour d'assises ; iii) un risque de déperdition des preuves. Cela a également pour conséquence que sur un même dossier, plusieurs magistrats se succèderont avec un risque de discontinuité du fil rouge de l'enquête.

Conclusion

Enfin, la résolution de la crise diplomatique avec le Maroc dans le cadre de l'affaire *Hammouchi* a démontré que les techniques de contournement de la compétence des juridictions françaises peuvent aussi passer par des accords bilatéraux. Il est troublant de relever, qu'en pleine controverse nationale sur la place de la France dans la lutte contre l'impunité, se jouait à plusieurs kilomètres de Paris, du côté de Lubjana en Slovénie la négociation d'un traité d'entraide judiciaire. Les travaux autour de ce traité ont été amorcés il y a plusieurs années. Ils visaient à combler une lacune du système de justice pénale internationale en renforçant les devoirs et obligations des États en matière d'assistance mutuelle dans les poursuites pénales de crimes internationaux. En d'autres termes, faciliter la coopération notamment dans la collecte des éléments de preuve, des auditions de témoins ou encore d'extradition. La Convention de Ljubljana-La Haye sur la coopération internationale pour les enquêtes et les poursuites concernant le crime de génocide, les crimes contre l'humanité, les crimes de guerre et les autres crimes de droit international a été adoptée le 26 mai 2023. Le gouvernement français, soutenu par le gouvernement britannique, a cherché à affaiblir le projet de traité en rendant facultative l'extradition ou la traduction en justice des auteurs présumés de crimes de droit international. Cela, tout en se félicitant sur son site internet de l'adoption de cette convention, « *outil essentiel pour la lutte contre l'impunité et montre la volonté des États de renforcer le système global de justice pénale internationale* »[32]. Or, faut-il le rappeler l'extradition ou la traduction en justice (*aut dedere aut judicare*) est une obligation légale prévue par des Conventions à l'instar de celles sur la torture, les disparitions forcées, le génocide ou encore les Conventions de Genève s'agissant des crimes de guerre.

En matière de lutte contre l'impunité, l'ambivalence française perdure donc.

Notes

1 La France a été à l'initiative le 22 mai 2014 d'une résolution au Conseil de sécurité tendant au renvoi de la situation prévalant en Syrie à la CPI afin qu'y soient jugés les responsables des crimes relevant de sa compétence.

2 Voir la contribution de Monsieur le juge Gilbert Bitti dans ce numéro.

3 Voir notamment, les *Principes de Princeton sur la compétence universelle*, tels que transmis au Secrétaire général des Nations Unies, 4 décembre 2001 (UN Doc. A/56/677).

4 Pour un descriptif des règles procédurales et pratique des États en matière de compétence universelle voir les rapports annuels de l'organisation non gouvernementale *Trial Watch*.
5 Citation du Préambule du Statut de Rome portant la création de la Cour pénale internationale.
6 C. Beccaria, Traité des délits et des peines (1764), traduction (1766), Chap. XXXV, p. 85.
7 Les Conventions de Genève de 1949 contiennent les règles relatives au droit international humanitaire, c'est-à-dire les règles et les limites dans la conduite des conflits armés. Elles déterminent également les actes constitutifs de violations graves – les crimes de guerre – et imposent à tous les États signataires l'obligation i) de rechercher les personnes prévenues d'avoir commis, ou d'avoir donné l'ordre de commettre l'une ou l'autre des infractions graves ; et ii) de les déférer à ses propres tribunaux quelle que soit leur nationalité ou iii) de les remettre pour jugement à une autre partie contractante, intéressée à la poursuite. Voir en ce sens, les Conventions de Genève, I art. 49 ; II art. 50 ; III art. 129 et IV art. 146. Le fait que les États puissent conférer à leurs tribunaux nationaux une compétence universelle en matière de crimes de guerre a par ailleurs été érigé au rang de norme coutumière (CICR, Règle 157 de l'étude sur les règles du droit international humanitaire coutumier publiée, 2005).
8 Convention contre la torture et autres peines ou traitements cruels, inhumains ou dégradants (1984), art. 5 ; Convention internationale pour la protection de toutes les personnes contre les disparitions forcées (2006), art. 9 ; Convention internationale pour la répression du financement du terrorisme (1999), art. 7, § 4 ; convention relative à l'esclavage (1926) ; Convention sur l'élimination et la répression du crime d'apartheid (1973), arts 4 and 5; Convention de Genève relative au droit de la mer (1958), art. 19.
9 Voir notamment FIDH, *Groupe d'action judiciaire de la FIDH, République du Congo, Affaire des « Disparus du Beach » de Brazaville*, N° 400, Juillet 2004.
10 Rapport Assemblée Nationale, 14e législature, N° 2870, p. 9.
11 Article 23 *bis* - Application des conventions internationales « 1. Dans le cadre de leurs engagements respectifs et afin de contribuer à la bonne mise en œuvre des conventions internationales qui les lient, les Parties s'emploient à favoriser une coopération plus efficace ainsi que tous échanges entre les autorités judiciaires aux fins de bonne conduite des procédures, notamment lorsque les faits dénoncés ont été commis sur le territoire de l'autre Partie. 2. Dans cette dernière hypothèse, chaque Partie informe immédiatement l'autre Partie des procédures relatives à des faits pénalement punissables dans la commission desquels des ressortissants de cette dernière sont susceptibles de voir leur responsabilité engagée. 3. S'agissant de procédures engagées auprès de l'autorité judiciaire d'une Partie par une personne qui n'en possède pas la nationalité et pour des faits commis sur le territoire de l'autre Partie par un de ses ressortissants, l'autorité judiciaire saisie recueille dès que possible auprès de l'autorité judiciaire de l'autre Partie ses observations ou informations. Cette dernière prend toutes les mesures qu'elle juge appropriées y compris le cas échéant l'ouverture d'une procédure. Au vu des éléments ou informations reçus, l'autorité judiciaire saisie détermine les suites à donner à la procédure, prioritairement son renvoi à l'autorité judiciaire de l'autre Partie ou sa clôture. En l'absence de réponse ou en cas d'inertie de l'autre Partie, l'autorité judiciaire saisie poursuit la procédure. 4. Les dispositions du paragraphe 3 du présent article s'appliquent aux individus possédant la nationalité de l'une et l'autre Partie. »
12 Ce critère a été précisé par la Cour de cassation, Assemblée plénière, 12 mai 2023, pourvois N° 22-80.057 et 22-82.468. Pour que la France soit considérée comme le lieu de résidence habituelle d'un ressortissant étranger, il faut qu'il existe entre la France et cette personne un lien de rattachement suffisant. Le juge doit apprécier la nature de ce lien sur la base d'un faisceau d'indices : la durée de cette présence sur le territoire, mais aussi les raisons de cette installation, les conditions dans lesquelles elle a eu lieu, les manifestations d'une volonté de résider durablement en France, l'existence de liens familiaux, sociaux, matériels ou professionnels.
13 Réponse du ministère de la Justice, publiée dans le JO Sénat du 05/08/2021.
14 Aurélia Devos, « La France pourrait-elle devenir un refuge d'impunité pour les criminels contre l'humanité ? », Paris, *Le Monde*, 17 décembre 2021
15 Cass., Avis de M. Molins, Procureur général, p. 18.
16 Pseudonyme attribué à un ancien photographe de la police militaire syrienne qui s'était enfui en 2013 avec plus de 55000 photographies de corps suppliciés et torturés de victimes dans

les prisons syriennes.
17 Une forme de matrice permettant de documenter et analyser des faits pouvant être qualifiés de crimes de guerre, crimes contre l'humanité ou génocide indépendamment de l'identification d'un suspect ou d'une victime. Selon l'intervention d'Aurélia Devos lors du Colloque du 24 février 2023 cela permettrait de « figer la preuve ».
18 Plainte déposée par le *Syrian Center for Media and Freedom of Expression, Syrian Archive, Civil Rights Defenders*, et the *Open Society Justice Initiative*, également auprès des juridictions allemande et suédoise. Voir en ce sens https://www.justiceinitiative.org/newsroom/eight-years-after-chemical-weapons-attacks-at-ghouta-investigations-have-been-opened-in-three-european-countries
19 Voir LOI N° 2015-925 du 29 juillet 2015 relative à la réforme du droit d'asile qui dispose en son article 10 que « le directeur général de l'office transmet au procureur de la République tout renseignement utile ayant conduit au rejet d'une demande d'asile ou d'apatridie motivé par l'une des clauses d'exclusion définies à la section F de l'article 1er de la convention de Genève, du 28 juillet 1951, relative au statut des réfugiés ». Cette clause d'exclusion prévue par l'article 1er F de la Convention de Genève est ainsi rédigée : « *Les dispositions de cette Convention ne seront pas applicables aux personnes dont on aura des raisons sérieuses de penser : a) qu'elles ont commis un crime contre la paix, un crime de guerre ou un crime contre l'humanité, au sens des instruments internationaux élaborés pour prévoir des dispositions relatives à ces crimes ; b) qu'elles ont commis un crime grave de droit commun en dehors du pays d'accueil avant d'y être admises comme réfugiées ; c) qu'elles se sont rendues coupables d'agissements contraires aux buts et aux principes des Nations Unies* ». En a résulté de nombreux dossiers communiqués par l'OFPRA et concernant de nombreuses zones géographiques dont la Syrie, donnant lieu à des enquêtes pour crimes contre l'humanité, crimes de guerre ou encore torture.
20 Avec la loi N° 2011-1862 du 13 décembre 2011 (entrée en vigueur le 1er janvier 2012) relative à la répartition des contentieux et à l'allègement de certaines procédures juridictionnelles est créé un Pôle spécialisé dans la poursuite, l'instruction et le jugement des crimes contre l›humanité et les crimes et délits de guerre, ainsi que les infractions qui leur sont connexes. Exercent désormais une compétence concurrente sur ce contentieux : le procureur de la République antiterroriste, le pôle de l›instruction et la cour d›assises de Paris exercent une compétence concurrente (art. 628-1 CPP).
21 Voir en ce sens les références faites au rapporteur de la commission des lois de l'Assemblée nationale, 1re séance du 13 juillet 2010 : « *Cette condition n'est jamais que la traduction du principe de légalité des peines. Elle vise à conférer une légitimité juridique à l'intervention des juridictions françaises. Elle n'implique en revanche pas qu'il faille que les faits aient une incrimination identique dans les deux États. Les faits doivent effectivement être réprimés dans l'autre pays même s'ils sont qualifiés différemment ou si on leur applique des peines différentes.* [...] *Aucun pays au monde ne laisse le meurtre ou les faits de barbarie impunis dans sa législation pénale. On ne peut donc pas arguer qu'en maintenant la condition de double incrimination, on laisserait impunis les auteurs d'un génocide par exemple* ». Voir aussi la référence à la déclaration du secrétaire d'État auprès de la ministre de la justice et des libertés : « *Ce critère de la double incrimination* [...] *n'empêche pas de poursuivre des faits graves. D'ailleurs, contrairement à ce qui est expliqué dans l'exposé sommaire de ces amendements, il n'est imposé une identité ni des qualifications ni des peines encourues. Aucun fait grave, que ce soit un génocide, un assassinat, un viol, n'échappera à la compétence des juridictions françaises en raison de cette exigence de double incrimination* ».
22 Voir projet de loi d'orientation et de programmation du ministère de la Justice 2023-2027.
23 « Comment promettre la justice aux victimes du conflit en Ukraine, si l'on est incapable de juger Vladimir Poutine et ses chefs de guerre, faute d'avoir pu les arrêter ? », Paris, *Le Monde*, 11 avril 2022
24 Avec la loi N° 2011-1862 du 13 décembre 2011 (entrée en vigueur le 1er janvier 2012) relative à la répartition des contentieux et à l'allègement de certaines procédures juridictionnelles. Exercent désormais une compétence concurrente sur ce contentieux : le procureur de la République antiterroriste, le pôle de l›instruction et la cour d›assises de Paris exercent une compétence concurrente (art. 628-1 CPP).

25 À ce moment, des juges d'instruction français étaient déjà saisis de plaintes relatives au génocide des Tutsis au Rwanda. En sus des tensions diplomatiques entre la France et le Rwanda, la complexité de ces dossiers et la non-spécialisation des magistrats également saisis de dossiers de droit commun, a engendré d'importants retards dans leur traitement. L'arrêt de Cour européenne des droits de l'homme, dans l'affaire Mutimura c. France (2004) en est une illustration. La CEDH condamne la France pour le délai déraisonnable de sa procédure (violation de l'article 6 de la Convention). Le nombre croissant de dossiers relatifs au génocide des Tutsis au Rwanda encouragera la France à finalement franchir le pas en 2011 et à créer un Pôle spécialisé pour centraliser le traitement de ces dossiers.

26 OCLCH est créé par décret N° 2013-987 du 5 novembre 2013, pris par le Premier ministre.

27 M. Yves Détraigne, *Rapport fait au nom de la commission des lois constitutionnelles, de législation, du suffrage universel, du Règlement et d'administration générale sur le projet de loi relatif à la répartition des contentieux et à l'allègement de certaines procédures juridictionnelles*, 30 mars 2011, Sénat, Rapport N° 394, p. 27. Voir aussi, M. Marcel Bonnot, *Rapport fait au nom de la commission des lois constitutionnelles, de la législation et de l'administration générale de la république sur le projet de loi (N° 3373), adopté par le Sénat après engagement de la procédure accélérée, relatif à la répartition des contentieux et à l'allègement de certaines procédures juridictionnelles*, Juin 2011, Assemblée Nationale, Rapport N° 3604, pp. 30, 108–14.

28 Aurélia Devos, *op. cit.*, ainsi que l'intervention d'A. Devos au Colloque du 24 février 2023 au Palais du Luxembourg. Voir aussi Cass. Avis de M. Molins,Procureur général, p. 13 faisant état au 19 octobre 2022 de 85 enquêtes préliminaires et 79 informations judiciaires.

29 LOI N° 2015-925 du 29 juillet 2015 relative à la réforme du droit d'asile, qui dispose en son article 10 que « *le directeur général de l'office transmet au procureur de la République tout renseignement utile ayant conduit au rejet d'une demande d'asile ou d'apatridie motivé par l'une des clauses d'exclusion définies à la section F de l'article 1er de la convention de Genève, du 28 juillet 1951, relative au statut des réfugiés* ».

30 Cass., Avis de M. Molins, Procureur général, p. 13.

31 Il a été créé par la loi N° 2019-222 du 23 mars 2019 de programmation 2018-2022 et de réforme pour la justice. Il est dirigé par le procureur national antiterroriste et placé près le tribunal judiciaire de Paris. Le PNAT, dirigé par le Procureur national antiterroriste, a repris les attributions autrefois dévolues à la section AC5 du parquet de Paris.

32 Lutte contre l'impunité – Adoption de la convention pour la coopération internationale en matière d'enquête et de poursuite du crime de génocide, des crimes contre l'humanité, des crimes de guerre et autres crimes internationaux (30 mai 2023) https://www.diplomatie.gouv.fr/fr/politique-etrangere-de-la-france/justice-internationale/evenements/article/lutte-contre-l-impunite-adoption-de-la-convention-pour-la-cooperation

Fritz Streiff

Avocat, spécialiste des droits de l'homme. Fondateur et directeur de 75 Podcasts[1]

International Justice in Domestic Courts: Lessons Learned from German Courts and Warning Signs

Résumé

Le moment est bien choisi pour réfléchir à notre situation en matière de compétence universelle. La plus haute juridiction du système judiciaire français, la Cour de cassation, a décidé le 12 mai 2023 que les affaires d'atrocités internationales pouvaient continuer à être jugées par les tribunaux français sur la base du principe de la compétence universelle. Cette question s'est posée après que la Cour a décidé, en novembre 2021, qu'un suspect syrien ne pouvait être jugé pour « complicité de crimes contre l'humanité » au motif que la loi syrienne ne prévoit pas cette incrimination exacte. Cette décision a été un désastre pour les acteurs du dossier syrien et, plus généralement, pour tous ceux qui sont engagés dans la lutte contre l'impunité. La Cour de cassation vient de clarifier cette interprétation et de revenir sur sa décision, au grand soulagement des acteurs de la société civile impliqués dans le dossier, au premier rang desquels les collègues syriens.

Abstract

This is a fitting moment to reflect on where we stand with universal jurisdiction. The highest court in the French judiciary, the Court de Cassation, decided on 12 May 2023 that international atrocity cases can continue to be tried in French courts based on the principle of universal jurisdiction. This question arose after the court had decided in November 2021 that a Syrian suspect could not be tried for "complicity in crimes against humanity" on the grounds that Syrian law does not provide for this exact incrimination. This decision was a disaster for those involved in the Syria file and, more generally, everyone engaged in the fight against impunity. Since then, and until very recently, France has been at great risk of actually becoming a safe haven for war criminals. The Court de Cassation now clarified this interpretation and in effect reversed its earlier decision, to the huge relief of civil society actors involved in the case, first and foremost Syrian colleagues.[2]

The Branch 251 Trial: anatomy of a relative success story

Simultaneous arrests in France and in Germany: the result of close Franco-German cooperation

The concerned case that prompted this fundamental question for the French judiciary has its origin in an arrest the French police made in February 2019. In a concerted action with their German colleagues, they arrested an alleged former Syrian regime official, Abdulhamid C., on the same day the then-suspects Anwar Raslan and Eyad Al-Gharib were arrested in Germany. While things stayed quiet around the arrest in France, very quiet, Germany took on the case as a symbolic worldwide first and brought it to trial based on its relatively pure form of universal jurisdiction legislation.

Branch 251 Trial – the facts of the case

The two defendants were members of the general secret service in the Syrian capital Damascus. The defendant Anwar Raslan was accused to have headed the investigations unit in Branch 251 of the general intelligence service. He was charged with crimes against humanity including murder, 58 counts of death, torture, the deprivation of liberty, rape, and severe sexual assault. The prosecutor alleged that between April 29, 2011 and September 7, 2012, at least 4,000 inmates of Branch 251 were tortured. They were subjected to brute force by being beaten, kicked, and electro shocked, and subjected to rape and other sexual abuse. The second defendant, Eyad Al-Gharib, was charged with aiding and abetting crimes against humanity, including torture and deprivation of liberty.

A predicated success, but not without its difficulties

The Coblenz trial would become, to a large extent, a success. It delivered the worldwide first judgement in a criminal trial against former regime officials for crimes against humanity. The crime against humanity element is crucial: The prosecutor successfully proved the context of a widespread or systematic attack by the regime on the civilian population, in which framework the suspects committed their acts. As a consequence, in a contextual sense, the court's decision to convict the defendants was also a judgement of the Syrian regime's deeply criminal response to the Syrian people's peaceful uprising. This element meant a lot, especially to Syrian survivors. When the trial commenced in April 2020, I recognized how seminal the case would be and how it would be significant for survivors after 10 years of frustration as regards justice for Syria. I decided to make a podcast about it called *Branch 251,* after the name of the detention center the accused worked at in Damascus. But the trial's symbolic importance was not the main motivation behind making the podcast.

It had become clear before, in Germany and elsewhere, that foreign courts are not fully equipped to deliver international justice, as will be elaborated on further below. In Germany, one advantage in this regard is, at the same time, a disadvantage: Its federal system. International criminal trials can be conducted at any of its higher regional courts: We have seen them in, among other cities, Stuttgart, Hamburg, Munich, Celle, Koblenz, Frankfurt, Berlin -- more courts, more capacity. This allows the German system to run more investigations with the help of the regional investigation teams and more trials at courts in the entire country. This is in stark contrast to France, where these trials are heard by the Paris Assize Court, a Court already struggling with the high number of cases to be heard.

While the relevant court chambers are of course equipped with a set of five highly professional and experienced judges, they remain regional courts that are not specialized in international criminal law and the complicated contexts these cases come with. They have all struggled with it. Because they do not have specialized expertise, they are supposed to execute international justice in their own national framework, in their own language, they lack outreach capacities to affected communities, they may be overwhelmed by the foreign context, they are not used to many visitors from the whole world, and they may not dare to push the limits of their procedural rules to accommodate the special needs of such complex trials.

Branch 251 podcast: Bridging the gap between the German courtroom and the outside. The motivation behind the podcast from the very beginning was to bridge the large distance between Koblenz and the world, most notably Syria, geographically and culturally, and between reality and the legal quirkiness dominating such multifarious international legal procedures. My team and I chronicled and analyzed the above-described difficulties the Koblenz judges faced in delivering justice for crimes committed in a context completely alien to their own. The podcast explored several other issues that made it difficult for Syrians and other interested parties to follow and engage with this trial, such as courtroom access restrictions, difficulties with obtaining translations and a lack of trial recordings.

By producing the episodes in English and in Arabic, the podcast aimed at delivering quality information on what happened at the trial, increasing knowledge and understanding of the procedure, and also being a platform for Syrians to voice their stories, explain and discuss the Syrian context and feel a certain level of ownership of this trial.

The Koblenz trial lasted close to two years, with more than 100 trial days and more than 80 witnesses who appeared in court. It was an overall success, some would even call it a "home run" for the prosecutor. For one, because Germany wanted it to be a success. The political will was there early on, the necessary legislation was in place and largely uncontested in terms of Germany's jurisdiction, capacities and finances were made available, and trials that would take several years were budgeted for. But it had its limits and challenges, too, as summarized above. The general trend towards national courts hearing international cases, and relieving the International Criminal Court and international tribunals or filling the gap of their lack of jurisdiction[3], is a step into the right direction and was always a core part of the original idea of international criminal justice. But I do not see how the core problems and challenges seen in Koblenz can be adequately fixed. Is that the role and duty of the state? Or is that be asked too much as it might be unrealistic?

Some quite simple improvements can be done, such as language translations, proper trial records and basic outreach activities in the national language, English and the language of the affected community, some of which have in fact been taken up by the German legislator in a recent reform package. But more fundamental changes might be improbable. International Justice in national courts will never be perfect. We have seen this with the trials dealing with crimes committed in Syria that happened before and those that followed Koblenz: In Frankfurt and Berlin, they have faced similar challenges and the courts there have arguably acted even more restrictively.

This is where a very active and conscious participation of and support by civil society remains crucial. My team and I made the podcast, others, notably the European Center for Constitutional and Human Rights, did their own job really well. Not to mention the tireless work of all involved Syrian groups. This active role of the civil society will remain necessary to help these complex trials become successes, in Germany and elsewhere.

This is currently also becoming apparent in the Netherlands, where the first Syrian regime-related case will go to trial later this year or in early 2024[4]. Civil society is playing an important role there as well: The Syrian Center for Media and Freedom of Expression cooperates closely with the Dutch authorities and delivered significant information for the suspect's arrest. Together with Dutch groups, they are supporting witnesses and victims in finding their way in the procedure and are closely coordinating with the Dutch authorities working towards the trial. The Netherlands has a specialized court for cases regarding international crimes, as have other jurisdictions such as France. This can be an advantage because the judges and parties involved have special expertise, which can make trials more efficient. But it can also be a limiting factor, as their logistical capacity, such as courtroom and judges' availabilities, is of course limited. The Dutch have successfully started information and outreach activities in foreign languages. With exceptionally important and symbolic trials, like the one regarding the downing of the MH-17 airplane above Ukraine, they have offered live streams of the hearings, with subtitles in various languages. This is something to learn from for all national jurisdictions. Innovation in the generally conservative and slow field of law and legal procedure is possible.

This brings me back to where this piece started, back to France. French civil society has played an important role as well, especially in the recent couple of years after the arrest of the Syrian suspect on the same day as in the German case that led to the now-famous Koblenz trial. The fact that the suspect had to be released after a year and a half in pre-trial detention showed a fundamental shortcoming in the French legislation when it comes to responding to alleged war criminals present on French territory. It is now up to the legislator to ensure no future ambiguity can be found in similar cases.

The momentous decision of 12 May 2023 came as a relief for many in the field of international criminal justice. And it came just a couple of months after another noteworthy development in the French jurisdiction. In a historic decision, the Paris Judicial Court sent to trial before the Paris Criminal

Court the case against three senior Syrian regime officials for complicity in crimes against humanity and war crimes allegedly committed against two Franco-Syrian citizens. The case was brought to the French authorities by the victims' family with the assistance of the Litigation Action Group at the International Federation for Human Rights (FIDH), which also played an active role as a civil party in the recently decided case at the Court de Cassation.

As the upcoming trial against three senior regime officials will be the worldwide first criminal trial against top-ranking representatives of the Syrian regime, it will have an enormous value, not just in its symbolism but as a concrete example of how individual criminal complaints can in fact result in concrete cases, trials and court decisions after years of investigations by authorities and advocacy by civil society. The fact that the accused will likely not give themselves up or be extradited by Damascus means the trial will most certainly be held in absentia, a possibility the French legal system has in contrast to many other European jurisdictions. As long as the survivors' interests and wishes remain the most important indicator, this case will be an important step towards justice for Syria, despite the criticism that the in-absentia character of the trial will take away some of the case's weight.

Conclusion

Zooming out of single cases and trials, my team and I are currently making a new podcast called *The Syria Trials*, in which we tell the stories around the scattered landscape of justice and accountability efforts for the atrocious crimes committed by the regime in Syria. In this larger context, it is obvious that the cases we are now seeing seem only a beginning in the Syria justice and accountability arena, as the momentum is not subsiding. However, not only since the Koblenz trial, Germany has done a lot in this space, and continues to do so. But it seems that everybody is looking at Germany at the moment when they think they might have a universal jurisdiction case. This is also a risk and a worrying development, as the German authorities may be flooded with half-baked complaints and information. This may not only overburden them, but also decrease trust in civil society when the quality of the complaints and information is not to the best possible standard. Germany cannot be the shining light and the only active jurisdiction to do these cases. Many other jurisdictions are doing their part, and must continue down that path, with large countries like Germany and France naturally doing more than smaller ones like the Netherlands.

"On my way to the final hearing, I was really depressed. I remembered everything that happened in Syria, not only in my detention. The bombing, the beatings, the displacement and arrests. And that I was on my way to the court hearing of a person who was a second-degree criminal. The first-degree criminals like Jamil Hassan and Bashar al Assad remain in Syria, performing the same violations.

When I arrived to the courthouse, the plaintiffs and witnesses were familiar faces. Many of us knew one another. When I saw the amount of press on the one hand, I was very happy as I was shedding light on a Syrian cause. But on the other, I was worried that our justice would be framed as achieved through this one man's punishment, when our cause is much greater.

Anwar Raslan is a man from the middle tier of the violators in Syria. But it is very good for the world to hear this narrative. The trial was for the actions committed by this one person, but it did feel as if the trial had an element of putting the system, the regime, on trial."

(Rowaida Kanaan in episode *S1E9: To Bear Witness* of the podcast The Syria Trials, available here and in all podcast apps: https://75podcasts.org/episode/1/98/; for more personal stories behind the Coblenz trial and the other Syrian cases currently unfolding, visit https://75podcasts.org/ and read the recently published book-version of the Branch 251 podcast, also available on the website)

Notes

1 The podcasts Branch 251 and The Syria Trials are accessible here: https://75podcasts.org/; see the same website for the recently published curated and edited book-version of the Branch 251 podcast.

2 See contribution from Leïla Bourguiba.

3 The International Criminal Court does not have jurisdiction over crimes committed in Syria by non-states parties nationals as Syria is not a State party to the Rome Statute and the Security Council has not referred the situation to the Court.

4 Complete with some facts/name of the case.

Catherine Marchi-Uhel

Cheffe du Mécanisme international impartial et indépendant pour la Syrie (M3I)

Le Mécanisme international, impartial et indépendant pour la Syrie et la coopération des États : témoignage de sa cheffe

Résumé

Contournant les blocages du Conseil de sécurité, empêchant la saisine de la Cour pénale internationale, l'Assemblée générale des Nations Unies crée en décembre 2016 un mécanisme tout à fait inédit : le Mécanisme international, impartial et indépendant chargé de faciliter les enquêtes sur les violations les plus graves du droit international commises en République arabe syrienne depuis mars 2011 et d'aider à en juger les responsables. Sa cheffe revient sur les circonstances de sa création et sa place dans le champ de la justice pénale internationale avec pour toile ce dialogue constant avec les Etats.

Abstract

Bypassing the Security Council's blockages, preventing the referral to the ICC of the situation in Syria, the United Nations General Assembly created in December 2016 a completely new mechanism: the International, Impartial and Independent Mechanism, to facilitate investigations into the most serious violations of international law committed in the Syrian Arab Republic since March 2011, and to help bring to justice those responsible. The head of the Mechanism discusses the circumstances surrounding its creation and its place in the field of international criminal justice, against a backdrop of ongoing dialogue with States.

Le Mécanisme international, impartial et indépendant pour la Syrie (M3I) occupe une place tout à fait singulière dans le champ de la justice pénale internationale. C'est le tout premier mécanisme de la sorte à avoir été créé. Contrairement à la Cour pénale internationale (CPI), il n'est pas un tribunal, pourtant il a pour tâche de faciliter les enquêtes sur les violations les plus graves du droit international commises en Syrie depuis mars 2011 et d'aider à en juger les responsables. Si la question de la coopération des Etats y est bien prégnante, elle se pose toutefois différemment qu'à la CPI. C'est donc sous un prisme un peu décalé, par rapport aux juridictions pénales, qui effectivement poursuivent des individus, que je vais analyser la question de la coopération entre les Etats dans le champ de la justice pénale internationale. Comme pour d'autres institutions qui ont à traiter de ces enjeux majeurs, tout dépend des rapports de force entre les États. Cela se confirme dans la création même du Mécanisme, dans son mode de financement et, bien sûr, dans ses échanges opérationnels avec les différentes juridictions nationales qui relèvent des États.

Un sursaut des Nations unies

Le Mécanisme est né d'un rapport de force entre des États extrêmement divisés sur la question syrienne. A sa création, il existait déjà une documentation particulièrement complète des violations commises en Syrie et en même temps, un blocage complet du Conseil de sécurité, l'empêchant de renvoyer la situation en Syrie devant la CPI. Il a suffi de deux entre eux, la Russie et la Chine usant de leur droit de veto, pour empêcher que le Conseil de sécurité de l'ONU s'en saisisse. Ainsi, entre 2011 et 2016, ce ne sont pas moins de 12 vétos russes qui ont été opposés afin de faire obstacle à la saisine de la CPI. Cette configuration politique ne s'est pas améliorée depuis, et la guerre en Ukraine ne présage pas d'améliorations. Ce blocage est l'expression typique de la manière dont un État peut être perturbateur au point de bloquer complètement le renvoi d'une situation qui aurait naturellement dû pouvoir être traitée par la Cour pénale internationale sur la base de l'article 13 de ses statuts[1]. La Cour n'aurait pas eu vocation à traiter de tous les crimes commis en Syrie, il y en a trop, mais elle aurait pris sa part dans l'écosystème qu'elle forme avec les tribunaux nationaux, comme on le voit aujourd'hui avec l'Ukraine.

Ce n'est donc pas le cas. La CPI ne peut intervenir et seules les juridictions nationales des États sont alors en mesure de le faire, en ayant recours au principe de compétence universelle dont les modalités diffèrent d'une législation à l'autre. Ainsi, il y a eu, principalement en Europe, des procès pour juger de crimes qualifiés de crimes de guerre ou encore de crimes contre l'humanité.[2] Certains comme en Allemagne, à Coblence et à Berlin, ont abouti à des condamnations d'anciens officiels syriens pour crimes contre l'humanité ou encore à des condamnations pour génocide contre la communauté yézidie. Aux Pays-Bas et en Suède, ce sont des condamnations pour crimes de guerre qui ont été prononcées. Il en a été de même en Hongrie pour des crimes de guerre et des crimes contre l'humanité, contre des membres de groupes armés non-gouvernementaux, voire des membres de groupes terroristes comme Daesh ou al-Nosra.

Au vu de ces résultats, on pourrait conclure que les États suffisent à répondre au traitement des crimes en Syrie. Mais, même si ces efforts sont importants et qu'il y a aujourd'hui de nombreuses enquêtes en cours, notamment en France, il est clair que lorsqu'on les compare au volume de crimes allégués en Syrie et au nombre de communautés affectées, cela reste une goutte d'eau dans l'océan. Compte tenu de l'ampleur et de la barbarie des crimes commis en Syrie – très précisément documentés –, il est donc extrêmement choquant que des membres permanents du Conseil de sécurité puissent ainsi bloquer toute possibilité d'intervention de la Cour pénale internationale.

Paradoxalement, ce blocage a entraîné un sursaut de l'Assemblée générale des Nations unies. En décembre 2016, le Liechtenstein et le Qatar ont proposé une résolution portant création d'un « *Mécanisme international, impartial et indépendant chargé de faciliter les enquêtes sur les violations les plus graves du droit international commises en République arabe syrienne depuis mars 2011 et d'aider à juger ceux qui en sont responsables* ». Dans ce but, il devra « *constituer des dossiers en vue de faciliter et de diligenter des procédures pénales équitables, indépendantes et conformes aux normes du droit international devant des cours ou tribunaux nationaux, régionaux ou internationaux, qui ont ou auront compétence pour connaître de ces crimes conformément au droit international* ».

Le droit de veto ne s'applique pas à l'Assemblée générale. 105 États ont voté pour, 15 s'y sont opposés dont la Russie et la Chine, et 52 se sont abstenus. Ces résultats montrent bien que le rapport de force actuel ne permet pas aux États hostiles à l'intervention de la Cour de bloquer complètement l'ensemble des efforts en vue de soutenir les processus concourant à l'établissement de la justice ; processus qui se déroulaient déjà ailleurs dans le cadre de la compétence universelle ou d'autres formes de compétence extraterritoriale.

Un facilitateur de justice face aux intérêts des États

Le mandat qui a été confié au Mécanisme vise à la fois à recueillir, à regrouper et à préserver les éléments d'information et de preuve de ces crimes. Puis, dans une seconde phase, étant entendu que le Mécanisme n'a pas de pouvoir de poursuite, il a vocation à assister toutes les juridictions qui mènent des enquêtes et des poursuites contre les auteurs présumés de ces crimes en Syrie : ceux déjà commis au moment de sa création comme ceux qui pourraient être jugés à l'avenir devant des juridictions internationales comme la CPI ou un tribunal ad hoc. Son rôle est donc d'être un facilitateur de justice.

Pour bien assurer cette mission, une coopération des États est absolument nécessaire, ce qui est loin d'être acquis. L'action du M3I continue de dépendre très largement de leurs volontés, de leurs intérêts et de leurs positionnements politiques. Il faut ajouter que la conjoncture internationale marquée par l'invasion russe de l'Ukraine et l'absence totale de transition politique en Syrie nous éloigne sérieusement des perspectives de justice pénale internationale et de justice transitionnelle. Par ailleurs, le rapport de force à l'œuvre au moment de la création du Mécanisme perdure. Les forces hostiles à son existence et donc à son action sont toujours présentes et alertes. Elles exercent des pressions de toutes les manières possibles pour empêcher le Mécanisme d'avancer.

Ainsi, par exemple, nous sommes confrontés à une bataille récurrente pour notre budget de fonctionnement. Au début, il n'était constitué que de contributions volontaires, celles de 41 États et de l'Union européenne. Puis, à partir de 2020, l'Assemblée générale a décidé qu'il serait intégré au budget général de l'ONU afin de lui conférer la stabilité nécessaire à la sécurisation de son travail et de son action. Cependant, alors que le budget des Nations Unies est normalement adopté par consensus, celui du Mécanisme, bien qu'en faisant partie intégrante, est soumis chaque année à un nouveau vote et donc aux aléas des rapports de force diplomatique. Jusqu'à maintenant les États en faveur de la justice pour les crimes en Syrie ont été majoritaires, mais cela pourrait changer dans les années à venir.

L'aspect économique donne une idée concrète de la détermination de ceux qui s'opposent à tout processus pouvant aboutir à juger ces crimes. Déstabiliser le Mécanisme sur le plan financier aurait évidemment de lourdes conséquences sur son avenir et sur le processus de justice qu'il a vocation à soutenir. L'obstruction par excellence.

Il y a toutefois plus grave : l'absence d'accès au territoire syrien. Le budget est une bataille sans cesse renouvelée, mais jusqu'à maintenant remportée. En revanche, avec Damas, nous nous heurtons à un mur. La République arabe syrienne ne nous autorise pas à entrer sur son territoire, refuse de coopérer avec nous et n'honore jamais nos demandes de rendez-vous. Tout reste sans réponse. Et ce n'est pas sans une certaine inquiétude que nous observons de près le processus de normalisation de certains États avec ce régime[3]. S'il s'élargissait et se consolidait, cela pourrait se traduire par un recul de la coopération de certains États qui acceptent que nous intervenions sur leur territoire pour exercer notre mandat et faciliter d'autres aspects de notre action.

Une coopération fondée sur la confiance

Heureusement, une coopération avec les États qui appuient le Mécanisme existe. Ceux qui ont voté pour sa création, qui le financent et dont les juridictions souhaitent, dans la majorité des cas, travailler avec lui. Leur soutien est essentiel sur les plans politique et financier, mais devrait également se concrétise par un accompagnement opérationnel. Cette coopération est évidemment pensée de façon réciproque : nous aidons les juridictions qui ont des enquêtes en cours et qui respectent les droits de l'homme et, à l'inverse, il faudrait, dans l'idéal, que nous puissions nous tourner vers les juridictions qui ont ce type d'enquêtes pour leur demander de partager des éléments de preuve et d'information susceptibles d'être utiles à nos propres enquêtes ou à celles d'autres pays. De même, lorsque nous avons des sources, voire de possibles témoins qui résident sur le territoire d'États favorables au Mécanisme, la logique serait que nous puissions, avec leur accord, intervenir sur leur territoire pour entendre ces personnes, voire recueillir des éléments de preuve, quels qu'ils soient.

Une telle coopération n'est pas impossible, mais loin d'être automatique. Au début du Mécanisme, la majorité des États qui avait des enquêtes en cours était tout à fait désireuse de recevoir son aide, mais moins pressée de lui apporter la leur. Pour régler ces questions, il a donc fallu négocier des cadres juridiques plus ou moins formels, notamment autour du problème de la protection des témoins. Selon les États, ces cadres juridiques font le grand écart entre un accord totalement informel par email ou au cours d'une réunion, et l'adoption d'une convention internationale. Par exemple, la Belgique, l'Autriche et la Suisse ont adopté des législations tandis qu'avec les pays anglo-saxons, en général, notre collaboration se limite à des échanges de lettres. De même, les formes de coopération sont aussi à géométrie variable. Certains États sont extrêmement coopératifs et d'autres plus frileux. Sans oublier la coopération avec des États dont les juridictions ne traitent pas des crimes commis en Syrie, mais qui nous autorisent à intervenir sur leur territoire par souci de contribuer à la lutte contre l'impunité.

Dans l'ensemble, les États qui enquêtent sur la Syrie se tournent vers le Mécanisme et utilisent le matériel qu'il est en mesure de leur apporter. Et cela fonctionne extrêmement bien. Depuis sa création, il a été saisi de 250 demandes de coopération en provenance de 15 juridictions aux fins d'assister 199 enquêtes distinctes. Certaines enquêtes de base amènent à plus de requêtes en assistance, et d'autres concernant des personnes déjà identifiées ou encore celles plus structurelles. Nous avons partagé des éléments d'information et de preuve contenus dans notre répertoire central avec 131 de ces enquêtes. Nous partageons le travail d'analyse que nous avons effectué et nous pouvons également mettre en relation les juridictions avec des témoins désireux de s'exprimer devant elles. Nous pouvons également procéder à des auditions de témoins nous-mêmes. Ceci se fait de plus en plus en coopération avec d'autres juridictions qui enquêtent en même temps et qui ont besoin que le travail d'assistance que nous faisons puisse les aider. La règle d'or de cette coopération est la confiance. Pour se tourner vers le Mécanisme, il faut que les juridictions concernées lui fassent confiance et sachent qu'il traitera avec la confidentialité nécessaire toutes les informations sensibles qui lui seraient communiquées. C'est d'autant plus indispensable que pour collaborer efficacement, il faut que les juridictions s'ouvrent suffisamment sur leurs besoins et les détails de leurs enquêtes.

D'autres types d'enquêtes connaissent des coopérations beaucoup moins fonctionnelles. C'est le cas du travail d'analyse que nous effectuons, dans une perspective de plus long terme, pour présenter à l'avenir des dossiers devant une cour internationale. En effet, il est essentiel qu'un jour les plus de 2,3 millions éléments d'information et de preuves que nous avons recueillis soient traités et pas seulement préservés. Dans ce but, nous travaillons sur les questions de crimes commis en détention (tortures et meurtres), d'attaques illégales y compris l'utilisation d'armes chimiques, ainsi que sur les crimes commis par le groupe Daesh et ses membres. Pour prendre le cas des attaques perpétrées en Syrie à l'arme chimique, nous sommes confrontés à d'immenses difficultés pour accéder aux documents que pourtant des États avaient apporté à une instance conjointe[4] entre l'ONU et l'OIAC. Cette structure – qui n'existe plus car elle aussi a été bloquée par l'usage du droit de veto – avait rassemblé matériel et renseignements que nous aurions pu analyser. Cela fait presque cinq ans que nous avons commencé à faire ces demandes avec, pour le moment, des résultats très mitigés. Un certain nombre d'États, pourtant désireux de voir les auteurs d'utilisation d'armes chimiques traduits en justice, ne coopèrent pas suffisamment et ne nous permettent pas d'accéder à ce matériel pourtant essentiel pour avancer dans nos investigations.

Conclusion

Pour réussir à établir une justice pénale internationale efficace, la notion coopération est absolument essentielle. Elle permettrait d'instaurer une justice inclusive vis-à-vis des différentes communautés de victimes ou de survivants des crimes commis en Syrie. Pour y parvenir, il est nécessaire non seulement d'accroître le nombre d'instances de justice, mais aussi de les ouvrir davantage à des communautés de victimes peu représentées au sein des personnes qui sont entendues dans le cadre de témoignages ou de procès. Nous nous y employons, avec le M3I, en intégrant l'expérience de ces personnes moins visibles, souvent les femmes et les enfants, et en recueillant des éléments d'information qu'elles fournissent pour les partager ensuite avec les autres juridictions.

Encadré : Résolution adoptée par l'Assemblée générale le 21 décembre 2016

L'Assemblée générale,

Guidée par la Charte des Nations Unies,

Réaffirmant son attachement à la souveraineté de la République arabe syrienne,

Rappelant ses résolutions, celles du Conseil de sécurité et celles du Conseil des droits de l'homme, en particulier la résolution S-17/1 du 23 août 2011 par laquelle le Conseil des droits de l'homme a créé la Commission d'enquête internationale indépendante sur la République arabe syrienne,

Accueillant avec intérêt les travaux que mène la Commission d'enquête et rappelant les rapports qu'elle a présentés et les recommandations qu'elle y a formulées,

Accueillant avec satisfaction les travaux que mène le Mécanisme d'enquête conjoint de l'Organisation pour l'interdiction des armes chimiques et de l'Organisation des Nations Unies et rappelant les rapports qu'il a présentés et les conclusions qu'il y a énoncées,

Saluant le travail que les membres de la société civile internationale et ceux de la société civile syrienne font s'agissant de consigner les faits établissant des violations du droit international humanitaire, des violations du droit des droits de l'homme et des atteintes à ce droit commises en République arabe syrienne durant le conflit,

Notant avec préoccupation que les violations graves du droit international humanitaire, les violations du droit des droits de l'homme et les atteintes à ce droit qui sont commises depuis le début du conflit en République arabe syrienne restent impunies, ce qui favorise la commission d'autres violations et atteintes,

Rappelant les déclarations faites par le Secrétaire général, le Haut -Commissaire des Nations Unies aux droits de l'homme et les représentants des procédures spéciales du Conseil des droits de l'homme, selon lesquelles des crimes contre l'humanité et des crimes de guerre ont probablement été perpétrés en

République arabe syrienne,

Notant que le Secrétaire général et le Haut-Commissaire des Nations Unies aux droits de l'homme ont encouragé plus d'une fois le Conseil de sécurité à saisir la Cour pénale internationale de la situation,

- *Souligne* qu'il importe de faire en sorte que les auteurs d'actes criminels emportant violation du droit international, en particulier du droit international humanitaire et du droit international des droits de l'homme, dont certains pourraient constituer des crimes de guerre ou des crimes contre l'humanité, commis en République arabe syrienne depuis mars 2011, répondent de leurs actes, et ce grâce à des enquêtes et à des poursuites adaptées à chaque cas, indépendantes et impartiales, au niveau national ou international, et souligne également qu'il importe de prendre des mesures concrètes à cette fin, de manière à rendre justice à toutes les victimes et à prévenir de futures violations ;
- *Souligne également* que le processus politique qui sera engagé pour régler la crise en République arabe syrienne devra, pour assurer la réconciliation et une paix durable, faire en sorte que les responsables de violations du droit international humanitaire, de violations du droit des droits de l'homme et d'atteintes à ce droit commises dans le pays rendent véritablement comptent de l'ensemble de leurs actes ;
- *Se félicite* que certains États aient ouvert des enquêtes et lancé des poursuites au sujet de crimes perpétrés en République arabe syrienne qui relèvent de leur compétence, conformément à leur législation nationale et au droit international, et engage les autres États à envisager de faire de même et à échanger des informations utiles à cette fin ;

- *Décide* de créer, sous les auspices de l'Organisation des Nations Unies, le Mécanisme international, impartial et indépendant chargé de faciliter les enquêtes sur les violations les plus graves du droit international commises en République arabe syrienne depuis mars 2011 et d'aider à juger les personnes qui en sont responsables, et de le charger de coopérer étroitement avec la Commission d'enquête internationale indépendante sur la République arabe syrienne pour ce qui est de recueillir, de regrouper, de préserver et d'analyser les éléments de preuve attestant de violations du droit international humanitaire, de violations du droit des droits de l'homme et d'atteintes à ce droit, et de constituer des dossiers en vue de faciliter et de diligenter des procédures pénales équitables, indépendantes et conformes aux normes du droit international devant des cours ou tribunaux nationaux, régionaux ou internationaux, qui ont ou auront compétence pour connaître de ces crimes conformément au droit international ;
- *Prie* le Secrétaire général, à cet égard, d'élaborer, dans un délai de 20 jours ouvrables à compter de l'adoption de la présente résolution, le mandat du Mécanisme international, impartial et indépendant avec l'appui du Haut -Commissariat des Nations Unies aux droits de l'homme, et le prie également d'arrêter sans tarder, en concertation avec la Commission d'enquête, les dispositions, mesures et arrangements nécessaires à la mise en place rapide et au fonctionnement effectif du Mécanisme dont les activités seront financées au départ par des contributions volontaires, en faisant fond sur les moyens existants, y compris pour ce qui est du recrutement ou de l'affectation d'un personnel impartial et expérimenté doté d'un savoir-faire et de compétences spécialisées, comme le veut le mandat ;
- Demande à tous les États et à toutes les parties au conflit, ainsi qu'à la société civile, de coopérer pleinement avec le Mécanisme international, impartial et indépendant et la Commission d'enquête afin que ceux-ci puissent s'acquitter efficacement de leur mandat et, en particulier, de leur fournir toutes les informations et les documents dont ils pourraient disposer ainsi que toutes les autres formes d'assistance nécessaires à l'exécution de leur mandat ;
- Prie l'ensemble du système des Nations Unies de coopérer pleinement avec le Mécanisme international, impartial et indépendant et de répondre rapidement à toute demande, y compris toute demande d'accès à toutes les informations et à tous les documents, et décide

que le Mécanisme coopérera étroitement à tous les aspects des travaux de la Commission d'enquête ;
- Prie le Secrétaire général de lui faire rapport sur l'application de la présente résolution dans les 45 jours suivant son adoption et décide de revenir sur la question du financement du Mécanisme international, impartial et indépendant dans les meilleurs délais.

66e séance plénière
21 décembre 2016

Notes

1 La Cour peut exercer sa compétence à l'égard d'un crime visé à l'article 5, conformément aux dispositions du présent Statut : a) Si une situation dans laquelle un ou plusieurs de ces crimes paraissent avoir été commis est déférée au Procureur par un État Partie… ; b) Si une situation dans laquelle un ou plusieurs de ces crimes paraissent avoir été commis est déférée au Procureur par le Conseil de sécurité agissant en vertu du Chapitre VII de la Charte des Nations Unies ; c) Si le Procureur a ouvert une enquête sur le crime en question en vertu de l'article 15.
2 Voir les contributions de Leïla Bourguiba et de Fritz Streiff.
3 Au moment où ces lignes sont écrites, la Syrie vient d'être réintégrée au sein de la Ligue arabe lors du sommet de Riyad (mai 2023), dont elle avait été exclue en 2011.
4 Il s'agit du Mécanisme d'enquête conjoint de l'OIAC et de l'ONU.

Triestino Mariniello

Professeur de droit, Université de Liverpool John Moores. Membre de l'équipe Full Professor of Law, Liverpool John Moores University. Membre de l'équipe juridique représentant les Victimes de Gaza devant la Cour criminelle internationale.

The Situation in Palestine: Seeking for Justice, a Chimera?[1]

Résumé

La situation en Palestine est l'un des contextes les plus documentés en matière de violations graves du droit international humanitaire et du droit international des droits de l'homme. Ces violations peuvent non seulement mettre en cause la responsabilité d'Israël en tant qu'État (devant la Cour internationale de justice), mais aussi la responsabilité pénale des individus puisqu'elles peuvent constituer des crimes de guerre et des crimes contre l'humanité (devant la Cour pénale internationale ou les juridictions nationales). Le présent document examine les mécanismes de responsabilité disponibles et réalistes dans le contexte israélo-palestinien. Il explore l'absence de recherche de responsabilité pour les crimes internationaux présumés au niveau national, devant les tribunaux israéliens et palestiniens, et analyse de manière critique la réticence de la Cour pénale internationale à mettre en place une enquête efficace sur la situation en Palestine.

Abstract

The Palestine situation is one of the most documented contexts for the serious violations of international humanitarian law and international human rights law. These violations may not only question the responsibility of Israel as a State (before the International Court of Justice), but also the criminal responsibility of individuals since they may constitute war crimes and crimes against humanity (before the International Criminal Court or national jurisdictions). This paper reflects on the available and realistic accountability mechanisms in the Israeli-Palestinian setting. It explores the lack of accountability for alleged international crimes at a national level, before both Israeli and Palestinian courts, and critically analyzes the reluctance of the International Criminal Court to put in place an effective investigation into the Palestine situation.

Caught in a region that faced over the last two decades significant upheavals, from Iraq invasion to the Syrian and Yemenite wars notably, the Palestinian situation might wrongly be perceived as 'more stable'. This could partly explain why it has progressively been downgraded in the media attention and political agenda of several States. Nothing new in Palestine.

Yet, this apparent 'stability' over the years, with broadcasted peak of extreme violence as recently witnessed, should not be a positive signal, as it is in fact masks the persistent, serious violations of international law, notably international humanitarian law and international human rights law. Such violations must not be normalised to the extent that they become acceptable, even mistakenly perceived as legal. The "*status quo is not sustainable*."[2]

It is accordingly essential to recall what has already been acknowledged by the United Nations Security Council and other international bodies: the existence, under international law, of a situation of prolonged occupation by Israel of Palestinian territory that triggers the applicability of a defined set of rules. UN Mechanisms have found how the belligerent occupation, both in the West Bank and the Gaza Strip, is unlawful under international law.[3] As we will first recall, violations of human rights as well as violations of Israeli's obligations as an occupying power are widely documented. This long-lasting situation logically questions what the available and realistic accountability mechanisms are. While the will of the international community to hold Israel accountable for these serious violations of international human rights law and international humanitarian law remains weak and is further fragmented, the International Criminal Court (ICC) has officially started an investigation into the situation in Palestine in March 2021.[4]

An internationally recognised situation of prolonged occupation and violations of human rights

Palestinian territory is, according to international law, under Israeli occupation. This is not without any legal consequences as a specific legal framework regulates occupation, notably the *Fourth Geneva Conven-*

tion relative to the protection of civilian persons in time of war.[5] Within this framework, Israel, as an occupying force, has duties and obligations and Palestinian individuals leaving under this occupation have rights.

A territory is considered occupied when placed under the authority of a hostile army. Under international humanitarian law, an occupation is a *de facto* and essentially temporary situation "*which deprives the occupied Power of neither its statehood nor its sovereignty, it merely interferes with its power to exercise its rights. That is what distinguishes occupation from annexation, whereby the Occupying Power acquires all or part of the occupied territory and incorporates it in its own territory.*"[6] Regarding the latter point, UN Security Council Resolution 2334 (2016) recalling Resolution 242 (1967) is crystal clear: the acquisition of territory *by force* is inadmissible.[7]

In its Resolution 242 (1967), adopted unanimously on November 22nd, 1967, the UN Security Council called for the withdrawal of Israeli armed forces from "*territories occupied in the recent conflict.*"[8] These territories refer to areas under the former British Mandate over Palestine, which, pursuant to the United Nations General Assembly resolution 181 (1947), were to be partitioned into two States, an Arab and a Jewish State. The State of Israel was established on May 15th, 1948, and admitted to the United Nations. However, the Palestinian State was not yet created and the remaining territories, after Israel establishment as a State, namely West Bank – including East Jerusalem – and Gaza strip, were administered between 1948 and 1967 by Jordan and Egypt. In the aftermath of the 1967-armed conflict between Israel and a coalition of Arab countries, Israel started to exercise its authority over new territories and populations.

Since June 1967, the West Bank, including East Jerusalem, and the Gaza Strip constitute what is known as the 'occupied Palestinian territory'. Since then, the international community repeatedly recalled the need to respect and implement UN Security Council Resolutions 242 and 338 calling for the withdrawal of Israel from the occupied Palestinian territory.[9]

With regard to Gaza, despite the withdrawal of its troops from the Strip territory in 2005, Israel still retains control over Gaza's airspace and territorial waters, as well as almost all land borders, including control over the transit of people and goods, telecommunications, water, electricity, sewage, the registry of the Strip's residents, the money market, and the customs system. In light of the effective control exercised by the Israeli authorities over the Strip, there is a broad consensus among international organisations that Israel continues to maintain the status of occupying power in Gaza.[10] As stated by the President of the International Committee of the Red Cross (ICRC), "*although the form and degree of this military occupation has varied,*

Israel has always maintained effective control over the Gaza Strip."[11] Similarly, the UN Special Rapporteur on the situation of human rights in the Palestinian territories occupied since 1967 stated that "*Israel remains an occupying Power in respect of Gaza. Arguments that Israel ceased its occupation of Gaza in 2005 following the evacuation of its settlements and the withdrawal of its troops take no account of the fact that Israel retains effective control over Gaza by means of its control over Gaza's external borders, airspace, territorial waters, population registry, tax revenues and governmental functions. The effectiveness of this control is emphasised by regular military incursions and rocket attacks.*"[12]

In its 2015 Report *International Humanitarian Law and the Challenges of Contemporary Armed Conflict*, the ICRC also "*took as its own the position that the withdrawal of Israeli troops did not alter the existence of an occupation in Gaza.*"[13] The ICC Prosecutor stressed that the prevailing view in the international community about the authority that Israel continues to exercise over the Strip supports the conclusion that it amounts to effective control of the territory, thus fulfilling the requirements of occupation by Article 42 of the Regulations annexed to the Fourth Hague Convention on the Laws and Uses of Land Warfare.[14] More recently, in 2020, the ICC Prosecutor's Office reiterated that both the West Bank and Gaza are still under occupation.[15]

The view that the Gaza Strip is still occupied is also shared by a large part of the doctrine.[16] Dinstein found that Israel is still the occupying power in Gaza on the basis of the integrity of the territory of the West Bank and the Strip; Israel's continued control of the fundamental elements of the administration of life in the Gaza Strip; and Israel's insistence on its ability to "*militarily retake*" any part of the Gaza Strip.[17] According to Filiu, the withdrawal of Israeli troops merely changed the form of the occupation without altering its substantially oppressive nature.[18] In particular, the Israeli security forces have created a kind of remote occupation, which allows them to save on the military, human, and financial costs that would result from direct military control of the territory, but at the same time continue to determine who and what can enter and leave Gaza and when (with Egypt's close cooperation at the southern Rafah crossing).

As an occupying power, Israel has obligations towards the occupied population which notably encompass ensuring, to the fullest extent of the means available to it, that the basic needs of the population under its occupation are met. This includes ensuring they have access to medical supplies, food, and other basic goods needed to allow them to live under adequate material conditions.[19] While it is entitled to take measures of control and security, as may be necessary as a result of war,[20] such as restriction on the flow of certain goods, this cannot outbalance its unconditional obligation of humane treatment towards the occupied population. Israel should always respect the principle of proportionality.

In addition, as an occupying power, Israel is prohibited from transferring its own population into the territories under its occupation,[21] confiscating or destroying private property, except under certain circumstances namely "*when such destruction is rendered absolutely necessary by military operations*"[22] or when dictated by planning policies that should be to the benefit of the occupied population.

The Israeli Occupation Forces' systematic and widespread violations of international humanitarian law and international human rights law

Despite its obligations under international law, in this context of occupation, both in the West Bank and Gaza Strip, Israel is responsible of (well-documented) violations of international human rights law and international humanitarian law, which may also amount to international crimes. Without any ambition to be exhaustive, such violations include extra judicial killings;[23] the construction of the annexation wall;[24] the creation of two separate legal regimes in the West Bank, one for Israeli settlers and one for Palestinian civilians;[25] the targeting of human rights organisations and human rights defenders;[26] the use of interrogation techniques against Palestinian prisoners (including children) which, as reported by several UN Committees, may amount to torture under international law;[27] indiscriminate military attacks against civilians and civilian objects;[28] widespread arbitrary arrests and detention;[29] excessive use of force;[30] home demolitions and forced evictions;[31] and the construction of settlements and settler violence.[32]

Regarding the situation in Gaza, the Israeli blockade prevents Palestinian residents of the Strip to leave Gaza, whose population is *de facto* deprived of freedom of movement within the Palestinian territory. A territory in which around two million people, two thirds of them belonging to Palestinian refugee families from 1948, live in 365 square kilometres, making Gaza one of the territories with the highest population density in the world.[33] The serious consequences of the blockade on the living conditions and fundamental rights of the inhabitants of the Strip have been the subject of a large number of reports and complaints by Palestinian, international, and Israeli human rights associations, which agree in designating the situation as a real humanitarian catastrophe.

As reported by the UN Commission of Inquiry on the Flotilla, the situation in the Gaza Strip, well before the 2014 war, was "*deplorable*," "*unsus-*

tainable" and "to*tally unacceptable in the 21st century*."[34] In the 2013 Report on the Situation of Human Rights in the Occupied Palestinian Territory, the Secretary-General pointed out that it was the civilian population that paid the consequences of this policy, unjustly affected and subjected to severe hardships for acts committed by third parties, in violation of Article 33 of the Fourth Geneva Convention of 1949 (to which a similar customary norm corresponds), which prohibits collective punishment.[35] According to the UN Secretary-General, the blockade "*contravenes international law*" and demanded its total removal ('full lifting') from Israel.[36] The UN Secretary General stressed how the Gaza blockade represents a form of segregation and collective punishment for the Palestinian population. Palestinian, Israeli, and international NGOs have provided a detailed legal analysis concluding that this context may amount to apartheid, which is a crime against humanity under international law.[37]

The impact of the unlawful closure of the Gaza Strip has been further compounded by several military offensives carried out by Israel. Israel's use of excessive force has characterised all military operations against Gaza since 2006, even 2014's Protective Margin, during which 72 Israelis, including five civilians, and 2,251 Palestinians were killed, including 1,462 civilians and at least 551 children, the vast majority under the age of 12.[38] The five major military offensives of 2008, 2009, 2012, 2014, 2021, and 2023 have claimed a shocking number of civilian lives, including hundreds of children, and left the population deeply traumatised. The severity of the blockade combined with periodic military operations has also left basic infrastructure of Gaza devastated and severely eroded Palestinian livelihoods.

The internationally unlawful acts, repeated over decades, may not only question the responsibility of Israel as a State (before the International Court of Justice), but also the criminal responsibility of individuals since they may constitute war crimes and crimes against humanity (before the International Criminal Court or national jurisdictions[39]).

The Palestine situation before the International Criminal Court

Hindering Palestinian accession to the ICC

Palestinian first formal engagement with the ICC dates back to 2009 when it submitted an article 12(3) declaration following Israel's "*Operation*

Cast Lead" in Gaza. Since then, many obstacles have been put on the way before the Prosecutor finally decided to open an investigation in 2021. At present, after more than 14 years since Palestine first accepted the jurisdiction of the Court, no case concerning the alleged commission of international crimes in the Israeli-Palestinian setting has been opened by the ICC.

Despite its willingness to join the ICC as early as 2009, Palestinian accession to the ICC took a long time not only because of legal questions, but mostly because of political debates around its statehood. Already at that time, the key controverse revolved around the status of Palestine as a State under international public law and the scope of ICC potential territorial jurisdiction. On the same year, the United Nations Fact Finding Mission on the Gaza conflict was also calling for an investigation by the ICC into this situation.[40] The Office Prosecutor analysis process lasted over three years for a disappointed and poorly explained result: a "*decision not to decide*" issued in April 2012 in a two-page document.[41] The Prosecutor (Luis Moreno Ocampo) deferred the determination of Palestine statehood under the Rome statute to political entities, the ICC Assembly of State Parties and the UN General Assembly, without even raising the matter of the Court's jurisdiction before its competent judicial body: the Pre-Trial Chamber.

A positive political reaction nonetheless followed shortly after, on November 29th, 2012, with the UN General Assembly upgrading Palestine's observer status in the General Assembly from a 'non-member *entity*' to that of a 'non-member *State*'. While many would have expected that the Prosecutor finally opened an investigation, the General Assembly's decision was ignored by the same Prosecutor. Informative in this sense is his interview for Israeli press on May 2014, after he left office, where Luis Moreno Ocampo was incredibly clear in pointing out that "*joining the ICC could backfire for the Palestinians*" advising Palestinians and Israelis to resolve differences *without* resorting to the Court.[42]

With the inactivity of the Prosecutor, the Palestinian authorities submitted, on January 1st, 2015, a declaration accepting the jurisdiction of the ICC, pursuant to article 12(3) of the Rome Statute "*for the purpose of identifying, prosecuting and judging authors and accomplices within the jurisdiction of the Court committed in the occupied Palestinian territory, including East Jerusalem, since June 13, 2014.*"[43] Palestine deposited, as per required procedure, an instrument of accession to the Rome Statute with the UN Secretary-General.

On January 16th, 2015, a new ICC Prosecutor, Fatou Bensouda, opened a preliminary examination into the situation in Palestine. On December 20th, 2019, Ms Bensouda concluded that all criteria to open an investigation were satisfied and that there was "*a reasonable basis to believe that war crimes have been or are being committed in the West Bank, including East Jerusalem, and the Gaza Strip*."[44] For this decision, the ICC has been subject to unprecedented attacks. Israeli Prime Minister Benjamin Netanyahu qualified this decision as "*pure antisemitism*."[45] On the other side of the Atlantic, following the Court's decisions to open investigations on the situations in Palestine and Afghanistan, the Trump administration issued an executive order which imposed sanctions on the then Prosecutor Bensouda and members of her staff. This is a measure, according to the US legislation, generally issued against international drug traffickers and terrorists.[46]

Within the ICC ecosystem itself, seven ICC State Parties formally expressed their opposition to the Court's intervention in the Israeli-Palestinian setting. The list includes fervent supporters and significant donors of the Court, such as Canada, Austria, Germany, but also Czech Republic or Hungary,[47] all States that are among the forty-three States that have referred the Ukrainian situation to the ICC.[48] Their commitment to international justice in Ukraine is laudable. What is highly questionable is these States' clear policy of double standards and selectivity when it comes to international justice that should, in their views, discriminate among human rights abusers or victims based on their nationality.

The Pre-Trial Chamber's recognition of Palestine as a State under the Rome Statute

Aware of the political environment in which her office should have carried on these investigations, the former Prosecutor requested "*to facilitate a cost-effective and expeditious conduct*" that the ICC judges clarified "*the soundest legal foundation*," in particular the question of territorial jurisdiction: *what is the Palestinian territory on which the investigation can be conducted?*[49] An unprecedent number of *amici curiae* provided their views on the question before the Pre-Trial Chamber issued its decision. While not a State party to the ICC, Israel's considerations were nonetheless raised through several *amici curiae*.

On February 5th, 2021, the Pre-Trial Chamber found that Palestine accepted the Court's jurisdiction in January 2015 and deposited the required instruments of accession.[50] It was therefore admitted as a State party to the ICC, as well as to its Assembly of States party, with no State but Canada objecting to it. The Court thus circumvented, as not relevant to the matter at stake, any discussion nor made findings in relation to Palestine's statehood under international public law.

No reasonable person would believe that this investigation will on its own end decades of illegal occupation. However, this decision bears significant meaning as it recognised a right to access international justice to those who were so far deprived of it because leaving under occupation and had never enjoyed independence as a State. Should the decision of the Court have been different, the message would have been dramatic: the inability to fulfil the criteria for statehood, referred to by the seven States and some *amici curiae*, precisely because of illegal acts committed by an occupying power, further deprives victims of the most serious violations of alleged international crimes to access justice. It would have been a double penalty for the occupied population and a victory for an occupying power not fulfilling its international obligations. It would have also given legitimacy to Israel's unlawful measures and denial of the Palestinian people's right to self-determination.

The Pre-Trial Chamber also clarified the scope of Palestine's territorial jurisdiction. It referred to the UN General Assembly Resolution 67/19 (2012), recognising Palestine as 'a non-member observer State in the United Nations' and addressing the right of the Palestinians to self-determination and to independence in their State "*on the Palestinian territory occupied since 1967.*"[51] The Chamber further relied on the UN Security Council Resolution 2334 (2016), which underlined the illegality of the establishment by Israel of settlements in the occupied Palestinian territory.[52] On this basis, the Pre-trial Chamber concluded that the territorial jurisdiction of the Court extends to the territories occupied by Israel since 1967, namely the West Bank, including East Jerusalem, and the Gaza Strip.[53] Shortly thereafter, on March 3rd, 2021, the Prosecutor finally decided to open an official investigation in Palestine.

The narrow scope of the ICC investigation

In her request to the Pre-Trial Chamber, the Office of the Prosecutor determined the scope of the investigation, which covers:

- alleged war crimes committed by the Israeli authorities, but also by members of Hamas or Palestinian armed groups during the 2014 military Operation Protective Margin;
- alleged Israeli war crimes against Palestinian civilians demonstrating in Gaza during the so- called *Great March of Return*;

- alleged war crimes constituted by the settlements' construction in the West Bank as a war crime.

The Prosecutor's conclusion of the preliminary examination, stating that there was reasonable basis to believe that war crimes had been committed in the Palestinian situation, was a long-waited decision since this is one of the most documented situations for the alleged perpetration of international crimes. However, the scope of the ICC investigation appears extremely narrow compared to the long list of alleged war crimes and crimes against humanity perpetrated by the Israeli authorities. For instance, when it comes to the Gaza war in 2014, the investigation focuses only on 3 incidents in which Israel Defense Forces committed war crimes.[54] In 2014, Israel heavily bombed the Gaza Strip, by carrying out over 6,000 airstrikes on an imprisoned population in an overpopulated territory.[55] The Prosecutor's determination of the scope of the investigation does not address the widespread targeting and destruction of civilian infrastructure, medical facilities, educational institutions – including UN schools, electricity, water and sewage infrastructure, and religious buildings. In 2016, the same Office of the Prosecutor had already "*produced a comprehensive database of over 3,000 reported incidents and crimes that allegedly occurred during the 2014 Gaza conflict*," which indicated a reasonable basis to proceed.[56] It is then unclear why the Prosecutor selected only three incidents among over 3,000 reported incidents.

Moreover, in the determination of the scope of the investigation, the Office of the Prosecutor underestimated the overall context of illegal occupation, both in the West Bank and the Gaza Strip, in which serious violations of international law take place. The context is characterised, *inter alia*, by the dual and progressively elaborated policies of separation and fragmentation of the Palestinian people and territory, the sixteen year-long blockade of Gaza, and the unlawful segregation and collective punishment of the population of the Strip. Gaza has been described as the world's largest open-air prison where over two million Palestinians have been effectively locked in, denied access to the rest of the occupied Palestinian territory as well as to the outside world. It may be argued that Israel's prolonged belligerent occupation as a whole, both in the West Bank and Gaza Strip, satisfies the contextual element of the definition of crimes against humanity, as it indicates a widespread and systematic attack, pursuant to a clear State policy, against the entire Palestinian civilian population.[57] Therefore, had the Office of the Prosecutor properly taken into account the context in the Palestinian territory, it would have reached the conclusion there was a reasonable basis to include also *crimes against humanity* in the scope of the investigation.

The lack of accountability before Israeli and Palestinian jurisdictions

The ICC does not supersede national jurisdiction. The Rome Statute architecture is based on the so-called principle of complementarity where the ICC will intervene only when the relevant State is unable or unwilling to prosecute the crimes committed by their nationals or over their territory. However, complementarity does not constitute an obstacle to the Court's exercise of its jurisdiction in the Palestinian situation. Despite the narrow scope of investigation, the Prosecutor's decision concluding the preliminary examination was welcomed by Palestinian victims.[58] For the victims of this situation, indeed, the Court constitutes the last resort to seek justice for the harm suffered and that they continue to suffer. Accordingly, the ICC is the only international instrument of justice available to them and one of the few potentially effective tools for deterring war crimes and crimes against humanity, as the most serious human rights violations find fertile ground in the climate of impunity enjoyed by the alleged perpetrators of these crimes.

To date, there is indeed no real prospect of accountability for alleged international crimes committed in the Israeli-Palestinian setting; certainly not the kind of measures that would be deemed sufficient to replace the Court's jurisdiction. Considering the long-running Israeli occupation, the separation between Gaza and the West Bank, the Oslo agreement, and the stunted capacity of Palestinian institutions, Palestine is arguably unable to carry out effective investigations. Israel's ability and willingness to undertake genuine investigations and prosecutions of alleged international crimes of its officials and personnel are equally in doubt. As widely reported by the UN mechanisms, there is already strong indication of the victims' right to access justice is being denied by the Israeli military courts and Supreme Court. This is true also in relation to the alleged war crimes falling within the scope of the investigation. Acts that constitute war crimes under international law are in some instances even lawful for Israel. This is testified by the policy on settlements construction and by the recent decision of the Israeli Supreme Court permitting arbitrary displacement and forcible transfer of 1200 Palestinians, including 500 children, from their land, Masafer Yatta.[59]

As regards the 2014 Gaza war, presently subject to investigation by the OTP, the UN Fact-Finding Mission's 2015 report stated:"*The commission is concerned about a number of procedural, structural and substantive shortcomings, which continue to compromise Israel's ability to adequately fulfil its duty to investigate* [...] *and it recommended to Israel to ensure that its investiga-*

tions will not be confined to individual soldiers alone, but will also encompass members of the political and military establishment, including at the senior level, where appropriate."[60]

The same UN Commission of Inquiry's report analysed Israel's 'military culture', based on patterns of attacks, concluding that to ensure compliance and accountability it was necessary that Israel fundamentally reviewed its military doctrine and rules of engagements.[61] Thus far, Israeli domestic investigations of the 2014 Gaza hostilities appear to have been put in place with the view of shielding mid to high-level Israeli military personnel and political officials from international processes including ICC investigation.[62] In line with previous practice, Israeli investigations have focused on the actions of individual soldiers that offend Israel's military code of conduct, including those taken contrary to or without official orders, instead of those that may attract responsibility for international crimes. According to reports from the Israeli Military Advocate General investigations mechanism, exceptional incidents that allegedly occurred during the 2014 Gaza hostilities, code-named by Israel as 'Operation Protective Edge', not a single individual has either been convicted or indicted for serious crimes *qua* international crimes. [63]

Similar systemic flaws have been exposed in Israeli investigations of incidents involving civilian deaths in the West Bank.[64] Following years of close coordination with the Israeli military authorities, in 2016, B'Tselem, the leading Israeli non-governmental organisation documenting the Israeli army's conduct in the occupied Palestinian territory, announced an unprecedented policy decision to severe its long-standing communication channels with the Israeli military authorities, based on a conclusion that its work was facilitating and giving effect to inherently flawed processes apparently intended only to "*white wash*" the army's actions.[65] In addition to effectively shielding all levels of perpetrators, Israel's domestic system denies access to compensation for Palestinian victims of Israeli army actions before Israeli courts.

With respect to the alleged international crimes committed within the context of the Great March of Return, the UN Independent International Commission of Inquiry on the Protests in the Occupied Palestinian Territory has clearly stressed that: "*The government of Israel has consistently failed to meaningfully investigate and prosecute commanders and soldiers for crimes and violations committed against Palestinians or to provide reparation to victims in accordance with international norms. Scarce accountability measures arising out of Operations Cast Lead and Protective Edge and public comments by high-ranking public officials cast doubt over the State's willingness to scrutinise the ac-*

tions of military and civilian leadership who drafted, approved, and supervised the implementation of the rules of engagement governing the actions of Israeli forces at the demonstrations."[66]

The UN Commission of Inquiry expressed serious concerns on the possibility that Israeli authorities may provide accountability for the deaths and serious injuries in violation of international law occurred in Gaza. Similarly, Israeli and Palestinian civil society organisations have widely documented that the key motivation for the Israeli military's investigations into incidents that occurred during the Great March of Return was to protect Israeli officers and avert intervention by the ICC over international crimes related to the protests in Gaza.[67]

Concluding Remarks

More than fourteen years after Palestine accepted the ICC's jurisdiction, the Court still appears far from providing accountability for alleged war crimes and crimes against humanity in the Israeli-Palestinian setting. As in the Iraq and Afghanistan situations, the Court seems to have indulged political considerations, either internal or external, in addressing alleged international crimes in the Palestinian situation. The decision to open an investigation in Palestine could be interpreted as trend reversal in the Court's practice, which, although in very a shy way, finally showed its willingness to investigate a situation involving a very close ally to permanent State parties of the Security Council. However, since the new Prosecutor has been appointed, the British barrister Karim Kahn, who in other situations has shown the ability of his office to react promptly to the alleged commission of international crimes, the Court has not made any significant progress regarding Palestine. It seems indeed that the Prosecution has not taken any concrete preparatory step in the direction of selecting any specific case. This is also testified by the fact that almost four years after the Office of the Prosecutor has concluded its preliminary examination, no investigator from the ICC has ever visited Israel or the Palestinian territory. As a further signal of the Court's paralysis in the Palestine situation, the Office of the Prosecutor has allocated no budget to the investigation in 2022, while the allocated budget to Palestine is the lowest one among all active investigations. Realistically, the prosecution, as the only organ with investigatory powers, still has the possibility to walk the situation into oblivion by not bringing any case(s) before the Court.

The Prosecutor's reluctance to effectively investigate some of the most documented international violations in Palestine continues to feed perceptions of the Court as a paradigm of a "*justice of the powerful*."[68] At the same time, the prolonged denial of justice sends the dangerous message that the most powerful human rights abusers can avoid any investigation and prosecution. Putting an end to the long-standing climate of impunity in the Israeli-Palestinian setting is not only a fundamental right of victims, but also a duty for the Court and the international community. It is also in the interests of the same ICC. This investigation could indeed be the final test bench for the legitimacy and credibility of this institution since it provides the Court with a unique opportunity to enhance its very low credibility ratings that have been significantly affected by the decisions not to investigate alleged crimes in Palestine in 2012, Iraq and Afghanistan.

The ICC has the duty to put an end to impunity in this context, but also third States have legal obligations under international law when it comes to serious violations of international human rights and international humanitarian law, as those widely documented in the Israeli-Palestinian context. While the ICC is in distress, it is worth remembering that international law provides other instruments that may contribute to ascertain responsibility and accuracy of the facts regarding serious violations of international law in the Israeli-Palestinian setting. International law imposes obligations on third States to cooperate to put an end to such violations through 'lawful instruments' that certainly include the establishment or support to UN Commissions of Inquiry, as well as the work of the International Court of Justice. However, one cannot fail to note that some EU State Parties such as France, which has expressed its support to commissions of inquiry, *inter alia*, in Venezuela, Sri Lanka, Burundi, and Syria, has decided not to vote in favour of the creation of commissions of inquiry in the Israeli-Palestinian context.[69] This was the case of the recent adoption of a Resolution on May 27th, 2021, whereby the Human Rights Council established a commission of inquiry to investigate violations of international humanitarian and human rights law in Palestine since April 2021.[70] In the present context, the lack of support by third countries to these international law instruments promoting peaceful solutions to the crisis could contribute to perpetuating a scenario that is functional to the cyclical repetition of armed violence.

While the ICC and national courts acting pursuant to their universal jurisdiction will only prosecute individuals and eventually companies, State responsibility could also play a significant in role in the situation at hand. In this sense, the UN General Assembly recent resolution requesting for another Advisory Opinion from the International Court of Justice on the legal consequences arising from the policies and practices of Israel in the occupied Palestinian territory, including East Jerusalem, is welcomed.[71] The ICJ is specifically asked to assess the legal consequences arising, respectively, from Israel's:

- *What are the legal consequences arising from the ongoing violation by Israel of the right of the Palestinian people to self-determination, from its prolonged occupation, settlement, and annexation of the Palestinian territory occupied since 1967, including measures aimed at altering the demographic composition, character, and status of the Holy City of Jerusalem, and from its adoption of related discriminatory legislation and measures?*
- *How do the policies and practices of Israel referred to in paragraph 18 (a) above affect the legal status of the occupation, and what are the legal consequences that arise for all States and the United Nations from this status?*

The way in which the ICJ will answer these questions could have significant implications for the situation in Palestine, but also for other contexts characterised by belligerent occupation.

Notes

1 This paper has been presented at the French Senate on the 24th of February 2023. It includes developments until the 26th of September 2023. The author is grateful to Iremmo for the invitation to this event and to Leila Bourguiba for her research assistance. The paper elaborates on thoughts published earlier. See L. Daniele and T. Mariniello, 'L'operazione militare israeliana "Guardiano delle mura" tra antinomie giuridiche e cicli di violenza armata. Note per un'interpretazione sistematica del crimine di guerra di attacco 'deliberato' a strutture civili', in Quaderni di SIDIBlog, 2021; V.Azarova and T. Mariniello, 'Why the ICC Needs a "Palestine Situation" (More Than Palestine Needs the ICC): On the Court's Potential Role(s) in the Israeli- Palestinian Context' (2017) Diritti umani e diritto internazionale 115– 150.

2 Expression borrowed from UN Security Council Resolution 2334 (2016).

3 See, inter alia, Report of the Independent International Commission of Inquiry on the Occupied Palestinian Territory, including East Jerusalem, and Israel, A/77/328, 14 September 2022.

4 Statement of ICC Prosecutor, Fatou Bensouda, respecting an investigation of the Situation in Palestine, 3 March 2021, available at https://www.icc-cpi.int/news/statement-icc-prosecutor-fatou-bensouda-respecting-investigation-situation-palestine

5 Convention (IV) relative to the Protection of Civilian Persons in Time of War, Geneva (12 August 1949).

6 See, International Committee of the Red Cross (ICRC), commentary of 1958 on article 47 of the Fourth Geneva Convention, available at https://ihl-databases.icrc.org/en/ihl-treaties/gciv-1949/article-47/commentary/1958 .

7 Security Council Resolution, S/RES/2334 (2016), 23 December 2016.

8 Security Council Resolution, 22 November 1967.

9 See, in this respect, Security Council Resolutions 242 (1967), 338 (1973), 446 (1979), 452 (1979), 465 (1980), 476 (1980), 478 (1980), 1397 (2002), 1515 (2003), 1850 (2008) and 2334 (2016).

10 See, inter alia, UN General Assembly (UNGA) Resolution 64/92, Applicability of the Geneva Convention relative to the Protection of Civilian Persons in Time of War, of 12 August 1949, to the Occupied Palestinian Territory, including East Jerusalem, and the other occupied Arab territories (19 Jan. 2010) UN Doc A/Res/64/92; UNGA Resolution 64/94, Israeli practices affecting the human rights of the Palestinian people in the Occupied Palestinian Territory, including East

Jerusalem (19 Jan. 2010) UN Doc A/Res/64/94, (UNGA Resolutions to be read jointly); Legal Consequences of the Construction of a Wall in the Occupied Palestinian Territory (Advisory Opinion), 9 July 2004, ICJ 136, para. 78, 101; UN, Department of Public Information, Statement by the Special Advisers of the Secretary-General on the Prevention of Genocide, Mr. Adama Dieng, and on the Responsibility to Protect, Ms. Jennifer Welsh, on the Situation in Israel and in the Palestinian Occupied Territory of Gaza Strip, 24 July 2010, available at www.un.org/en/preventgenocide/adviser/pdf/24.07.2014%20Special%20Advisers'%20Statement%20on%20the%20situation%20in%20Israel%20and%20the%20occupied%20Gaza%20strip.pdf;

11 P. Maurer, 'Challenges to International Humanitarian Law: Israel's Occupation Policy', in International Review of the Red Cross, Vol. 94, 888, 1504-1505.

12 A/62/275, 2007. See also, UN Human Rights Council, Report of the detailed findings of the independent commission of inquiry established pursuant to Human Rights Council Resolution S-21/1. 22 June 2015, UN Doc A/HRC/29/CRP.4.

13 *Power of Humanity. 32nd International Conference of the Red Cross and Red Crescent*, 8-10 December 2015, 32IC/15/11.

14 ICC Prosecutor, *Situation on the Registered Vessels of the Union of the Comoros, the Hellenic Republic and the Kingdom of Cambodia (Article 53(1) Report)*, 6 November 2014, para. 27. For a critical analysis of this decision, see, T. MARINIELLO, *Judicial Control over Prosecutorial Discretion in the Rome Statute*, in *International Criminal Law Review*, 2019, p. 979 ss.

15 ICC Prosecutor, *Situation in the State of Palestine*, 22 January 2020, para. 5, 35.

16 See, inter alia, S. Weil and V. Azarova, The 2014 Gaza war: Reflections on jus ad bellum, jus in bello, and accountability, in *The War Report: Armed Conflict in 2014*, A. Bellel (ed.), Oxford, 2015, p. 360 ff.; S. Darcy and J. Reynolds, *An Enduring Occupation: The Status of the Gaza Strip from the Perspective of International Humanitarian Law*, in *Journal of Conflict and Security Law*, 2010, p. 211 ss. Contra, Y. SHANY, *Faraway, So Close: The Legal Status of Gaza after Israel's Disengagement*, in *Yearbook of International Humanitarian Law*, 2005, p. 369 ss; D. Li, 'The Gaza Strip as laboratory: Notes in the wake of disengagement' (2006) 35(2) *J Palestine St* 38; and N. Stephanopoulos, 'Israel's Legal Obligations to Gaza after the Pullout' (2006) 31 *Yale Journal of International Law*, at 524.

17 Y. Dinstein, 2009, *The International Law of Belligerent Occupation*, Cambridge; Cambridge University Press, paras 661–78.

18 J. P. FILIU, 'The Twelve Wars on Gaza', *Journal of Palestinian Studies*, vol. 44, n. 1, 2014, p. 56 ss.

19 Fourth Geneva Convention, article 55.

20 See Fourth Geneva Convention, article 27.

21 Fourth Geneva Convention, article 49: '*The Occupying Power shall not deport or transfer parts of its own civilian population into the territory it occupies*" and further prohibits "*individual or mass forcible transfers, as well as deportations of protected persons from occupied territory*'.

22 Fourth Geneva Convention, article 53.

23 See, inter alia, UN Office of the High Commissioner for Human Rights, Unlawful targeted killings in West Bank, 28 October 2022, available at https://www.ohchr.org/en/press-briefing-notes/2022/10/unlawful-targeted-killings-west-bank#:~:text=Any%20killing%20resulting%20from%20the,which%20is%20applicable%20in%20the

24 International Court of Justice, Advisory Opinion, *Legal Consequences of the Construction of a Wall in the Occupied Palestinian Territory*, 9 July 2004.

25 See, inter alia, P. Langford and T. Mariniello, 'Israel's Administrative Detention in the Palestinian Occupied Territories: An Assessment of the Applicable Norms of International Law and Possibilities of Enforcement', September 2019, p. 153, available at https://www.edgehill.ac.uk/wp-content/uploads/documents/Report-Administrative-Detention.pdf

26 See notably, OHCHR, Israel/Palestine: UN experts call on governments to resume funding for six Palestinian CSOs designated by Israel as 'terrorist organisations', 25 April 2022, available at: https://www.ohchr.org/en/press-releases/2022/04/israelpalestine-un-experts-call-governments-resume-funding-six-palestinian

27 See, inter alia, Human Rights Committee, *Concluding Comments on the third periodic report*

of Israel, 29 July 2010, CCPR/C/ISR/CO/3.
28 See, inter alia, L. Daniele and T. Mariniello, *supra* note 1.
29 Report of the Special Rapporteur on the situation of human rights in the Palestinian territory occupied since 1967, 8 August 2023, (A/HRC/53/59).
30 Amnesty International, 'Israel/OPT: Civilian deaths and extensive destruction in latest Gaza offensive highlight human toll of apartheid', 13 June 2023, available at https://www.amnesty.org/en/latest/news/2023/06/israel-opt-civilian-deaths-and-extensive-destruction-in-latest-gaza-offensive-highlight-human-toll-of-apartheid/
31 Al Haq, 'House Demolitions and Forced Evictions in Silwan: Israel's Transfer of Palestinians from Jerusalem', 26 August 2020, available at https://www.alhaq.org/cached_uploads/download/2021/08/17/silwan-webversion-1-page-view-1629184473.pdf
32 Settlement Expansion Fuelling Violence in Occupied Palestinian Territory, Middle East Peace Process Special Coordinator Warns Security Council, 22 March 2022, available at https://press.un.org/en/2022/sc14836.doc.htm
33 Palestinian Central Bureau of Statistics, *The International Day of Refugees*, in *Badil*, www.badil.org
34 UN Human Rights Council, Report of the International Fact-Finding Mission to Investigate violations of international law, including international humanitarian and human rights law, resulting from the Israeli attacks on the flotilla of ships carrying humanitarian assistance, A/HRC/15/21, 27 Sept. 2010, at 275.
See, *inter alia*, Report of the Secretary General, Human rights situation in the Occupied Palestinian Territory, including East Jerusalem', 2015, UN Doc A/HRC/28/45. See also, ICRC, 'Gaza Closure: Not Another Year!', 14 June 2010, www.icrc.org; UN Office for the Coordination of Humanitarian Affairs, 'Occupied Palestinian Territory: Gaza Emergency Situation Report', 22 July 2014, www.ochaopt.org.
35 Human Rights Council, 22 August 2013, para. 22.
36 Human Rights Council, 5 March 2015, paras 34 e 74.
37 See, inter alia, Amnesty International, Israel's Apartheid against Palestinians: Cruel System of Domination and Crimes against Humanity, 2022; Al Haq, 'Israeli Apartheid: Tool of Zionist Settler Colonialism', 2022; Human Rights Watch, 'A Threshold Crossed: Israeli Authorities and the Crimes of Apartheid and Persecution', 2021; B'Selem, 'A regime of Jewish supremacy from the Jordan river to the Mediterranean sea: This is Apartheid', 2021.
38 Human Rights Council, Report of the independent commission of inquiry established pursuant to Human Rights Council resolution S-21/1, 24 June 2015.
39 See in this issue, contribution from Leïla Bourguiba on French Universal jurisdiction
40 Human Rights Council, Report of the United Nations Fact-Finding Mission on the Gaza Conflict, 25 September 2009.
41 Prosecutor, Situation in Palestine, 3 April 2012.
42 See Haaretz, *Palestinian War crimes move against Israel could backfire*, says ex-ICC Prosecutor.
43 State of Palestine, *Declaration accepting the jurisdiction of the International Criminal Court*, 31 December 2014.
44 Prosecutor, Prosecution request pursuant to article 19(3) for a ruling on the Court's territorial jurisdiction in Palestine, 20 December 2019.
45 Reuter, Netanyahu accuses ICC of anti-Semitism in pursuit of war crimes probe, 22 December 2019, available at https://www.reuters.com/article/uk-icc-palestinians-israel-idUKKBN1YQ0KN.
46 Human Rights Watch, 'US Sanctions on the International Criminal Court', 14 December 2020. The order was cancelled by Biden Administration.
47 Pre-Trial Chamber, Decision on the 'Prosecution request pursuant to article 19(3) for a ruling on the Court's territorial jurisdiction in Palestine', 5 February 2021.
48 The situation in Ukraine has been referred to the ICC by forty-three states from March until April 2022. See ICC, Situation in Ukraine, ICC-01/22.
49 Prosecution request, *supra* note 44.
50 Pre-Trial Chamber, *supra* note 47, para. 100
51 Ibid., para. 98.

52 Ibid., para. 121.
53 Ibid., para. 123.
54 See Prosecution Request, *supra* note 44, para. 94.
55 See R. Sourani, C. Meloni and T. Mariniello, Submission on Behalf of Palestinian Victims Residents of the Gaza Strip, 16 March 2020, para. 71.
56 ICC OTP, 'Report on Preliminary Examination Activities 2016', para.138.
57 'Palestinian Human Rights Organizations & Victims' Communication to the International Criminal Court Pursuant to Article 15 of the Rome Statute Requesting Investigation and Prosecution of The Illegal Closure of the Gaza Strip: Persecution and Other Inhumane Acts Perpetrated against the Civilian Population as Crimes against Humanity', available at https://ccrjustice.org/sites/default/files/attach/2016/11/GAZA%20CLOSURE%20FOR%20ICC%20November%2022%202016.pdf
58 See R. Sourani, C. Meloni and T. Mariniello, supra note…,
59 UN experts alarmed by Israel High Court ruling on Masafer Yatta and risk of imminent forcible transfer of Palestinians, 16 May 2022, available at https://www.ohchr.org/en/press-releases/2022/05/un-experts-alarmed-israel-high-court-ruling-masafer-yatta-and-risk-imminent
60 Report of the independent commission of inquiry established pursuant to Human Rights Council resolution S-21/1, UN Doc A/HRC/29/52, 24 June 2015, paras 618 and 681
61 See S. WEILL, V. AZAROVA, 'The 2014 Gaza War: reflections on jus ad bellum, jus in bello, and accountability', in *The War Report: Armed Conflict in 2014*, A. Bellel (ed.), Oxford, 2015, p. 360 ff.
62 See for analysis of the results thus far and nature of ongoing MAG updates, B'Tselem, *Whitewash Protocol: The So-Called Investigation of Operation Protective Edge*, September 2016, available at https://www.btselem.org/download/201609_whitewash_protocol_eng.pdf
63 FIDH, 'Shielded from accountability: Israel's unwillingness to investigate and prosecute international crimes', 23 September 2011, available at www.fidh.org/en/region/north-africa-middle-east/israel-palestine/Shieldedfrom-accountability.
64 B'Tselem, 'The Occupation's Figleaf: Israel's Military Law Enforcement System as a Whitewash Mechanism', May 2016, available at https://www.btselem.org/sites/default/files/publications/201605_occupations_fig_leaf_eng.pdf. Similar flaws extend to actions to curb and punish settler violence; 'Yesh Din Mock Enforcement: Law enforcement on Israeli civilians in the West Bank', May 2015, available at www.yeshdin.org/userfiles/Yesh%20Din_Akifat%20Hok_%20English.pdf.
65 In September 2014, B'Tselem severed its communications with the MAG Corps, 'in light of our experience with previous military actions in Gaza, which shows that investigations led by the MAG Corps do not promote accountability among persons responsible for such violations or reveal the truth'. See, Letter by Hagai El-Ad, Executive Director of B'Tselem to MAG, 'Investigation of incidents that took place during recent military action in Gaza: July-August 2014', available at www.btselem.org/download/201400904_15390_letter_to_mag_corps_regarding_protective_edge_investiations_eng.pdf.
66 UN, Report of the detailed findings of the Independent International Commission of Inquiry on the Protests in the Occupied Palestinian Territory, 18 March 2019.
67 B'Tselem and Palestinian Centre for Human Rights, 'Unwilling and Unable: Israel's Whitewashed Investigations of the Great March of Return Protests, December 2021, available at https://www.btselem.org/publications/202112_unwilling_and_unable
68 T. Mariniello, 'Justice of the Powerful: Abusing Prosecutorial Discretion in the Punishment of International Crimes?', in F Jessberger et al (eds), *Domesticating International Criminal Law: Reflections on the Italian and German Experiences,* Routledge, 2023.
69 The paper refers to France as it was presented during a public initiative at the French Senate (*supra* note 1).
70 Resolution adopted by the Human Rights Council, 27 May 2021 - S-30/1, 'Ensuring respect for international human rights law and international humanitarian law in the Occupied Palestinian Territory', (A/HRC/RES/S-30/1), 27 May 2021.
71 General Assembly Resolution, 30 December 2022, A/RES/77/247. See also G. Pinzauti, Should the ICJ Answer the General Assembly's Request for an Advisory Opinion on the Legality of Israel's

Occupation?, in Opiniojuris, 28 February 2023, available at http://opiniojuris.org/2023/02/28/should-the-icj-answer-the-general-assemblys-request-for-an-advisory-opinion-on-the-legality-of-israels-occupation/

Patrick Baudouin

Avocat, président de la Ligue des droits de l'homme

De l'Ukraine au Moyen-Orient : Un sursaut de la justice pénale internationale ?

Résumé

Patrick Baudouin propose une synthèse des principaux points discutés par les intervenants du colloque organisé par l'iReMMO au Sénat en février 2023, en rappelant les différentes formes de justice pénale internationale comme la CPI, les tribunaux ad hoc et les procédures relevant de la compétence universelle. Il insiste tout particulièrement sur les contradictions de la France qui se refuse à faire sauter les « verrous » de la loi du 9 août 2010 qui limitent considérablement les possibilités, pour les tribunaux français, de poursuivre les auteurs de crimes de guerre, de crimes contre l'humanité et de génocide. Il termine en affirmant sa détermination à se battre pour que la prise en compte immédiate de la justice dans la guerre en Ukraine le soit également dans d'autres conflits « partout où prévaut l'impunité, et ce sans aucune sélectivité ».

Abstract

Patrick Baudouin provides a summary of the main points discussed by the speakers at the symposium organised by iReMMO at the French Senate in February 2023, outlining the various forms of international criminal justice, such as the ICC, ad hoc tribunals and universal jurisdiction procedures. He draws particular attention to the contradictions in France's refusal to lift the "locks" of the August 9th, 2010, law, which severely restrict the ability of French courts to prosecute war crimes, crimes against humanity, and genocide. He concludes by asserting his determination to fight for the immediate recognition of justice in the Ukrainian war to be extended to other conflicts "wherever impunity prevails, and without any selectivity".

Dans ce colloque[1] consacré à la justice pénale internationale, deux points essentiels ont été soulignés quant à la difficulté de la mise en œuvre d'une justice internationale universelle. Le premier est celui de la souveraineté des États qui les rend réfractaires à toute ingérence. Le second concerne le rapport à la paix dans la perspective et au moment de la fin d'un conflit, avec cette tendance, au nom d'une « clause de l'oubliance », à ensevelir la justice considérée comme susceptible de compromettre la recherche de la paix.

L'émergence de la justice pénale internationale

La justice internationale est longtemps apparue comme une utopie. Pourtant, après les horreurs de la Première Guerre mondiale, avec la création de la Société des Nations (SDN), l'idée a, une première fois, émergé. Dès sa constitution en 1922 à l'initiative des Ligues française et allemande, la Fédération Internationale des Droits de l'Homme (FIDH) a milité en faveur d'une juridiction pénale internationale avec pour slogan : « *La paix par les droits de l'homme* », y ajoutant « *Pas de paix sans justice* ». À la fin de la Seconde Guerre mondiale ont été créés les Tribunaux de Nuremberg et de Tokyo, légitimement salués, mais qui ont néanmoins symbolisé une justice des vainqueurs.

Il a fallu attendre la fin de la guerre froide et la chute du mur de Berlin pour que s'ouvre dans les années 1990 une période propice à la justice internationale. Ce furent ainsi les Tribunaux spéciaux sur l'ex-Yougoslavie (TPY) ou sur le Rwanda (TPR) dont la naissance a été largement motivée par la nécessité de compenser la lâche impuissance de la communauté internationale pendant ces deux conflits. Mais ce fut aussi un élan nouveau qui permit enfin l'adoption en juillet 1998 du statut de Rome sur la Cour Pénale Internationale. Cependant, la teneur des négociations[2], ardemment menées pour parvenir à l'élaboration de ce statut, laissait pressentir les difficultés actuelles persistantes pour une justice vraiment universelle. À titre d'exemple, les États-Unis ont multiplié les pressions sur les délégations d'autres pays pour essayer d'éviter que leurs ressortissants puissent être poursuivis et jugés. Autrement dit, on est en faveur d'une justice pour les autres, mais pas pour soi. De même, il a été inséré une clause – utilisée par la France – selon laquelle un État conserve la faculté de se soustraire à la compétence de la Cour pour les crimes de guerre durant une période de sept années.

Par ailleurs, de nombreux États pouvant être impliqués dans la perpétration des crimes internationaux (crimes de guerre, contre l'humanité ou de génocide) qui relèvent de la compétence de la Cour lorsqu'ils sont commis sur leur territoire ou par leurs nationaux n'ont pas adhéré au Statut de Rome. Ainsi en va-t-il, entre autres, des États-Unis, de la Russie, de la Chine, d'Israël, de l'Iran et de la plupart des États du monde arabe. Un obstacle complémentaire tient au fait que si, pour contourner cet obstacle, le Conseil de sécurité des Nations-Unies a la faculté de saisir la Cour Pénale Internationale de la situation d'un État même non-partie, le droit de veto réservé à cinq puissances en interdit le plus souvent la possibilité.

Israël-Palestine, Syrie, Ukraine : des traitements très contrastés

C'est à l'aune de ces quelques rappels qu'ont été évoqués durant le colloque les trois cas suivants : Israël-Palestine, Syrie, et Ukraine.

Pour les crimes de guerre, voire crimes contre l'humanité commis vis-à-vis des Palestiniens, si Israël n'a pas ratifié le statut de Rome, la Palestine, reconnue comme État par l'Assemblée générale des Nations-Unies, a en revanche pu saisir le Bureau du Procureur de la Cour Pénale Internationale qui a décidé l'ouverture d'une enquête. Force est de constater qu'il y a jusqu'à présent peu d'avancées et que l'on peut s'interroger sur les raisons de cette lenteur, si ce n'est l'absence totale de coopération et l'opposition farouche d'Israël à la compétence de la CPI. De manière générale, c'est une impunité quasi-totale qui prévaut puisque les juridictions nationales israéliennes ne permettent pas davantage aux Palestiniens d'obtenir justice, et que le recours au mécanisme de la compétence universelle, qui permet à d'autres juridictions nationales de poursuivre et juger, s'avère quasiment illusoire lorsqu'il s'agit de responsables israéliens protégés par les pressions politiques menaçantes des autorités de leur pays.

Pour la Syrie, l'impunité prévaut aussi largement en ce qui concerne les crimes de la décennie écoulée. La Syrie n'ayant pas ratifié le statut de Rome, la CPI n'est pas compétente. On ne s'attardera pas ensuite sur l'impossibilité d'obtenir justice devant les Tribunaux syriens. Reste donc le seul recours à la compétence extraterritoriale effectivement mise en œuvre vis-à-vis de ressortissants syriens qui se sont installés dans d'autres pays. C'est dans ce contexte que la justice allemande a rendu à Coblence début 2022 un verdict historique de condamnation d'un gradé de l'armée syrienne. Les possibilités de poursuite sont facilitées par le fait que, malgré le refus des autorités syriennes de laisser entrer des enquêteurs sur leur territoire, ont pu être rassemblés des éléments de preuve, par exemple des photos prises dans les centres de détention (opération dite César[3]), et encore par le travail du Mécanisme International Impartial et Indépendant pour la Syrie (M3I)[4]. Ce sont là des sources d'espoir pour l'avenir, sans que soit omise la contribution importante d'organisations de la société civile comme la FIDH ou le Centre syrien pour les médias et la liberté d'expression.

Pour l'Ukraine, la question se pose de savoir si effectivement l'on assiste à un véritable sursaut de la justice pénale internationale. Dès le début du conflit, étant donné que l'Ukraine, si elle n'a pas ratifié le statut de Rome, a accepté depuis la première guerre du Dombass en 2014 de se soumettre à sa juridiction, le Procureur de la CPI, Karim Khan, a pu se saisir de la situation et commencer les enquêtes. La justice ukrainienne est également opérationnelle et les éléments de preuve des crimes peuvent être collectés de manière instantanée, avec une coordination d'équipes d'experts tant nationaux qu'internationaux, provenant pour ces derniers de divers autres pays européens. De même, des procédures, dont certaines sont déjà en cours, peuvent être intentées devant des juridictions nationales tierces lorsque sont en cause des victimes ou auteurs ressortissant d'autres États que l'Ukraine, ou encore au titre de la compétence universelle. La mise en œuvre de la justice, de façon concomitante avec les crimes abominables commis (viols, massacres, tortures, bombardements des populations civiles et des bâtiments d'utilité publique, déportations d'enfants), illustre en effet une volonté salutaire de lutter immédiatement contre l'impunité de tous les responsables. S'y ajoute l'appui qui doit être souligné de toutes les sociétés civiles impliquées, outre bien sûr en Ukraine, notamment en Biélorussie voire en Russie.

Enfin se trouve évoquée la création d'un Tribunal spécial pour juger le crime d'agression dont la CPI ne peut en l'état se saisir, et dont la commission est plus aisée à démontrer, permettant de viser directement les plus hauts dirigeants, y compris en l'espèce le président Poutine. L'idée est certes a priori séduisante. Néanmoins plusieurs réserves méritent d'être émises. D'une part, il s'agirait d'une structure supplémentaire d'intervention après la justice ukrainienne, la CPI, et d'autres juridictions nationales avec d'éventuelles difficultés de coordination dans les enquêtes et les compétences respectives. D'autre part, alors que la CPI se montre active et, semble-t-il, déterminée, il ne faudrait pas que cette nouvelle juridiction soit de nature à entraver une crédibilité retrouvée et une efficacité nécessaire. On peut d'ailleurs s'interroger sur d'éventuelles arrière-pensées de la part des réfractaires à la CPI qui préfèrent des « *tribunaux spéciaux à compétence limitée dans le temps et dans l'espace* ». En outre la création d'un tel tribunal demande inévitablement du temps, et pose divers problèmes malaisés à résoudre quant à son implantation, sa composition, sa compétence exacte, son mode de fonctionnement. Aussi, en l'état, peut-il apparaître préférable de se concentrer sur la fourniture aux juridictions déjà saisies de tous les moyens humains et matériels nécessaires.

La France et la compétence universelle : une pratique bien éloignée du discours

Cette dernière exigence renvoie à l'obligation contenue dans le préambule du statut de Rome selon laquelle « *il est du devoir de chaque État de soumettre à sa juridiction criminelle les responsables de crimes internationaux* ». L'objectif ainsi fixé est loin d'être atteint comme en témoigne le cas français. Ce n'est que dix ans après sa ratification du statut de la CPI que la France a adopté le 9 août 2010, une loi d'adaptation comportant les modalités d'application de la compétence universelle. Malheureusement, alors que dans le même temps était créé au Tribunal Judiciaire de Paris un Pôle spécialisé pour la poursuite des crimes de masse, cette loi était assortie de conditions tellement draconiennes qu'elle en limitait considérablement la portée. Ainsi, aujourd'hui encore existent quatre « verrous » entravant les possibilités de recours à la compétence universelle en France : la personne suspectée doit disposer d'une « résidence habituelle » en territoire français ; le Ministère Public détient seul l'initiative des poursuites, à l'exclusion des victimes et des associations de défense des droits de l'homme ; les crimes de guerre et les crimes contre l'humanité – mais non les crimes de génocide – doivent être susceptibles d'être punis par la législation de l'État où ils ont été commis ; enfin, il faut s'assurer de l'absence de poursuite par la CPI, et de l'absence de demande de remise par une autre juridiction internationale compétente ou d'extradition par un autre État. Ces quatre conditions cumulatives sont rarement toutes remplies, et leur maintien, malgré les nombreuses demandes de modification formulées, est d'autant plus choquant que pour d'autres crimes, tel celui de torture, deux des critères sont beaucoup plus simples à remplir, à savoir d'une part qu'il suffit que le suspect « se trouve » sur le territoire, et d'autre part que les poursuites peuvent être intentées sur plainte de parties civiles.

C'est ainsi que le discours officiel des autorités françaises d'engagement à lutter pour que les crimes ne restent pas impunis est totalement démenti et contrecarré par une législation pareillement restrictive. Cependant, les conflits ukrainien et syrien sont peut-être de nature à faire changer cette intenable position française. L'occasion en est donnée par un arrêt de la Cour de cassation du 24 novembre 2021 qui a censuré un arrêt de la Chambre de l'Instruction en considérant que la justice française n'était pas compétente pour poursuivre de complicité de crimes contre l'humanité un ex-soldat du régime syrien, au motif que le crime contre l'humanité n'existe pas dans la législation syrienne. L'impunité ainsi accordée aux bourreaux pour un tel motif ne peut manquer de révolter les consciences. L'affaire a d'autant plus fait grand bruit qu'au même moment des poursuites aboutissaient en Allemagne, plaçant donc la France dans le camp des mauvais élèves, et que par ailleurs cette décision risque d'avoir pour effet de remettre en cause la validité d'un pourcentage important d'enquêtes préliminaires ou d'information judiciaire en cours devant le Pôle désormais dénommé PNAT (Parquet National Anti-Terroriste). Une opposition a pu être formée à l'encontre de cet arrêt de la Cour de cassation qui, toutes chambres réunies, a examiné à nouveau l'affaire lors de son audience du 17 mars 2023 pour confirmer la compétence universelle. Mais en retenant la compétence de la justice française puisque plusieurs des éléments constitutifs du crime contre l'humanité sont pénalement répréhensibles dans le code syrien, il apparaît d'évidence que cela ne sera pas suffisant et que la loi française doit d'urgence être modifiée pour permettre, par la suppression des verrous, un exercice effectif de la compétence extraterritoriale.

Il en va d'autant plus ainsi que toute autre solution revient à restreindre comme peau de chagrin le principe posé d'une justice universelle, nécessaire à l'établissement d'un ordre international juste et respectueux du droit conformément au texte fondateur des Nations-Unies. Une telle exigence d'universalisme de la justice rejoint la légitime revendication d'une fin du deux poids-deux mesures, notion à laquelle il est souvent fait référence à propos de l'Ukraine. Mais plutôt que de remettre en cause le fait salutaire d'une prise en compte immédiate de la justice dans le conflit ukrainien au motif qu'il n'est pas procédé de la même manière dans d'autres situations de crises ou de conflits tout aussi dramatiques, mieux vaut continuer à combattre pour une mise en œuvre similaire de la justice partout où prévaut l'impunité, ce sans aucune sélectivité.

Notes

1 Organisé par l'iReMMO au Palais du Luxembourg à Paris en février 2023, avec le concours de la Ligue des Droits de l'Homme sous le titre : « De l'Ukraine au Moyen-Orient, un sursaut de la justice pénale internationale ».

2 Voir, sur ce sujet, l'article de Gilbert Bitti dans ce numéro : « La conférence de Rome, entre

souveraineté et lutte contre l'impunité ».
3 Un photographe de la police militaire syrienne a risqué sa vie pour exfiltrer pendant deux ans plus de 50000 photos et documents de détenus torturés à mort.
4 Voir sur ce sujet, dans ce numéro, le témoignage de Catherine Marchi-Uhel, Cheffe du M3I.

Variations

François Molle, Pierre-Louis Mayaux

IRD, UMR G-Eau, Montpellier
Cirad, UMR G-Eau, Montpellier

Les angles morts de la politique de l'eau au Maroc

Résumé

Le Maroc est souvent érigé en exemple international pour sa gestion des ressources en eau. Après une période d'investissement dans les barrages et les périmètres irrigués publics, c'est l'intensification de l'agriculture et le recours aux eaux souterraines qui ont pris les devants. Mais le pays reste soumis à des pénuries d'eau inquiétantes, qui ont pris une tournure particulièrement sévère ces dernières années. Cet article se penche sur quatre composantes fondamentales de la politique de l'eau marocaine - l'augmentation de l'offre par le stockage ; le développement de l'irrigation ; sa modernisation ; la surexploitation des eaux souterraines - et en montre les angles morts. Il questionne l'encouragement à intensifier toujours plus l'agriculture irriguée dans un contexte climatique défavorable et incertain, ainsi que la durabilité des alliances sociales cristallisées autour de ce modèle.

Abstract

Morocco is often held up globally as an example of sound water resources management. After a period of investment in dams and public irrigation schemes, the intensification of agriculture and the use of groundwater have taken center stage. But the country is still subject to worrying water shortages, which have become particularly severe in recent years. This article looks at four key components of Moroccan water policy - increasing supply through storage; developing irrigation; modernizing irrigation; and the over-exploitation of groundwater - and highlights their blind spots. It questions the incentive to further intensify irrigated agriculture in an unfavorable and uncertain climatic context, as well as the sustainability of the social alliances that have crystallized around this model.

Les analyses sur l'eau au Maroc commencent le plus souvent par quelques exercices obligés. Le premier d'entre eux consiste à rendre hommage au roi Hassan II pour sa clairvoyance dans le développement des grands barrages et du 'million d'hectares irrigués'. Le deuxième souligne l'expérience et l'expertise enviables acquises par le Royaume dans la mise en valeur de ses ressources hydriques. De fait, malgré un climat aride et des précipitations moyennes de seulement 330 mm par an, le Maroc s'est aujourd'hui doté de superficies irrigables de près de 2 millions d'hectares, et peut se prévaloir d'un taux de raccordement aux réseaux d'eau potable avoisinant les 95 %. Mais ces réussites tendent à occulter d'autres réalités plus préoccupantes, dans un secteur où les décisions se prennent dans des espaces confinés, avec une transparence et un accès à l'information pour les citoyens très limités, et où la communication répétée de certains chiffres officiels rend difficile la tenue d'un débat public riche et contradictoire sur l'état réel des ressources en eau du pays, et sur l'usage de ces ressources.

Un tel débat s'avérerait pourtant plus que jamais nécessaire aujourd'hui. Il est de plus en plus manifeste, en effet, que des hypothèses de planification excessivement optimistes, un enthousiasme jamais démenti à l'égard des grands ouvrages intensifs en capital, et une tolérance généralisée à l'égard des prélèvements en eau individuels ont engendré une pression sur la ressource d'autant plus sévère qu'elle s'est télescopée avec un changement climatique accéléré. Depuis 1980, le Royaume a vu sa température augmenter de 1,5 degré en moyenne, et les pluies et les écoulements diminuer dans une fourchette de 15 à 30 %. Alors qu'une telle situation devrait inciter à mettre à l'agenda la question de la sobriété, et à nourrir un débat sur la légitimité des différents usages, les gouvernants ont continué, comme ailleurs, à répondre aux pénuries d'eau par des politiques d'augmentation de l'offre. La gestion de la demande, de son côté, s'est largement réduite à une modernisation de l'irrigation gravitaire et à la réduction des fuites dans les réseaux urbains, mesures dont les effets sur les économies d'eau risquent de s'avérer très limités. Depuis une quinzaine d'années, en particulier à travers la promotion du Plan Maroc Vert lancé en 2008, le pays s'est construit une image vertueuse de champion africain de la gestion durable et efficiente de l'eau, de l'agriculture intelligente à haute valeur ajoutée, et de l'adaptation au changement climatique. Cette image tient peu compte de la crise de l'eau qui, année après année, s'approfondit et affecte les moyens de subsistance de millions d'agriculteurs et de leurs familles.

Cet article commence par se pencher sur les quatre composantes majeures de la politique de l'eau marocaine – l'augmentation de l'offre par le stockage ; le développement de l'irrigation ; sa modernisation ; la surexploitation des ressources en eau souterraines – et en montre les angles morts. Il met en lumière les contradictions entre les justifications officielles et la réalité hydrologique et scientifique. Il examine ensuite la manière dont le discours officiel continue à produire des chiffres immuables et de fausses certitudes, dans un environnement pourtant de plus en plus instable et incertain. Il conclut en soulignant les lourds dangers que font peser aujourd'hui des modes de prise de décision peu inclusifs, qui privilégient la reconduction d'alliances sociales historiques avec les notables ruraux, au risque d'une crise de légitimité plus profonde à moyen terme. Il prône une ouverture de l'accès aux données et à l'information, condition nécessaire à un débat public de qualité autour des nombreux défis posés par la gestion de l'eau, et à la mobilisation de l'expertise considérable existant dans le pays.

La politique des barrages

Le Maroc actuel serait très différent s'il ne disposait pas de ses 149 grands barrages, dont la capacité de stockage avoisine les 19,1 MMm^3 [1] (milliard de m^3). Comme pour de nombreux pays, la sécurisation des besoins domestiques et de l'irrigation passe par le stockage de l'eau, qui permet de lisser les fortes irrégularités saisonnières et inter-annuelles des débits. Mais s'en tenir à cette seule évidence générale peut justifier une poursuite indéfinie des politiques de stockage, au mépris des limites hydrologiques du pays. Ainsi M. Amara, ministre de l'Équipement, du Transport, de la Logistique et de l'Eau, a pu récemment souligner que « *la seule solution pour assurer l'approvisionnement en eau des zones qui connaissent une pénurie d'eau est l'augmentation de la capacité de stockage des barrages*[2] » (souligné par nous). Il s'agirait dès lors de « *mettre les bouchées doubles pour répondre aux défis majeurs auxquels fait face le Royaume en matière de sécurité hydrique*[3] ». Il est ici tenu pour acquis que de nouveaux barrages contribueront à toujours mieux assurer la sécurité hydrique du pays, et que leur capacité de stockage se traduira par autant de ressources supplémentaires : Ainsi les « *23 grands barrages lancés durant la période 2009-2020 » devraient procurer au Maroc plus de 6 milliards de mètres cubes d'eau* ». Ce glissement sémantique, qui assimile les capacités de stockage théoriques des infrastructures aux volumes d'eau effectivement mobilisables, est encore celui du ministre lorsqu'il indique que le Maroc « *ambitionne de stocker 30 milliards m^3 d'eaux pluviales dans les années à venir*[4] ».

En plus des grands barrages en cours de construction, le gouvernement investit dans de petits barrages, ou barrage collinaires. Dès sa prise en charge de la gestion du département de l'équipement, « *le ministre Nizar Baraka s'est lancé dans une course contre la montre pour combler le retard accusé lors des dix dernières années sur le plan national de l'eau initié en 2009. Il a lancé d'un seul coup un programme de construction de 129 barrages collinaires*[5] ». Pourtant, comme le souligne le récent Livre Blanc publié par un groupe d'experts anciens lauréats de l'IAV Hassan II, une « *évaluation de la situation de ce parc de barrages effectuée par le Ministère chargé de l'Eau a confirmé ce constat de dégradation et de faible valorisation : envasement, absence d'équipements en aval, etc.*[6] ». Ces réservoirs pourront certes augmenter localement la disponibilité de la ressource mais, selon leur situation géographique, ils contribueront alors à réduire encore plus les apports des grands barrages…

Un rapport élaboré par le Ministère et la GIZ souligne pourtant avec bon sens que le programme de 37 barrages programmés dans le cadre du projet PNE [Plan National de l'Eau] devrait régulariser « *à peine un milliard de m^3 par an*[7] », et ceci sans intégrer l'impact du changement climatique sur les ressources en eau. Le Livre Blanc, de son côté, cite le PNE qui estime ce volume supplémentaire régularisable à 3 milliards de m^3, mais le juge « *trop optimiste* » au regard du taux déjà élevé de mobilisation. D'une manière générale, les capacités des barrages ne s'additionnent pas. Les barrages successifs ne peuvent augmenter que marginalement la capacité de stockage, et seulement en année (très) humide. Les gains que l'on est en droit d'attendre de ces barrages, en dehors des cas où ils constituent un remplacement d'autres retenues en cours d'envasement, sont faibles au regard de l'investissement massif qui doit être consenti. La faible transparence entourant les études de faisabilité de ces projets (notamment les analyses couts/bénéfices) suscite des interrogations légitimes quant à leur rationalité économique, ainsi qu'aux intérêts que cette « industrie des barrages » vient conforter.

Toujours moins d'eau, mais toujours plus d'irrigation

Les ressources en eau douce renouvelables sont couramment évaluées au Maroc à 22 MMm^3 par an, dont 18 MMm^3 d'eau de surface et 4 MMm^3 d'eaux souterraines. Mais cette évaluation (qui pose problème, comme nous le verrons plus loin) n'intègre pas l'impact des changements climatiques sur les ressources en eau[8]. De nombreuses études se sont penchées sur la diminution à venir des précipitations et des écoulements. Sans entrer dans les détails, les synthèses de ces différents travaux réalisées récemment par Woillez et al.[9] et les auteurs du Livre Blanc[10] indiquent qu'avec un réchauffement global supplémentaire de +2°C vers 2050 par rapport à la situation actuelle, les précipitations pourraient baisser de 15 à 40 %, tandis que la diminution des débits d'écoulement annuels serait comprise, selon les régions, entre 7 % et 40 %, dépassant les 30 % sur l'ensemble du pays. De telles prévisions, qui viennent s'ajouter aux baisses déjà observées depuis 40 ans et à l'augmentation de la température de plus de 1,5°C sur la période 1982-2020 (ibid.), questionnent de manière fondamentale le paradigme dominant des politiques de l'eau du Royaume.

Car jusqu'à aujourd'hui, *plus* d'irrigation a toujours été présenté comme un *mieux* dans le débat public, la croissance des superficies irriguées devant mécaniquement alimenter celle des revenus et de l'emploi. Les surfaces équipées pour l'irrigation passèrent ainsi de 130 000 ha en 1956 à plus de 400 000 en 1975[11], et cette progression se poursuivit largement dans les années 1980 et 1990. L'impératif d'extension des surfaces irriguées fut ensuite réaffirmé avec force par le Plan Maroc Vert : « *Sur les 8,8 millions d'hectares de surface agricole utile que compte le Maroc, seulement 1 020 000 ha ont été équipés par l'Etat en système d'irrigation. (...) Avec le Plan Maroc Vert, l'Etat passe à la vitesse supérieure*[12] ». L'idée que 15 % 'seulement' des terres seraient irriguées suggère qu'il serait naturel qu'elles le soient bien davantage, et qu'en passant « *à la vitesse supérieure* » l'État ne s'emploierait qu'à rectifier un état de choses anormal. Intégré au Plan Maroc Vert, le Programme d'Extension de l'Irrigation (PEI) prévoyait ainsi de mobiliser quelque 1,2 MMm^3 pour irriguer 155 000 ha supplémentaires autour des barrages[13].

D'autres projets mobilisant des eaux superficielles sont justifiés par la nécessité de réduire la surexploitation des nappes, et ainsi de 'sauver' des agriculteurs qui sont pourtant à l'origine de cette exploitation non durable et en grande partie illégale. Dans le projet d'El Guerdane, situé dans la vallée du Souss au sud du pays, l'eau transférée par une conduite de 90 kilomètres, depuis les barrages Aoulouz et Mokhtar Soussi, était censée fournir 50 % des besoins des cultures et ainsi se substituer partiellement aux eaux souterraines trop sollicitées. Mais aucune restriction n'a réellement été imposée aux puits existants et le niveau de la nappe a continué à baisser[14]. De la même manière, le projet du Mdez ambitionne actuellement de 'sauvegarder' la nappe du Saïss en apportant 125 Mm^3 (millions de m^3) pour irriguer 22 000 ha (ou 30 000 ha selon les sources). Ici encore, cependant, les restrictions prévues sur l'utilisation des puits (le contrat de pré-abonnement engage assez vaguement les agriculteurs signataires à « *utiliser des compteurs d'eau pour veiller à la substitution et limiter les prélèvements en eau* ») sont des plus incertaines. L'expérience, au niveau global, montre plutôt que la consommation des eaux transférées vient en général s'ajouter à celle de l'aquifère. Le rééquilibrage officiellement recherché engendre alors, en réalité, une augmentation de la consommation totale.

Environ 30 000 ha des 155 000 ha à irriguer dans le PEI se trouvent dans le Gharb, à l'aval du bassin du Sebou et du barrage El Wahda, le plus grand du pays. Ce développement est justifié par un apparent 'excès d'eau' dans ce bassin, et pourrait donc constituer une exception à la règle. Cependant, la persistance de ce reliquat paraît hautement incertaine étant données les nouvelles conditions climatiques. Du côté du bassin de l'Oum Erbia plus au sud, les plans d'extension de l'irrigation ont quant à eux continué malgré un déficit global officiellement admis de l'ordre de 840 Mm^3/an en 2012[15]. C'est le cas à Khenifra ou à Azemmour-Bir Jdid sur la côte, sans même mentionner le transfert de 118 Mm^3/an de ce bassin vers Marrakech et les besoins croissants de la ville de Casablanca. Même si les nouveaux projets d'irrigation peinent parfois à voir le jour, l'augmentation des prélèvements est aussi le fait de pompages, pour la plupart illicites, tout au long du fleuve et de ses affluents, ainsi que dans leurs nappes d'accompagnement. En 2022, l'une de ces situations a défrayé la chronique, la population s'étant mobilisée contre les pompages individuels qui avaient asséché l'oued Chbouka, les pouvoirs publics assurant alors qu'ils menaient « *une guerre soutenue contre la mafia de l'eau qui surexploite les rivières et les affluents*[16] ».

Les pompages privés dans les eaux de surface ne sont pas seulement encouragés de manière indirecte, par le laisser-faire des autorités. Ils le sont également de manière très directe en étant massivement subventionnés, jusqu'à 100 %, par le Plan Maroc Vert (renommé, en 2020, *Génération Green 2030*), y compris sur des nappes déjà fortement surexploitées, comme dans la plaine du Haouz de Marrakech[17]. Le PMV a également promu un processus de « *melkisation* » (privatisation) des terres collectives qui peuvent désormais être immatriculées gratuitement si elles font l'objet d'un projet d'irrigation[18]. La demande en eau supplémentaire induite est estimée à 1 MMm^3 [19].

Les besoins en eau des villes augmentent mais demeurent marginaux par rapport à l'irrigation. Celle-ci consomme toujours, officiellement, 87 % des ressources en eau disponibles. C'est bien ce secteur qu'il s'agirait de maîtriser et d'ajuster à la ressource disponible, plutôt que de soutenir des projets étatiques ou en PPP, d'encourager l'irrigation privée, ou de laisser les prélèvements illégaux proliférer. L'enjeu est d'autant plus fondamental que l' « *hypertrophie des investissements dans l'agriculture irriguée*[20] » a laissé sans ressource publique l'agriculture pluviale (bour), qui continue de pâtir fortement de l'aléa climatique alors même qu'elle couvre 7,2 millions d'hectares sur les 8,7 de surface agricole utile que compte le pays, et que sa contribution à la valeur ajoutée agricole atteint facilement, les bonnes années, les alentours de 55 %.

La modernisation de l'irrigation et le goutte-à-goutte

La promotion du goutte à goutte, bien qu'assez ancienne, s'est considérablement amplifiée en 2007 avec le Programme national d'économies d'eau dans l'irrigation (PNEEI), intégré peu de temps après au Plan Maroc Vert. Le PNEEI affichait des objectifs ambitieux. Il visait à convertir quelque 550 000 ha de terres irriguées par gravité ou par aspersion en irrigation au goutte à goutte à l'horizon 2020, pour un coût de 37 milliards MD (~3,7 milliards d'euros). Sur ce total, 72 % concernaient l'irrigation publique à grande échelle, le reste étant consacré à l'irrigation individuelle privée. La conversion devait s'accompagner de conseils techniques sur les pratiques d'irrigation, le choix des cultures et le renforcement des liens avec l'agro-industrie et les marchés d'exportation[21].

La communication officielle autour du PNEEI et du PMV a saturé l'espace public. Les médias célèbrent le plus souvent « *ce programme qui fait économiser d'énormes quantités d'eau*[22] ». Selon L'Observateur[23], la Direction de l'irrigation et de l'aménagement de l'espace agricole « *estime les économies d'eau réalisées à plus de 2 MMm³ par an, soit deux fois la capacité d'un grand barrage comme Bine El Ouidane* », tandis que le ministre de l'agriculture insiste à l'envie « *sur le développement enregistré par l'agriculture irriguée à la faveur de l'utilisation intensive des nouvelles technologies* », notant que « *le Maroc produit 3 fois plus avec la moitié du volume d'eau utilisé auparavant* ». Le PNEEI s'est finalement retrouvé « *en avance sur les objectifs*[24] », puisque 560 000 ha auraient été équipés dès 2018.

Au Maroc, comme ailleurs dans le monde, le grand récit des économies d'eau censées être générées par le passage à la micro-irrigation a pourtant été remis en question par un nombre croissant de travaux empiriques et théoriques[25]. Bien que ce ne soit pas ici le lieu de revenir en détail sur ce débat et ses aspects techniques, il est utile d'en souligner certains aspects pertinents pour notre propos.

Premièrement, si les cultures demeurent inchangées au niveau de la parcelle, il n'est pas certain que le passage à la micro-irrigation se traduise par une réduction substantielle de la quantité d'eau apportée au champ. L'observation de la façon dont les agriculteurs utilisent les systèmes de goutte-à-goutte en pratique montre que l'efficacité au niveau de la parcelle peut varier entre 25 % et 90 %, et donc être beaucoup plus faible que prévu[26].

Deuxièmement, l'impact du goutte-à-goutte sur la consommation d'eau au niveau de la parcelle (évaporation du sol E + transpiration de la plante T = évapotranspiration ET), lorsque les assolements sont inchangés, est tout aussi incertain. Avec le goutte-à-goutte, la portion du sol humide est certes restreinte, mais elle demeure humide plus longtemps car les irrigations sont plus fréquentes. Quant à la transpiration des plantes, elle est généralement augmentée du fait d'une irrigation plus fréquente et plus précise[27]. La récente revue de littérature par Perry et Steduto[28] a conforté « *l'hypothèse nulle* » d'un impact globalement neutre sur la consommation en eau.

Un troisième problème concerne les changements culturaux souvent associés au passage au goutte-à-goutte. L'introduction de cette technologie s'inscrit en effet, le plus souvent, dans un processus d'intensification qui concerne les arbres maraîchers ou fruitiers. Avec le goutte-à-goutte, l'agriculteur peut d'abord choisir de « densifier » son verger ou son oliveraie (e.g. dans le Souss, la densité de clémentiniers est passée de 200 à 500 et même 800 arbres/ha[29]. Il peut aussi adopter des cultures intercalaires, déraciner ses anciens arbres et planter une plus grande densité d'arbres, ou bien opérer une reconversion complète, par exemple en passant des céréales à l'arboriculture (oliviers, abricotiers, etc.), caractérisée par des besoins en eau beaucoup plus élevés et étendus sur toute l'année. De tels phénomènes d'intensification induite ont été observés dans le Souss-Massa[30], dans les Doukkala[31], le Haouz[32], et dans la plaine du Saïss[33].

Quatrièmement, l'agriculteur peut être incité, à utiliser 'l'eau économisée' pour étendre latéralement sa superficie irriguée dans des parcelles pluviales ou laissées en jachère en raison d'apports insuffisants. Cet « effet rebond » a été observé dans le Haouz[34], à Chichaoua[35], dans le Souss-Massa[36], dans la plaine du Saïss[37] et dans de nombreux autres pays du monde où la terre n'est pas –à l'inverse de l'eau– un facteur limitant.

Ces processus cumulés d'intensification, de densification et d'expansion augmentent donc généralement l'évapotranspiration, c'est-à-dire la consommation d'eau, à l'exact opposé des « économies d'eau » que la micro-irrigation est censée engendrer. Dans la grande majorité des cas, ce processus se traduit par une aggravation du bilan net des aquifères et/ou une réduction des débits de retour aux rivières. A l'exception des endroits où l'irrigation capte des eaux souterraines qui allaient à la mer, ou génère des infiltrations qui sont perdues dans un aquifère salin (p.e. le périmètre des Doukkala), la réduction de la recharge des aquifères affectera les usagers (ou les zones humides) qui en dépendaient.

En dépit du soutien politique et médiatique apporté à la modernisation de l'irrigation, les risques liés à une éventuelle augmentation de la consommation en eau à l'hectare ou à une expansion accrue, mais aussi la question de l'échelle adoptée quand on parle d'efficience, sont bien compris de nombres d'experts marocains. Cela ressort des mentions qui en sont faites dans plusieurs rapports, des débats dans des ateliers et conférences, ainsi que de nombreuses discussions personnelles. Mais la communication du ministère de l'Agriculture a contribué à étouffer les voix dissonantes ou simplement nuancées, et a brouillé les lignes en mélangeant la question de l'efficience de l'irrigation et celle de l'efficience économique (€/m^3), escamotant les problèmes de la première derrière les gains de la seconde.

La surexploitation des aquifères et les contrats de nappe

D'après des estimations récentes du ministère de l'agriculture, il y aurait près de 372 000 puits et forages[38] qui permettraient d'irriguer 40 % des surfaces irriguées du pays. Le déclin continu du niveau des principales nappes du pays est un fait admis et leur surexploitation est officiellement estimée à 0,9-1,2 MMm^3/an, selon les déclarations. Toutefois, l'écart réel est sans doute supérieur car la plupart de ces chiffres n'a pas été actualisée depuis le début des années 2010. La presque totalité des 107 nappes répertoriées se trouve ainsi surexploitée[39].

La surexploitation est directement encouragée par les subventions massives pour les puits et les forages contenues dans le PMV. Ainsi, pour l'économiste Najib Akesbi « *on utilise des fonds publics pour des projets qui épuisent les nappes phréatiques*[40] ». Mais elle est également permise par la politique générale de laisser-faire des autorités. Le récent inventaire a aussi révélé que seuls 10 % des puits étaient officiellement enregistrés. A cet égard, le PMV a délibérément créé des failles permettant aux agriculteurs de contourner le processus d'autorisation d'utilisation des eaux souterraines des Agences de bassin, prévu par la loi sur l'eau de 1995. Les agriculteurs ont pu ainsi solliciter des subventions de reconversion en signant une lettre certifiant qu'ils utilisaient leur puits avant 2005 (Saïss) ou bien en présentant un document attestant qu'ils avaient fait une demande officielle de légalisation d'un puits prétendument ancien (Haouz)[41].

Deux experts font le constat sans concession que « *les réserves de ces nappes s'étaient constituées pendant des dizaines, voire des centaines, d'années, (...) leur épuisement est irréversible*[42] ». Si « *le PNE [2019] opte pour une utilisation durable des eaux souterraines, à travers le retour à un niveau de prélèvement équivalent aux ressources en eau exploitables (3,9 MMm³) au lieu des prélèvements actuels (5 MMm³)* », on peut légitimement se demander de quelle manière cet objectif pourrait être atteint, dans un contexte où le Conseil économique, social et environnemental souligne lui-même que « *malgré l'extrême gravité de la situation, la surexploitation des ressources en eau, notamment des nappes souterraines, s'accentue dans notre pays, faisant fi des autorisations imposées par la loi, alors que les pouvoirs publics sont dans l'incapacité de mettre en place des moyens de contrôle efficaces*[43] ».

En 2007, le Ministère de l'agriculture avait décliné les mesures clé d' « *une gestion rationnelle des ressources en eaux souterraines* ». Il comprenait un inventaire exhaustif des puits, qui n'a été réalisé qu'en 2022, après l'émotion collective générée par la mort du petit Rayan, tombé dans l'un de ces puits. Malgré les recommandations récurrentes[44] et les intentions affichées (par exemple celle du PNEEI d'installer des compteurs sur tous les points de prélèvement), le sujet est resté largement absent de la communication officielle.

Le gouvernement semble plutôt placer ses espoirs dans la co-gestion (*co-management*) des aquifères entre l'Etat et les usagers à travers des 'contrats de nappe', considérés par le ministère comme « *opportuns et dev[ant] être concrétisés le plus tôt possible*[45] ». L'expérience du Maroc en la matière a débuté en 2007 dans la région du Souss-Massa, qui produit environ 60 % des agrumes du pays et représente la moitié de ses exportations agricoles[46]. Quinze ans après la signature du contrat, la situation est pourtant restée largement inchangée. Les initiatives de la GIZ dans trois bassins en 2011 pour établir des contrats négociés se sont également heurtées à des obstacles techniques, institutionnels et politiques et n'ont pas abouti.

En 2013, une circulaire signée par les ministres de l'agriculture, de l'intérieur et de l'eau, exprimait un soutien politique aux contrats de nappe et définissait des lignes directrices pour leur mise en place. Fin 2014, le gouvernement décidait d'établir de tels contrats dans les principaux aquifères du Maroc avant 2016[47] (L'Economiste, 2014), afin de se conformer à une conditionnalité de prêt de la Banque mondiale. Mme Afilal, la ministre en charge de l'eau, notait alors que « *la seule issue réside dans la mise en place d'un nouveau mode de gouvernance privilégiant la participation, l'implication et la responsabilisation des différents acteurs concernés, dans un cadre contractuel négocié, à savoir le contrat de nappe*[48] ». La nouvelle loi sur l'eau promulguée en 2016 (36-15) a rebaptisé ces contrats « *contrats de gestion participative* » et étendu leur domaine d'application aux eaux de surface (art. 115). Sept ans après, cependant, les réglementations devant fixer les conditions et modalités d'établissement de ces contrats n'avaient pas été approuvées. En 2022, les 'contrats de nappe' faisaient de nouveau l'actualité et le ministère annonçait que six nouveaux contrats de nappe seraient mis en place en 2022. Pourtant, après 15 ans d'expérimentation dans différents bassins, les raisons de penser que ces contrats pourraient finir par atteindre leur objectif font défaut.

L'expérience mondiale en la matière montre plutôt que cette option, toute séduisante qu'elle soit sur le papier, est problématique et nécessite de nombreuses préconditions pour être effectivement mise en œuvre[49]. Le PNE, qui « *entend réduire l'exploitation des eaux souterraines de 50 % d'ici 2030, et atteindre l'équilibre d'ici 2050*[50] », risque de faire perdre dix ans de plus en laissant croire que le problème de la surexploitation pourrait être réglé par « *la mise en place de la gestion participative et contractuelle des nappes* », alors même qu'il admet que celle-ci « *se heurte à plusieurs difficultés liées essentiellement à la multitude des intervenants et à la faible adhésion des parties prenantes* ».

'Politique des chiffres' et incertitudes

L'une des particularités du secteur de l'eau marocain, soulignée à juste titre par le Livre Blanc, est le peu de place accordée à l'information scientifique et à celle du grand public. Le projet de Système National d'Information sur l'Eau (SNIE), censé centraliser l'ensemble des bases de données hydro-climatiques existantes, a été lancé dans les années 2000 mais n'a pas été concrétisé. Les sites internet des ministères et des agences de l'eau sont pauvres en contenu. La version définitive du PNE n'a pas été rendue publique, pas plus que les plans de gestion des grands bassins versant (PDAIRE), qui n'ont pas été formellement actualisés depuis 2007 (Tensift) ou 2012 (Bouregreg, Oum'r'Bia). Après 20 ans sans recensement agricole, le ministère n'a pas publié sa dernière enquête, qui date de 2016. Les dernières données publiques datent donc de 1996. Cette situation entraîne une grande frustration dans le monde scientifique marocain. Elle empêche l'expertise considérable existant dans le pays d'être mobilisée pour enrichir les débats, confronter les points de vue, élargir les options et in fine contribuer à une prise de décision mieux informée.

Une manifestation emblématique de ce manque de transparence concerne la production des chiffres officiels, qui traduit à la fois une connaissance insuffisante des ressources et des prélèvements, et un usage opportuniste des ambiguïtés. Derrière les chiffres fournis par les études techniques, il est admis que le suivi actuel « *ne permet pas la production d'informations fiables sur les prélèvements d'eau* », selon le ministre de l'Eau lui-même[51]. Les évaluations des économies d'eau potentiellement permises par le passage au goutte-à-goutte, par exemple, ont subi des variations considérables. L'objectif du PNEEI, entre 850 Mm^3 et 1,4 MMm^3 selon les documents, a été gonflé deux ans plus tard à 2,5 MMm^3 dans la stratégie nationale de l'eau, avant que le ministère de l'agriculture n'annonce que la conversion au goutte-à-goutte de 550 000 ha permettrait en fait de réaliser pas moins de 4 MMm^3 d'économies d'eau d'ici la fin de l'année 2017[52]. Les chiffres produits sans fondement scientifique désorientent par leur fluctuation incessante, et sont susceptibles de nourrir le scepticisme et la défiance.

Un autre exemple de communication institutionnelle incohérente est fourni par le martellement des chiffres sur les réalisations du PMV, un plan qui a absorbé un investissement public de 43 milliards de dirhams (~4,5 milliards d'euros) « *sans compter les subventions et autres aides publiques en faveur de l'investissement privé*[53] ». Alors que le plan prévoyait la création d'un million de nouveaux postes à l'horizon 2020, une étude de la Direction des études et des prévisions financières (DEPF) du ministère de l'Économie montre que « *l'agriculture a détruit des emplois au cours de la période 2010-2016, quand le ministère de l'Agriculture affirme qu'il en a créé 300 000*[54]. » D'autres analyses parlent de « *pure propagande* » ou de « *grand mirage* », questionnent les problèmes d'équité ou de consommation en eau comme on l'a vu, et infirment les chiffres du PMV sur la croissance ou les emplois crées[55].

L'étude de El Mazouni et Kadiri[56] sur le traitement médiatique du Plan Maroc Vert, mais que l'on peut étendre au secteur de l'eau en général, montre que les médias reprennent généralement sans esprit critique les chiffres et les dépêches de l'administration sur ses réalisations et avancées. Les auteurs mettent en avant le « *caractère 'surdéterminant' des discours institutionnels* ». Pour eux, le cadrage dépolitisant dominant s'explique moins par une intention explicite des journalistes que par des contraintes structurelles comme la dépendance aux sources d'information officielles, le manque d'investigation, les exigences d'immédiateté, et bien sûr l'autocensure induite par la dépendance financière des journaux envers le monde économique et politique.

Mais l'angle mort le plus évident de la planification hydrique du pays concerne l'évaluation de la ressource disponible. Tandis que la revue du secteur de l'eau de la Banque Mondiale en 1995[57] estimait les volumes 'mobilisables' à 21 MMm^3 [58], les documents du début des années 2000[59] affichaient 19 MMm^3 d'écoulement moyen et 4 MMm^3 d'eau souterraines. La Stratégie nationale de l'eau de 2008 optera pour 18 et 4 MMm^3, des chiffres généralement répétés dans la décennie suivante. En 2022, le Livre Blanc souligne que la moyenne correspondant à la période 1981-2021, après la

« *cassure de la série* » induite par le changement climatique[60] est en réalité de 14,6 MMm³, soit une réduction de 32,9 %. En d'autre termes, le pays planifie ses ouvrages et ses usages sur des ressources correspondant à la période 1945-1980 et surestimées de 50 %... On constate également l'emploi d'adjectifs ('renouvelables', 'potentielles', 'disponibles', 'mobilisables', etc.) qui produisent un flou opportun dans la communication. Par exemple, les 22 MMm³ jugés « *mobilisables* » étaient, dans les années 1990, rapportés à un volume total de ressources renouvelables de 30 MMm³ [61]. En 2009, la Stratégie nationale de l'Eau a ramené son estimation de ce volume total à 22 MMm³, mais considérait que celui-ci était désormais mobilisable dans son intégralité. De cette manière, une forte révision à la baisse de l'estimation des ressources en eau a pu avoir lieu sans que le chiffre « politique », utilisé pour la planification, ne s'en trouve modifié. En plus de ces estimations de ressources non actualisées, les comptages séparés des ressources superficielles et souterraines induisent un double-comptage[62].

En martelant ses succès dans les secteurs de l'eau et l'agriculture, le Maroc s'est auto-intoxiqué. La communication institutionnelle a alimenté les manchettes et les déclarations triomphalistes : « *Le système d'irrigation marocain donné en exemple » ; « Le Maroc est considéré comme un modèle régional et continental dans le domaine de la gestion des ressources en eau*[63] » ; il posséderait « *un cadre institutionnel adéquat et un arsenal juridique avant-gardiste*[64] ». Le PMV, en particulier, s'est attiré tous les superlatifs. Il aurait inscrit l'agriculture marocaine dans « *une spirale vertueuse de progrès équitables et durables en lui imprimant une dynamique d'évolution harmonieuse et équilibrée* » selon le ministre Aziz Akhannouch[65]. De telles affirmations, on l'a vu, reposent sur des chiffres contestables et des surestimations.

Discussion

La relecture de trente années de politiques publiques de l'eau révèle un certain nombre de constantes. La première est la mise à l'agenda permanente du problème de la 'surexploitation' des ressources, et l'invocation d'une gestion de la demande visant à réduire la consommation. En mai 2008, par exemple, Sa Majesté le Roi donnait des directives pour une gestion durable des eaux souterraines et un programme national de sauvegarde des eaux souterraines[66]. En 2014, la ministre « *tir*[*ait*] *la sonnette sur cette situation qui devient de plus en plus critique*[67] », et de nombreux articles abordaient la question de la surexploitation des eaux souterraines. En 2021, le ministre en charge de l'eau soulignait une nouvelle fois que « *la sauvegarde et la restauration des réserves hydriques souterraines revêtent une importance stratégique pour le Royaume*[68] ».

Pour remédier à cette surexploitation, la gestion de la demande, mise en discussion dans des ateliers régionaux comme celui de Fréjus (France, 1997) ou de Fiuggi (Italie, 2002), a été régulièrement promue comme « *la voie qui permet les progrès les plus significatifs des politiques de l'eau en Méditerranée* ». Ce message a été amplifié par le roi Mohammed VI qui déclarait en 2001 que « *Le temps est venu pour nous de changer radicalement notre perception et notre attitude à l'égard de l'eau, à travers la gestion de la demande de cette ressource et la rationalisation de sa consommation*[69] ». Hormis, parfois, un volet portant sur la sensibilisation et l'amélioration des rendements des réseaux de distribution d'eau potable, la gestion de la demande a principalement porté sur les économies d'eau, en premier lieu à travers la 'modernisation' de l'irrigation gravitaire et la conversion au goutte-à-goutte, une politique dont nous avons plus haut souligné les contradictions.

Une autre constante des politiques de l'eau est que c'est la gestion de l'offre qui finit invariablement par supplanter celle de la demande. Les décisions prises récemment concernent massivement la construction de nouveaux barrages, auxquels viennent s'ajouter le projet de transfert (« l'autoroute de l'eau ») entre le nord et le sud, le dessalement et la réutilisation des eaux usées. Plus qu'une simple continuité, il s'agit là d'une radicalisation de la gestion par l'offre. Une fuite en avant invariablement ponctuée par des annonces politiques formulées en termes de moyens déployés (généralement en milliards de Dirhams) censées incarner la détermination du gouvernement. En 2019, le coût du PNE sur trente ans est annoncé à 383 milliards de dirhams (35 milliards d'euros) pour les 30 prochaines années[70].

Ces contradictions ont été relevées par de nombreux observateurs. Dès 1995, la Banque mondiale jugeait que l'adhésion continue du Maroc à la stratégie consistant à « *ne pas perdre une goutte dans la mer* » était incompatible avec la durabilité environnementale[71]. En 2009, la Cour des comptes estimait que les agences de bassins n'avaient pas de « *stratégie claire*[72] », ne mettaient pas en œuvre les résultats des études qu'elles commanditaient, et octroyaient des subventions en l'absence de contrat programme. La Cour pointait également des insuffisances dans le contrôle du domaine public hydraulique (c'est-à-dire les prélèvements illégaux), et dans la perception des redevances. En 2014, c'est le CESE qui présentait une longue liste de dysfonctionnements institutionnels au sein des ministères et entre eux, ainsi qu'au niveau supérieur du conseil et de la coordination. Ces critiques institutionnelles ont parfois été accompagnées de celles de chercheurs, journaux,

ONGs – certaines mentionnées dans cet article - qui sont restées relativement marginales par rapport aux discours institutionnels omniprésents.

La fuite en avant actuelle s'explique sans doute, en partie, par une fascination technologique qui favorise « *une interprétation positive*[73] » des innovations techniques et qui légitime, en retour, les porteurs de ces solutions. L'expansion du goutte-à-goutte, par exemple, a engendré « *un réseau socio-technique inter-relié actif impliqué dans la vente, la fabrication, l'installation et l'utilisation de systèmes d'irrigation goutte à goutte*[74] ». La *storyline* associant le goutte-à-goutte à des économies d'eau et à la résilience face au changement climatique a construit l'image internationale agricole du Maroc, dans sa projection vers l'Afrique et au-delà. Elle est en phase avec les dispositions des agents de terrain « *formés à un seul mode de transmission, celui de l'explication de l'action de l'État, celui de l'offre de services de développement conçus par la technostructure*[75].»

Plus fondamentalement, il s'agit pour l'Etat marocain de préserver son alliance sociale privilégiée avec les notabilités rurales. Depuis la fin des années 1960, la politique d'irrigation a joué un rôle décisif dans la cristallisation progressive de cette alliance structurante pour la vie politique du pays[76]. Le profil de ces notabilités s'est diversifié au cours du temps : essentiellement composés, à l'origine, d'élites sociales qui avaient exercé un pouvoir local sous le Protectorat, les grands irrigants ont intégré un nombre croissant d'« entrepreneurs de l'agriculture[77] » venus réinvestir leurs profits commerciaux et industriels dans l'activité agricole. Mais les instruments fondamentaux de cette alliance sont demeurés largement inchangés jusqu'à aujourd'hui : soutien public privilégié de l'irrigation au détriment de l'agriculture pluviale ; promotion des filières exportatrices à forte valeur ajoutée ; absence de réforme agraire significative ; accès préférentiel au foncier irrigué (distribution des meilleures terres irrigables issues de la colonisation, superficie minimale requise pour bénéficier de projets d'irrigation, baux emphytéotiques sur les terres collectives).

La solidité de cette alliance sociale a largement contribué, jusqu'à aujourd'hui, à réguler les conflits sociaux en milieu rural. Depuis les années 1970, les mobilisations protestataires y ont été nettement moins nombreuses et de moindre envergure que dans les grandes villes et, aujourd'hui, que dans les petits et moyens centres urbains devenus l'épicentre des contestations[78]. De même, le vote pour les partis politiques les plus alignés sur les stratégies du Palais royal, couramment qualifiés d' « administratifs » par leurs adversaires, y est systématiquement plus élevé qu'en milieu urbain. En effet, la politique d'irrigation au service des notables a renforcé les liens de dépendance entre les élites terriennes et les populations locales, favorisant la stabilité politique des campagnes. Elle a également bénéficié à une diversité d'acteurs sociaux alliés, impliqués de différentes manières dans cette économie : bureaux d'étude, fournisseurs de matériels d'irrigation, foreurs, vendeurs de semences et d'intrants, ouvriers des grandes fermes irrigués, intermédiaires des chaînes de commercialisation[79].

A l'évidence, toute transition vers un modèle agricole plus sobre en eau impliquerait une évolution des contours de cette alliance sociale. Jusqu'à présent, les élites politiques du royaume ont estimé qu'une telle évolution présentait davantage de risques, du point de vue de la régulation du conflit social, que l'option privilégiée de la fuite en avant. Il est loin d'être certain, pourtant, que cette évaluation des risques politiques continue d'être la bonne. La croissance subventionnée par le PMV absorbe en effet la marge de manœuvre restant dans le système, car l'épuisement global de la ressource en eau augmente parallèlement à l'augmentation de la production. Les vulnérabilités augmentent plutôt qu'elles ne diminuent. La croissance de l'arboriculture, en particulier, signifie que la demande en eau non seulement s'accroît, mais devient rigide et structurelle, et de plus en plus difficile à ajuster en période de pénurie[80]. Tandis que les barrages sont couramment célébrés pour leur capacité à protéger l'agriculture irriguée de la catastrophe, c'est l'inverse qui est vrai pour une sécheresse de trois ans comme celle du début des années 1980, ou comme celle qui sévit actuellement.

L'arithmétique cruelle du bilan hydrique implique que la stabilisation ou le rétablissement des nappes ne pourra se faire sans une réduction des superficies irriguées. La FAO faisait remarquer qu'une réduction organisée et « *volontaire*[81] » serait beaucoup moins coûteuse sur le plan social et économique qu'une réduction forcée (par la nature). La nécessité d'une telle réduction, malgré les risques politiques qu'elle comporte, est un message difficile à entendre pour les élites politiques marocaines ; d'autant plus qu'elle ne pourra s'effectuer qu'avec des mesures d'accompagnement économiques et réglementaires, qui présentent un coût financier inévitable[82].

Conclusions

Les faiblesses des politiques de l'eau marocaines sont à la fois banales et particulières. Elles sont banales car l'imbrication des défis climatiques et socio-politiques que rencontre le royaume est partagée par de nombreux pays, bien au-delà même de l'Afrique du Nord et du Moyen-Orient ; tout comme l'est l'accent continuellement placé sur les politiques d'augmentation de l'offre. Mais elles sont particulières en raison de l'ampleur des conséquences possibles de cette crise hydrique sur le monde rural, sur les équilibres macro-économiques d'un pays très dépendant de l'exportation de ses productions irriguées, et sur l'environnement.

Malgré des politiques de l'eau et de l'irrigation qui font la part belle aux grands principes et aux recettes du moment (tarification, associations d'usagers, contrats de nappe, gestion de la demande, etc), la technostructure conserve le contrôle des priorités et la gestion de l'offre finit invariablement par supplanter celle de la demande, même quand les coûts de mobilisation de la ressource deviennent prohibitifs et son efficacité douteuse. Les dernières décisions prises concernent massivement la désalinisation, le traitement et le réutilisation des eaux usées, les nouveaux barrages, et « l'autoroute de l'eau » entre le nord et le sud. Les politique agricoles demeurent dominées par le culte de la productivité, de l'efficience et de l'expansion des superficies irriguées, à rebours de l'impératif de contrôle des usages agricoles et de réduction des consommations (l'évapotranspiration nette). On se dirige ainsi vers des périmètres irrigués de plus en plus déficitaires, une baisse accélérée des eaux souterraines, et une destruction d'exploitations qui ne peuvent plus irriguer lorsque leur puit s'assèche[83]. La surexploitation des eaux souterraines a suivi celle des eaux superficielles et le déficit, devenu structurel, s'accroît plus rapidement que l'offre additionnelle proposée. Si ce constat se décline différemment selon les échelles spatiales et temporelles, il n'en dessine pas moins un scénario très inquiétant pour le futur.

Cet article a également souligné le déficit d'information, la quasi absence de données accessibles au grand public, des discours et des chiffres officiels souvent ambigus ou en contradiction avec la réalité. La gouvernance de l'eau reste concentrée au niveau de la technostructure sans remise en question des choix passés. Le changement climatique fournit dorénavant un moyen de dépolitiser et naturaliser la pénurie, et de justifier les investissements en infrastructure. Si rien n'indique, à l'heure actuelle, que l'administration « écoutera la crise[84] » et voudra modifier son approche, les conséquences de la sécheresse actuelle, de barrages aux taux de remplissage extrêmement bas, de cultures abandonnées et de villes menacées par le manque d'eau suscitent des critiques croissantes dans les médias et les milieux académiques. L'expérience européenne, elle-même souvent mitigée, indique que gérer l'eau demande la mobilisation de moyens très importants, non pas seulement dans les infrastructures mais aussi dans les systèmes d'information, les démarches de concertation, et l'architecture institutionnelle.

Au bout du compte, les élites politiques du Royaume ont fait le pari, jusqu'à présent, que la fuite en avant dans les politiques de l'offre présentait moins de risque pour la régulation du conflit social rural que d'amorcer une transition vers un modèle agricole plus sobre en eau. Au vu de l'aggravation des vulnérabilités dans un monde rural toujours plus desséché, il n'est pas certain qu'un tel pari continue indéfiniment à payer.

Notes

1 *Le360.ma*, « Politique de l'eau : tout ce qu'il faut savoir sur les projets de barrages au Maroc », 11 février 2021.
2 *Maroc Diplomatique*, « Le Maroc ambitionne de stocker 30 milliards m³ d'eaux pluviales », 4 Juin 2019.
3 *Le360.ma*, *op. cit.*, 11 février 2021.
4 *Maroc Diplomatique*, 4 Juin 2019.
5 *LaVieEco*, « Stress hydrique : Comment le Maroc compte s'en sortir ?», 28 Aout 2022
6 Groupe Eau des Lauréats IAV, « *Livre Blanc sur les ressources en eau au Maroc. Pour une gestion durable assurant la sécurité hydrique du pays* », 2022.
7 Maroc (Département de l'eau), GIZ, Observatoire du Sahara et du Sahel. « *Etat des lieux du secteur de l'eau au Maroc. Projet de Coopération Régionale pour une Gestion Durable des Ressources en Eau au Maghreb* », CREM, 2018.
8 Maroc (Département de l'eau), *op. cit.*, 2018.
9 Marie-Noëlle Woillez, « *Revue de littérature sur le changement climatique au Maroc : observations, projections et impacts* », AFD, Paris, 2019.
10 Groupe Eau des Lauréats IAV, *op. cit.*, 2022.
11 Najib Akesbi, Driss Guerraoui, *Enjeux Agricoles : Evaluation de L'expérience Marocaine*, Casablanca : Le Fennec, 1991.
12 *Medias24*, « Agriculture : l'Etat mise sur la micro-irrigation », 26 novembre 2012.
13 *Medias24*, « Irrigation : dessalement, micro-irrigation, barrage, le bilan chiffré du Plan Maroc vert », 19 Décembre 2018.
14 Annabelle Houdret et Simon Bonnet, « Le premier partenariat public-privé pour l'irrigation au Maroc : durable pour tous ?», *Cahiers de l'Agriculture* 25, 2016.
15 ABHOER. « *Résumé du PDAIRE. Projet de Plan Directeur d'Aménagement Intégré des Ressources en Eau du Bassin de l'Oum Er-Rbia et des bassins côtiers atlantiques* », 2012.
16 *Le360*, « Les pouvoirs publics mènent la guerre contre la mafia de l'eau », 21 Décembre 2022.
17 Oumaima Tanouti, La Gestion Intégrée des Ressources en Eau à l'épreuve du bassin versant - Cas du Bassin du Tensift au Maroc, Thèse de doctorat, Université de Paris Nanterre, 2017.
18 *Medias24*, « Les terres collectives irriguées seront immatriculées gratuitement », 14 Mars 2016.
19 Monitor Group, « Etude de mise à jour de la stratégie nationale de l'eau et des plans d'action à court, moyen et long termes pour le développement du secteur de l'eau du Maroc », 2008.
20 Le Desk, « Plan Maroc Vert, le grand mirage », 02 juin 2016.
21 MAPM (Ministère de l'Agriculture et de la Pêche Maritime), « Programme national d'économie d'eau en irrigation », 10 Juillet 2007.
22 *Agrimaroc.ma*, « Lumière sur le PNEEI, ce programme qui fait économiser d'énormes quantités d'eau », 14 novembre 2019.
23 L'Observateur, « Agriculture : Le Plan Maroc Vert passé au crible fin », 19 décembre 2018.
24 *Medias24*, « Irrigation : dessalement, micro-irrigation, barrage, le bilan chiffré du Plan Maroc vert », 19 Décembre 2018.
25 Chris Perry et Pasquale Steduto,"*Does hi tech irrigation save water? A review of the evidence*", Regional Initiative Series N° 4. FAO, Cairo, Egypt, 2017 ; Jean-Philippe Venot, Marcel Kuper et Margreet Zwarteveen (Coord.), *Drip irrigation for agriculture: untold stories of efficiency, innovation and development*, Taylor & Francis, 2017 ; François Molle et Oumaima Tanouti, "Squaring the circle: Agricultural intensification vs. water conservation in Morocco". *Agricultural Water Management* 192, pp. 170 à 179, 2017.
26 Maya Benouniche, Marcel Kuper, Ali Hammani et Harm Boesveld, H. "Making the user visible: analysing irrigation practices and farmers' logic to explain actual drip irrigation performance", *Ir-*

rigation Science 32(6), pp. 405 à 420, 2014 ; FAO, « *Le passage à l'irrigation localisée collective. Les résultats d'une expérience dans le périmètre des Doukkala* », Rome, FAO, 2012.
27 Chris Perry, Pasquale Steduto, Rick Allen, Charles M. Burt, "Increasing productivity in irrigated agriculture: Agronomic constraints and hydrological realities". *Agricultural Water Management* 96, pp. 1517 à 1524, 2009
28 Chris Perry et Pasquale Steduto, *op. cit.*, 2017.
29 BRLi et Agroconcept, « *Gestion de la demande en eau dans le bassin méditerranéen – Exemple du Maroc - Cas d'étude du Souss Massa* », AFD et Plan Bleu, 2013
30 BRLi et Agroconcept, *op. cit.*, 2013.
31 FAO, *op. cit.*, 2012.
32 Oumaima Tanouti, *op. cit.*, 2017.
33 Marcel Kuper, Fatah Ameur et Ali Hammani, "Unravelling the enduring paradox of increased pressure on groundwater through efficient drip irrigation", In *Drip irrigation for agriculture. untold stories of efficiency, innovation and development*, Routledge, 2017.
34 Oumaima Tanouti et François Molle, « Surexploitation et réappropriation de l'eau dans le bassin du Tensift (Maroc)», *Etudes Rurales* 2013/2, pp. 79 à 96.
35 Guy Jobbins, Jack Kalpakian, Abdelouahid Chriyaa, Ahmed Legrouri et El Houssine el Mzouri, "To what end? Drip irrigation and the water–energy–food nexus in Morocco", *International Journal of Water Resources Development,* 2015.
36 BRLi et Agroconcept, *op. cit.* 2013.
37 Marcel Kuper, Fatah Ameur et Ali Hammani, *op. cit.*, 2017.
38 *H24Info.ma*. « Eau : le Maroc compte 372,000 puits dont 90 % ne sont pas autorisés », 18 Avril 2023.
39 Maroc (Département de l'eau), *op. cit.*, 2018.
40 *Jeune Afrique*, « Sécheresse au Maroc : la stratégie des grands barrages mise en cause », 15 Février 2022.
41 Oumaima Tanouti, *op. cit.*, 2017.
42 BAB, Menaces sur la sécurité hydrique du Maroc, 15 mai 2022.
43 CESE (Conseil économique, social et environnemental). « *Alerte CESE. Le droit à l'eau et la sécurité hydrique, gravement menacés par un usage intensif : Le CESE tire la sonnette d'alarme et appelle à entreprendre des mesures urgentes* », Rabat, 2019
44 CESE (Conseil Economique, Social et Environnemental), « *La gouvernance par la gestion intégrée des ressources en eau au Maroc : Levier fondamental de développement durable* », Rabat, 2014.
45 MAPM, *op. cit.*,10 Juillet 2007.
46 Annabelle Houdret, "The water connection: irrigation, water grabbing and politics in southern Morocco", *Water Alternatives* 5(2), pp. 284 à 303, 2012.
47 *L'Economiste*, « Gestion de l'eau un plan national à 230 milliards de dh », 6 Mai 2014.
48 *Aujourd'hui le Maroc*, « Surexploitation des eaux souterraines : Charafat Afilal tire la sonnette d'alarme », 26 Mars 2014.
49 François Molle et Alvar Closas, "Co-management of groundwater: a review", *WIREs Water* 7(1), 2020.
50 *Le Matin*, « Eau potable et irrigation : Akhannouch détaille la mise à jour du PNAEPI », 12 décembre 2022.
51 *L'Economiste, op. cit.*, 2014.
52 *L'Economiste, op. cit.*, 2017.
53 *TelQuel*, « Une direction du ministère des Finances éreinte le bilan du Plan Maroc Vert », 2019.
54 DEPF, « *Le secteur agricole marocain : Tendances structurelles, enjeux et perspectives de développement* », Ministère des Finances, Maroc, 2019.
55 *Le Desk*, le Plan Maroc Vert ? De la pure propagande !», 18 décembre 2015.
56 Habiba El Mazouni et Zakaria Kadiri, « Le Plan Maroc Vert à l'épreuve de l'information et de l'analyse journalistique », *Alternatives Rurales* (8), 2021.
57 World Bank, *Water sector review,* Kingdom of Morocco, 1995.
58 22,5 MMm^3 d'eaux superficielles dont 6,5 non mobilisables, et 5 MMm^3 d'eau souterraine mobilisable.

59 Yacoubi Soussane, *Rapport sur les ressources en eau au Maroc. Bilan, perspectives et plan d'action,* Institut Méditerranéen de l'eau, 1999 ; Mokhtar Bzioui, *Rapport national 2004 sur les ressources en eau au Maroc*, UN water-Africa, 2004.
60 Groupe Eau des Lauréats IAV, *op. cit.*, 2022 ; Maroc et al., *op. cit.*, 2018 ; Mhamed Belghiti, Le programme national d'économie et de valorisation de l'eau d'irrigation. Journées mondiales de l'alimentation, Rabat, 14 Novembre 2008 (Powerpoint).
61 Mohammed Jellali, « Développement des ressources en eau au Maroc », *CIHEAM Options Méditerranéennes* (31), pp. 51 à 68, 1997.
62 Monitor Group, dans sa stratégie de 2008, présente un bilan des eaux souterraines sans aucun retour vers la surface (ou la mer), une erreur grossière menant à une vision déformée de la réalité.
63 CESE, *op. cit.*, 2014.
64 SECEE (Secrétariat d'État chargé de l'Eau de l'Environnement). 2009. Stratégie nationale de développement du secteur de l'eau, et convention cadre de partenariat avec les régions pour la réalisation des projets intégrés dans les secteurs de l'eau et l'environnement. Mimeo.
65 Cité par *Maroc.ma*, « M. Akhannouch : Le Plan Maroc Vert a engagé l'agriculture marocaine dans un tournant décisif », Jeudi 27 Février 2014.
66 FAO, « *Etude sur la gestion des eaux souterraines dans des pays pilotes du Proche-Orient. Le cas du Maroc* », 2008.
67 *L'Economiste*, *op. cit.*, 2014.
68 *L'Opinion*, « Nappes phréatiques : La stratégie de Nizar Baraka pour préserver un précieux capital hydrique du Royaume », 7 Novembre 2021.
69 Abdeslam Ziyad, « Gestion des ressources en eau au Maroc : bilan et perspectives », *Revue HTE,* N° 142, 2009.
70 SECEE (Secrétariat d'État chargé de l'Eau de l'Environnement). 2009. Stratégie nationale de développement du secteur de l'eau, et convention cadre de partenariat avec les régions pour la réalisation des projets intégrés dans les secteurs de l'eau et l'environnement. Mimeo.
71 World Bank, *op. cit.*, 1995.
72 Cour des comptes, Maroc, « *Rapport annuel 2009* », 2009.
73 Jean-Philippe Venot, "A success of some sort: social enterprises and drip irrigation in the Developing World", *World Development* Vol. 79, pp. 69 à 81.
74 Maya Benouniche, Mustapha Errahj et Marcel Kuper, "The seductive power of an innovation: enrolling non-conventional actors in a drip irrigation community in Morocco", *The Journal of Agricultural Education and Extension*, pp. 1 à 19, 2014.
75 Gregori Lazarev, *Les politiques agraires au Maroc 1956-2006. Un témoignage engagé,* Economie Critique, 2012.
76 Will D. Swearingen, *Moroccan Mirages: Agrarian Dreams and Deceptions*, 1912-1986. Princeton: Princeton University Press, 1987.
77 Abdellah Hammoudi, *Maîtres et disciples. Genèse et fondements des pouvoirs autoritaires dans les sociétés arabes. Essai d'anthropologie politique*, Maisonneuve et Larose, éditions Toubkal, 2001.
78 Abderrahmane Rachik, *La société contre l'État. Mouvements sociaux et stratégies de la rue au Maroc*, Casablanca : La Croisée des Chemins.
79 Annabelle Houdret, Hichem Amichi, "The Rural Social Contract in Morocco and Algeria: Reshaping Through Economic Liberalisation and New Rules and Practices." *The Journal of North African Studies*, 2020.
80 Oumaima Tanouti et François Molle, *op. cit.*, 2017.
81 FAO, *op. cit.*, 2008.
82 FAO, *op. cit.*, 2008 ; François Molle et Alvar Closas, "Why is state-centered groundwater governance largely ineffective? A review", *WIREs Water* 7(1), 2020.
83 Ces faillites concernent principalement les petits agriculteurs. Les « investisseurs nomades » qu'on retrouve à travers le Maroc se déplacent, eux, au fur et à mesure de l'épuisement des ressources qu'ils provoquent (www.youtube.com/watch?v=zqh4N8fkdOM).
84 *Media24*. « L'eau au Maroc : il faut écouter la crise recommande le chercheur Marcel Kuper », 13 Novembre 2022.

Aurélie Stern

Docteure en études politiques de l'EHESS, membre associée au CETOBaC et à l'IFEA, lectrice à l'Université Galatasaray

Les associations de jeunesse, vectrices de diffusion des idées turquistes entre la Turquie et l'Azerbaïdjan[1]

Résumé

Avec l'effondrement de l'Union soviétique, les habitants de la République de Turquie ont pu renouer contact avec ceux des autres républiques turciques que sont l'Azerbaïdjan, le Kazakhstan, l'Ouzbékistan, le Turkménistan, et le Kirghizstan. Le monde découvrit l'expression de « monde turc », allant « de l'Adriatique jusqu'à la grande muraille de Chine » selon la formule de l'ancien président turc Süleyman Demirel. Ce fut une période d'effervescence pour les nationalistes (pan)turquistes ayant pour projet politique de fonder une union turcique sur la base d'éléments culturels, éducatifs, et économiques. Mais l'État n'est pas l'unique promoteur d'une meilleure inclusion du monde turc, il existe aussi une frange de l'extrême droite qui considère la turcité au sens large comme le pilier central de son idéologie politique. L'une de ses modalités d'organisation sont les associations de jeunesse turquistes, structures qui regroupent de jeunes nationalistes qui ont grandi avec internet.

Abstract

With the collapse of the Soviet Union, the people of the Republic of Turkey were able to reconnect with those of the other Turkic republics of Azerbaijan, Kazakhstan, Uzbekistan, Turkmenistan, and Kyrgyzstan. The world discovered the term "Turkic world", stretching "from the Adriatic to the Great Wall of China", in the words of former Turkish president Süleyman Demirel. This was a period of excitement for (pan)Turkist nationalists whose political project was to found a Turkic union on the basis of cultural, educational and economic elements. But the State is not the only promoter of a more inclusive Turkic world, there is also a fringe of the far right that considers Turkishness in the broadest sense as the central pillar of its political ideology. One of the ways in which it is organised is through Turkist youth associations, structures that bring together young nationalists who have grown up with the internet.

Le panturquisme, ou turquisme[2], est une idéologie visant à réunir les différents pays turcophones au sein d'une union culturelle, politique, économique voire militaire. Elle a émergé au XIXe siècle sous la plume de théoriciens nationalistes ottomans comme Ziya Gökalp, mais surtout d'idéologues issus des minorités turcophones de l'Empire russe comme Yusuf Akçura (tatar), İsmail Gaspıralı (tatar), Mir Seyyit Sultan Galiyev (tatar), Ahmet Ağaoğlu (azéri), Mehmet Emin Resulzade (azéri), et Ahmet Caferoğlu (azéri). En effet, en Russie, face à un slavisme et une christianisation grandissante, les populations musulmanes turciques, se sentant menacées, se questionnaient sur leur identité turque, et en débattaient dans des revues. L'effondrement de l'Empire russe et de l'Empire ottoman ainsi que la fondation des Républiques d'Azerbaïdjan (1918-1920) et de Turquie (1923) ont contribuer à orienter les revendications identitaires autour d'un seul pays, laissant l'idée d'union des peuples turciques dans le domaine du rêve. De plus, dans les années 1920 la plupart des républiques turciques indépendantes sont devenues soviétiques, et leurs relations avec la Turquie ont été très limitées jusqu'à l'effondrement de l'Union soviétique. Dès le début des années 1960, les idées d'identité turcique commune s'incarnèrent au sein du *Cumhuriyetçi Köylü Millet Partisi* (Parti Républicain Paysan National), mais en 1969 lors d'un congrès à Adana, le parti fut dissous pour donner naissance au MHP (*Milliyetçi Hareket Partesi* : Parti d'Action Nationaliste), sous l'égide d'Alparslan Türkeş. Ce nouveau parti, en accordant une place plus importante à l'islam, provoqua une rupture et le départ de la tendance turquiste laïque partisane de Hüseyin Nihal Atsız. Dans les années 1990, l'effondrement de l'Union soviétique engendra un vif enthousiasme parmi la classe politique turque, et l'idée de collaborer avec le monde turc devint une priorité. Si au début des années 2000 ce mouvement ralentit, dès 2006-2007 Recep Tayyip Erdoğan en Turquie et Ilham Aliev en Azerbaïdjan se réapproprièrent la question turcique, et en 2008 une plateforme de coopération turcique vit le jour.

Aujourd'hui, cette idéologie s'incarne à différentes échelles[3]. D'un côté, il y a l'Organisation des États turciques[4], fondée en 2009 sous le nom de Conseil turcique, dans la continuité des Sommets des Chefs d'État des Pays Turcophones lancés en 1993 et servant de plateforme de coopération entre les États turciques depuis l'effondrement de l'Union soviétique. Outre le fait d'être le lieu de rencontres entre chefs d'États, cette organisation coordonne de nombreux projets dans les domaines culturels, académiques, politiques et économiques[5]. D'un autre côté, on trouve les organisations culturelles comme les *Türk Ocakları* (Les Foyers Turcs), fondé en 1912, la *Türk Dünyası Araştırmaları Vakfi* (Fondation de recherches sur le monde turc, 1980), ou encore l'organisation diasporique *Azerbaycan Kültür Derneği* (Association culturelle d'Azerbaïdjan, 1949). Ces organisations culturelles ne sont pas détachées du monde politique, mais servent de plateforme de réflexion pour des militants appartenant à différents partis politiques. Parmi ces associations culturelles, prennent place des associations de jeunesse, composées de membres qui ont entre 20 et 30 ans et sont souvent étudiants. Bien que marginaux, ce sont les promoteurs les plus radicaux des idées turquistes et touranistes : leur jeune âge les rendant particulièrement disponible à un engagement militant.

Quel rôle jouent les associations de jeunesse turquistes dans le champ politique ? Quelles sont leurs spécificités, leur mode de fonctionnement ? Quelles différences existe-t-il entre les associations turques et azerbaïdjanaises ? Enfin, en quoi la guerre du Haut-Karabagh en 2020[6] a contribué à diffuser l'idéologie turquiste à grande échelle ?

Les associations que nous avons rencontrées sont les suivantes : la Turancı Hareket Platformu (La Plateforme d'action touranienne, succursale d'Istanbul), la Turancı Hareket Platformu (succursale d'Izmir), les Genç Atsızlar ou Istanbul Turancı Derneği, (les jeunes Atsız, succursale d'Istanbul), le Milliyetçi Toplum Hareketi-Wildwolves MC (Mouvement nationaliste populaire – Wildwolves MC, succursale d'Istanbul Esenler), le Milliyetçi Gençler Teşkilatı (Organisation des jeunes nationalistes ; succursale de Bakou), le Milliyetçi Gençler Teşkilatı, (succursale d'Izmir), le Türk Dünyası Kürşad Derneyi (L'association Kürşad du monde turc ; Bakou), les Kara Kalpaklılar Eğitim, Kültür ve Töre Derneği (Les Kalpaks[7] noirs, éducation, culture et tradition ; succursale d'Istanbul). De plus, nous avons réalisé des entretiens avec des membres d'associations qui ont fermé, comme le Oğuz Eli Turan Derneği (Association touranienne Oğuz Eli ; Istanbul, fermée en septembre 2016), et l'Azerbaycan Talebe ve Mezunlar Birliği (Union des étudiants et diplômés d'Azerbaïdjan ; Ankara, fermée en 2012).

Dans une première partie nous nous interrogerons sur le caractère multiforme que le turquisme prend dans le champ politique, pour ensuite présenter les associations de jeunesses turquistes, leur mode de fonctionnement, mais aussi les contraintes auxquelles elles sont confrontées. Dans une seconde partie, c'est plus spécifiquement la question du Haut-Karabagh qui nous intéressera, pour enfin analyser la place des associations de jeunesses turquistes dans le cadre des relations entre la Turquie et l'Azerbaïdjan.

Les « Loups gris », nébuleuse politique multiforme

Alors que le symbole du loup est issu de la mythologie des peuples turciques, il a été mis en avant dans les années 1930 par Mustafa Kemal Atatürk lui-même, puis a pris une place importante au sein du parti d'extrême-droite MHP dès les années 1970, mais sans pour autant devenir son signe distinctif. En effet, si des militants turquistes non-membres du MHP, tout comme des chefs d'États de différentes républiques turciques arborent le même symbole lorsqu'il s'agit de mettre en avant l'idée d'une origine commune des peuples turciques, le signe avec les doigts ne date que des années 1990 à la suite à une rencontre entre la Turquie et l'Azerbaïdjan[8].

Si le MHP est souvent assimilé au turquisme, notamment parce que ses partisans sont des promoteurs de la fondation d'une union turcique, il serait faux de prétendre que le parti est lui-même turquiste. Bien qu'Alparslan Türkeş[9] s'intéressait beaucoup au monde turc, ce n'est pas le cas de son successeur Devlet Bahçeli. En fait, en Turquie, comme en Azerbaïdjan, il n'existe pas de parti politique à proprement parler turquiste[10]. Dans le cadre de nos enquêtes de terrain, la grande majorité des militants turquistes interrogés nous ont expliqué que la question du monde turc n'avait pas besoin d'un parti politique en particulier, mais qu'elle avait besoin d'être diffusée au sein de tous les partis politiques nationalistes. En Turquie, le MHP reste un parti important pour la diffusion de cette idéologie. Toutefois, on retrouve des partisans de ces idées au sein du parti IYI (parti résultant d'une scission au sein du MHP, son nom signifie le « bon » parti), ainsi que dans les rangs du CHP (*Cumhuriyet Halk Partisi* : Parti républicain du peuple), et même de l'AKP (*Adalet ve Kalkınma Partisi* : Parti de la justice et du développement), actuellement au pouvoir. Si ce dernier est très critiqué dans le milieu turquiste à cause de son accueil des réfugiés syriens et de la place de l'islam qui prédomine sur l'idée de turcité, les projets organisés par ce parti par le biais de l'Organisation des États turciques incluent la participation de nombreux intellectuels turquistes. Lors des élections présidentielles du 14 mai 2023, le candidat Sinan Oğan affichait ouvertement une idéologie turquiste.

Le côté intellectuel et culturel échappe souvent aux analystes étrangers qui imaginent les turquistes comme des nervis obscurs et sans formation. Pourtant, à l'université les études sur le monde turc fonctionnent comme un pôle regroupant des intellectuels, professeurs et étudiants, qui partagent une passion commune pour l'idée d'une identité turcique partagée. Dans notre étude d'opinion réalisée sur internet auprès de 348 militants turquistes en 2019, nous avons constaté que 80,7 % ont ou sont en train d'effectuer des études universitaires[11], taux qui est extrêmement élevé, sachant que selon l'Office turc des statistiques, en 2019 en Turquie, 15,7 % de la population auraient un diplôme universitaire[12]. Ainsi, le militantisme turquiste, avant toute action politique, est d'abord basé sur une fine connaissance des différents peuples turciques à travers les âges. Certes, cette histoire est fortement orientée idéologiquement, mais la version de l'histoire diffusée par les turquistes n'est pas une « contre-Histoire », comme Stéphanie Dechezelles l'avait identifiée chez les jeunesses de l'extrême-droite italienne. Car en Turquie, l'histoire diffusée dans les manuels scolaires ne diffère pas dans le fond de celle que l'extrême-droite diffuse dans ses rangs, notamment parce que le négationnisme n'est pas interdit, le massacre/génocide des Arméniens n'étant pas reconnu comme un génocide par l'historiographie officielle[13]. C'est la raison pour laquelle le turquisme s'accommode très bien des institutions scolaires et universitaires.

L'association de jeunesse, expression politique d'une nouvelle génération de nationalistes turquistes

Les associations de jeunesse constituent un mode d'organisation privilégié chez les jeunes militants turquistes qui ont grandi avec internet. Les membres sont en majorité des hommes, à 80 % selon notre enquête d'opinion et nos observations participantes, et ils sont jeunes, de 20 à 25 ans pour les membres, et 25 et 35 ans pour les leaders. En demandant aux membres pourquoi il existait une telle rupture générationnelle entre ces groupes et leurs aînés regroupés dans des organisations comme les *Türk Ocakları*, ou la *Türk Dünyası Araştırmaları Vakfi*, la réponse que nous avons obtenue est que les leaders et membres principaux de ces organisations sont des gens d'un certain âge, souvent professeurs à l'université et dont la principale activité est d'expliquer aux jeunes militants ce qu'est le turquisme, en mettant en avant leurs propres parcours militants[14]. Certains jeunes invoquent le manque « d'actions » de terrain, de bagarres et de participation à des manifestations des membres des vieilles associations. La fondation de ces associations de jeunesse correspond donc à un rejet des structures instaurées par leurs aînés ainsi qu'à une volonté de s'élever plus facilement au sein de la structure hiérarchique de l'association sans devoir attendre d'avoir atteint un certain âge et un certain niveau d'études pour pouvoir se faire respecter et écouter.

Les programmes étudiants, donnant la possibilité aux étudiants d'Azerbaïdjan et d'Asie centrale d'effectuer leurs études en Turquie, permettent aussi à ces jeunes organisations turquistes d'encadrer les diasporas turciques. Elles les aident matériellement, dans la mesure de leurs moyens, et leur offrent la possibilité de s'intégrer facilement à l'université en leur apportant un lieu de socialisation et une idéologie.

Pour les associations de jeunesse turquistes, le premier lieu de socialisation est le local, qui sert de lieu de réunions et de conférences. Les militants s'y réunissent habituellement le week-end, souvent le dimanche. Les conférences ont généralement un contenu historique. Une autre activité militante sont les commémorations et les manifestations. Il s'agit généralement de manifestations légales. Par exemple, chaque année, à l'occasion du 3 mai, journée des turquistes, une procession se recueille sur la tombe de Nihal Atsız au cimetière Karacaahmet[15].

Disciplinés mais divisés

Si les jeunes militants ont pu se départir de l'autorité de leurs aînés en fondant leurs propres associations ou réseaux d'associations, ils ne se sont pas pour autant départis des structures autoritaires et verticales traditionnelles du mouvement turquiste, mais ont au contraire reproduit ces structures à leur échelle. Ainsi, chaque association ou succursale d'association est organisée autour d'un chef, élu parfois par un comité fonctionnant de manière démocratique[16], choisi dans d'autres cas par son prédécesseur[17], ou ayant évolué dans la hiérarchie de l'organisation grâce à des tests de savoir et des épreuves de courage[18].

Le chef a tout pouvoir sur les militants qui font preuve d'une discipline à toute épreuve. Cette discipline se manifeste par une prise de parole contrôlée par le chef, et donc un silence parfait lorsque celui-ci s'exprime. Nous avons pu vérifier cet état de fait dans la totalité des organisations que nous avons visitées. Cette autorité et cette discipline sont perçues par les militants turquistes comme un code d'honneur et un respect du chef et de la hiérarchie. Ils affirment que ce sens de l'honneur est inspiré de celui des anciens combattants turcs des steppes. Les militants ne se considèrent d'ailleurs pas comme des militants politiques, mais plutôt comme des soldats. Le conflit entre l'État turc et le PKK, et celui entre l'État azerbaïdjanais et l'État arménien à propos de la province de Haut-Karabagh, ne font qu'accentuer cet éthos militaire. Ainsi, un membre de l'association azerbaïdjanaise *Milliyetçi Gençlik Teşkilatı* (MGT : L'Organisation de Jeunesse Nationaliste) parle des Arméniens en ces termes : « *Face à eux, tous les citoyens azerbaïdjanais, quelle que soit leur origine ethnique, doivent s'unir. Mais nous refusons la violence gratuite, notre sens de l'honneur nous défendant de nous attaquer aux femmes et aux enfants. Les anciens combattant turcs à cheval faisaient de même* »[19].

Il existe des fédérations d'organisations - par exemple le *Turancı Hareket Platformu* et les *Genç Atsızlar* - qui disposent chacune de succursales dans de nombreuses villes de Turquie et regroupent plusieurs milliers de militants[20]. Ces deux fédérations d'associations turquistes sont tout à fait hostiles l'une à l'autre pour la simple raison qu'elles sont en concurrence, se revendiquant chacune de l'héritage de Hüseyin Nihal Atsız, un des principaux idéologues turquiste du XXe siècle. En effet, elles essaient l'une comme l'autre de faire adhérer à leur fédération les groupuscules turquistes indépendants, sans réussir à collaborer[21]. Mais ils ne sont pas les seuls en cause, car de manière générale, les associations turquistes semblent avoir des problèmes de collaboration. İ, au nom des *Genç Atsızlar*, explique la situation comme suit : « *Nous n'avons aucun contact avec d'autres groupes turquistes car nous ne pensons pas que les autres groupes sont aussi droits que nous, nous ne partageons pas les mêmes idées et le même code moral. De plus, les autres groupes ont émergé après le nôtre, donc ils n'avaient qu'à nous rejoindre à la place de fonder des groupes supplémentaires.* »[22].

Il est intéressant de constater que les causes de ce manque de coopération ne sont jamais explicitées sous forme de différences idéologiques. Le corpus littéraire est le même pour chaque association, et Hüseyin Nihal Atsız y occupe la place prépondérante. Toutes les associations basées à Istanbul se rendent sur sa tombe les 11 décembre pour l'anniversaire de sa mort, et les 3 mai pour la journée des turquistes. Comme le dit V, il n'y a pas de différence d'interprétation, il s'agit surtout de concurrence. Ce phénomène est rationalisé par S, membre d'une maison d'édition turquiste en ces termes : « *Nous restons des groupuscules, car il y a des rivalités entre les leaders de chaque groupe qui ont peur que leurs militants s'en aillent vers d'autres groupes. En 2012, la situation n'était pas aussi tendue car il y avait moins de groupes différents, moins de leaders, et plus de solidarité* »[23].

Dynamiques de partage entre les membres d'associations turques et azerbaïdjanaises

Malgré ce manque de collaboration entre certaines associations de jeunesse turquistes en Turquie[24], nous pouvons constater une communication entre des associations turques et azerbaïdjanaise, notamment grâce à la circulation d'étudiants entre ces deux pays.

Nous avons pu nous entretenir avec des membres de l'association azerbaïdjanaise *Milliyetçi Gençler Teşkilatı* (l'Organisation des jeunes nationalistes), une première fois à Bakou en 2015[25], et une seconde fois à Izmir en 2019[26]. Cette association, fondée en 2012 et qui regroupe quelques centaines de membres, est la plus importante association de jeunesse turquiste d'Azerbaïdjan. Elle entretient de forts liens avec la Turquie puisque le leader de sa succursale turque vit en colocation avec le leader de la *Turanci Hareket Platformu* à Izmir[27]. Cette cohabitation et les liens réguliers qu'entretiennent ces deux associations sont intéressants puisqu'au lieu de fusionner, elles préfèrent rester distinctes l'une de l'autre. La raison est que la première regroupe principalement des turquistes azerbaïdjanais et a donc pour vocation de militer dans un contexte azerbaïdjanais, avec les spécificités et contraintes que cela implique, alors que la seconde s'inscrit dans un contexte turc. Si la *Milliyetçi Gençler Teşkilatı* est présente en Turquie, c'est *de facto* parce que certains de ses membres y effectuent des études, et afin d'organiser la diaspora azerbaïdjanaise de Turquie. Le même genre d'organisations diasporiques existe aussi dans d'autres universités de Turquie. Par exemple, entre 2009-2012, une organisation du nom de *Azerbaycan talebe ve mezunlar birliği* (Union des étudiants et diplômés d'Azerbaïdjan) était active à l'Université d'Ankara. E, ancien membre de l'association raconte son expérience : « *Nous organisions des journées de la culture azerbaïdjanaise, des concerts, des projections ainsi que des conférences sur la situation du Haut-Karabagh. Puis la direction de l'Université d'Ankara nous a demandé de ne plus organiser de telles conférences à l'université, car il y avait des tensions avec les étudiants kurdes. Deux Turcs proches de notre organisation étaient membres des Ülkü ocakları, mais l'organisation n'a jamais été directement liée au MHP. Cette amitié nous permettait pourtant de toucher un plus large public que seulement des étudiants, et environ 500 personnes participaient à nos manifestations. Chaque année, le 28 mars, jour de la fondation de la République démocratique d'Azerbaïdjan en 1918, nous organisions une conférence et une marche commémorative jusqu'à la tombe de Mehmed Emin Resulzade en passant par le lycée portant le nom de ce premier président de l'Azerbaïdjan, à Ankara. Cet événement était organisé avec l'aide de l'organisation Azerbaycan kültür derneği (Association culturelle d'Azerbaïdjan), fondée en 1949 à Ankara et qui existe encore aujourd'hui* »[28].

Aujourd'hui, en Azerbaïdjan, si le *Milliyetçi Gençler Teşkilatı* représente la plus grande association de jeunesse turquiste, il existe tout de même d'autres associations et cela malgré le fait que le pays est petit et son paysage politique restreint. Ainsi, le *Türk Dünyası Kürşad Derneyi* (l'Association Kürşad du monde turc), regroupe une centaine de membres et publie une revue dédiée à Hüseyin Nihal Atsız. Les membres s'inspirent aussi de la revue publiée par les Foyers turcs, *Türk Yurdu*[29]. Les références à des idéologues et à des organisations turques, de même que l'existence d'un réseau d'interconnaissances, soulignent la proximité entre les groupes turquistes de Turquie et les militants azerbaïdjanais. Toutefois les structures de ces derniers obéissent à leur dynamique propre. Ainsi, d'un côté ils se revendiquent de figures propres au panthéon turquiste de Turquie, telles que Ziya Gökalp, Hüseyin Nihal Atsız et même Alparslan Türkeş, et entretiennent en même temps des liens avec les idéalistes du MHP qui ont une succursale à Bakou, mais d'un autre côté ils accordent beaucoup d'importance à leurs figures turquistes séculaires telles que Ahmet Ağaoğlu, Hüseyinzade Ali Turan, Mehmed Emin Resulzade et Ahmet Caferoğlu, et bien sûr Ebulfez Elçibey. Ces figures ne sont pas inconnues en Turquie, mais comme c'est le cas dans les relations entre Turcs et Azerbaïdjanais en général, la culture du grand pays est davantage connue du petit que l'inverse, parce qu'elle fonctionne comme pôle de production culturelle.

L'ennemi commun fédérateur : le Haut-Karabagh dans la structuration et la diffusion des idées turquistes

Au début des années 1990, le président azerbaïdjanais de tendance turquiste, Ebulfez Elçibey, avait comme priorité politique de trouver une solution au conflit dans le Haut-Karabagh. En analysant des articles d'auteurs proches du MHP de l'époque, Tanıl Bora et Kemal Can montrent que les partisans de ce parti trouvaient que les Azerbaïdjanais ne se battaient pas assez fort contre les Arméniens, mais le leur pardonnaient car à peine indépendants, ils étaient encore « comme des enfants ». Le conflit avec les Arméniens était aussi interprété comme une continuation du conflit entre Arméniens et Turcs ottomans, au début du siècle, qui s'était soldé par le massacre/génocide en 1915.

Mais la Turquie n'intervint pas officiellement dans le conflit du Haut-Karabagh, comme de nombreux Azerbaïdjanais l'auraient espéré. Une rumeur se répandit même, prétendant que Turgut Özal n'aurait pas aidé l'Azerbaïdjan à cause du caractère majoritairement chiite de ce pays[30]. Cependant, une brigade secrète du nom de brigade *Rüzgar*, liée aux *Ülkü Ocakları* du MÇP[31], formées dans des camps à Iğdır dès octobre 1992 fut déployée dans le Haut-Karabagh[32]. Elle était composée d'environ 500 hommes et dirigée par le sulfureux Yusuf Ziya Arpacık[33]. Cependant, comme Elçibey, beaucoup d'Azerbaïdjanais attendaient une aide directe de l'État turc, et non d'un groupuscule. Ainsi, la non-intervention de l'État turc dans le conflit du Haut-Karabagh resta une blessure profonde. Si la Turquie fit bien partie du groupe de Minsk fondé à Helsinki en 1992, composé de onze États membres mais présidé par la Russie, la France et les États-Unis, et chargé de jouer le rôle de médiateur dans une perspective de résolution de conflit, aucun compromis n'a été trouvé dans ce cadre.

Le 27 septembre 2020, lorsque le conflit du Haut-Karabagh reprit, la position de la Turquie fut fondamentalement différente de celle qu'elle avait tenue durant la première guerre (1988-1994). Elle a cette fois-ci affiché un soutien sans retenue à l'Azerbaïdjan. Si elle n'est pas entrée en guerre officiellement, de nombreuses sources attestent de l'arrivée d'armes et d'hommes depuis la Turquie en Azerbaïdjan voire même de djihadistes, depuis la région sous contrôle turc au nord de la Syrie[34]. La guerre fut ce que l'on peut appeler une guerre éclair puisqu'elle a duré moins de deux mois, et s'est arrêtée le 10 novembre, lorsque l'Arménie en pleine débâcle a accepté de signer un traité de paix avec l'Azerbaïdjan.

À cette occasion, outre l'optimisme sans faille de la population azerbaïdjanaise, pour laquelle reprendre le Haut-Karabagh est une question de fierté nationale, nous avons également pu observer un enthousiasme important en Turquie. En effet, de nombreuses manifestations spontanées de soutien ont eu lieu dans les rues d'Istanbul notamment, où les drapeaux azerbaïdjanais se sont multipliés[35], de même, d'ailleurs, que dans la province azérie d'Iran[36]. Alors que les interventions de la Turquie en Syrie, en Irak et en Libye pouvaient tirer, aux yeux de la population turque, une certaine légitimité au nom d'une nostalgie de l'époque ottomane, époque à laquelle ces pays étaient des provinces liées à l'autorité d'Istanbul, le cas de l'Azerbaïdjan est bien différent. C'était en effet pour la première fois au nom d'un idéal turquiste (et d'un plan stratégique) que le chef de l'État turc, Recep Tayyip Erdoğan, mobilisait ses troupes. Cette différence est perceptible sur les réseaux sociaux où une partie de l'opinion publique turque affichait clairement son soutien à la guerre. Bien qu'opposés à la politique de l'AKP sur d'autres dossiers, les militants turquistes ont cette fois approuvé l'initiative gouvernementale de soutenir l'Azerbaïdjan en guerre et ont réagi avec enthousiasme au défilé militaire du 10 décembre en l'honneur de la victoire remportée un mois plus tôt.

Conclusion

Pour conclure, en Turquie comme en Azerbaïdjan, les jeunes turquistes se regroupent au sein de structures associatives qui sont le socle de leur vie politique. Il existe une rupture générationnelle puisque ces associations ont été fondées par des jeunes et ne dépendent ni de partis politiques, ni d'associations « adultes ». Ces associations sont majoritairement masculines, et sont souvent en concurrence les unes avec les autres. Ce phénomène ne découle pas de différences idéologiques, l'une des figures tutélaires centrales étant dans chacune Hüseyin Nihal Atsız, mais bien plutôt d'une guerre d'influence visant à attirer le maximum de militants. D'après les membres, le nombre d'associations de jeunesse turquistes aurait augmenté rapidement depuis les années 2000, grâce notamment à l'arrivée d'internet. Ce média contribue aussi à faciliter la communication entre les associations de Turquie et d'Azerbaïdjan, pour une population dont le capital économique n'est pas encore établi, et qui ne peut donc pas effectuer des voyages fréquents.

La question du Haut-Karabagh et l'opposition à l'Arménie est un des sujets qui fonctionne comme terrain commun entre les militants des deux pays. Bien que les nationalistes turquistes de Turquie soient généralement opposés au gouvernement AKP qu'il juge trop religieux, et les militants azerbaïdjanais opposés au gouvernement Aliev, dû à la propagation du multiculturalisme comme idéologie officielle, la victoire de 2020 de l'Azerbaïdjan avec l'aide logistique de la Turquie a été commentée de façon positive sur les réseaux sociaux par les jeunes nationalistes turquistes. Nous voyons que la figure d'un ennemi arménien commun rapproche les nationalistes turcs et azerbaïdjanais, la Turquie soutenant l'Azerbaïdjan au nom du slogan « deux États, une seule nation ». Les militants turquistes des deux pays ont profité de l'actualité du conflit pour relayer amplement sur les réseaux sociaux des idées d'union turcique.

Notes

1 Cet article s'inscrit dans le prolongement d'une thèse de doctorat soutenue en 2021 et s'appuie sur des entretiens réalisés avec une dizaine d'associations de jeunesse turquistes. Notre enquête de terrain en Turquie s'est déroulée entre 2019-2020 et nous avons réalisé trois voyages, respectivement en 2015, 2017 et 2018, en Azerbaïdjan. Nous avons, de plus, réalisé une enquête d'opinion auprès de 348 militants turquistes, de Turquie et d'Azerbaïdjan, dont une partie était membre d'organisations de jeunesse.

2 Nous préférons utiliser le terme turquisme à celui de panturquisme puisque les acteurs eux-mêmes se nomment ainsi (*türkçü*), et parce que de manière générale le préfixe pan- est utilisé par

les détracteurs des mouvements concernés. De plus, comme ce terme a émergé avant la fondation de la République de Turquie, il n'était pas à l'époque confondu avec le nationalisme turc.

3 Sur l'histoire du turquisme de la fin du XIXe siècle jusque dans les années 1990 voire Jacob Landau, *Pan-Turkism : From Irredentism to Cooperation*, Bloomington, Indiana University Press, 1995. Fatih Yaşlı, auteur communiste, a écrit une histoire du turquisme très référenciée bien qu'un peu partiale puisque le but avoué de son ouvrage est de faire accepter la notion de « turquisme-fasciste » : Fatih Yaşlı, *Kinimiz dinimizdir : Türkçü Faşizm üzerine bir inceleme* (*Notre haine est notre religion : une analyse du turquisme-fascisme*), Ankara, Tan, 2009. Enfin, les contributions au dossier de l'IFEA consacré aux relations entre la Turquie et le monde turc sont importantes. Cependant, comme le dossier a été rédigé en 2001, période de ralentissement visible des relations entre les États turcophones, des prédictions de la mort du turquisme comme idéologie politique ont été avancées mais la réalité les a invalidées. Bayram Balcı, Bertrand Buchwalter (dir.), *La Turquie en Asie centrale : La conversion au réalisme (1991-2000)*, Istanbul, Dossiers de l'Institut Français d'Études Anatoliennes, N° 5, janvier 2001.

4 Le terme turcique est un terme générique synonyme de turcophone et servant à qualifier les peuples locuteurs d'une langue de la famille du turc. Il est utilisé en français et en anglais (turkic) par les institutions internationales elles-mêmes, ainsi que dans le milieu académique, pour distinguer les peuples turcophones des « Turcs », citoyens de la République de Turquie uniquement. Il faut pourtant noter que cette distinction n'est pas appliquée en langue turque.

5 Comme *TÜRSÖY, TİKA, TÜRKPA, Türk Kültür ve Mirası Vakfı, Türk Dili Konuşan Iş Konseyi, Uluslararası Türk Akademisi*, etc.

6 Ce travail ayant été achevé avant la dernière offensive de l'Azerbaïdjan en septembre 2023, nous ne l'évoquerons pas ici.

7 Le *kalpak* est un chapeau de peau de mouton que Mustafa Kemal Atatürk et ses compagnons portaient souvent. C'est donc en référence aux fondateurs de la nation que le nom de l'organisation a été choisi.
Entretien avec V (leader), et un jeune membre de l'organisation Kara Kalpaklılar Eğitim, Kültür ve Töre, Istanbul (Kadıköy), juillet 2019.

8 Le *kalpak* est un chapeau de peau de mouton que Mustafa Kemal Atatürk et ses compagnons portaient souvent. C'est donc en référence aux fondateurs de la nation que le nom de l'organisation a été choisi.
Entretien avec V (leader), et un jeune membre de l'organisation Kara Kalpaklılar Eğitim, Kültür ve Töre, Istanbul (Kadıköy), juillet 2019.

9 Fondateur du parti MHP.

10 Mis à part le *Ötüken Birliği Partisi* (Parti Unioniste de l'Ötüken) en Turquie et le *Vatandaş Hamrayliyi Partiyası* (Parti de la solidarité civique) en Azerbaïdjan. Le premier n'a pas assez de voix pour se présenter aux élections en Turquie, le second est lui aussi restreint et plutôt proche du gouvernement en Azerbaïdjan. Dans les deux cas, il s'agit de petits partis regroupés autour d'un leader local, et qui ne représentent pas les militants turquistes en général.

11 Il faut tout de même relativiser ce résultat extrêmement élevé sachant que l'enquête était en elle-même passablement longue à remplir, environ 15-20 minutes, et que certaines questions avaient un contenu historique. Il est donc tout à fait envisageable que certains enquêtés moins cultivés n'aient pas achevé de remplir l'enquête, s'étant découragés avant la fin.

12 Irem Doğanışık, « Türkiye'de Lisans Mezunu Sayısı 10 Milyonu Aştı » (En Turquie le nombre de diplômés de licence a augmenté de 10 millions), *Doğruluk payı*, 14/05/2020, https://www.dogrulukpayi.com/bulten/turkiye-de-lisans-mezunu-sayisi-10-milyonu-asti, consulté le 1/12/2020.

13 Stéphanie Dechezelles, « Des partis et des jeunes. Les droites juvéniles dans l'Italie de Berlusconi », *Histoire@Politique*, vol. 4, N° 1, 2008, p. 8.

14 Entretien avec S et d'autres membres de la maison d'édition *Bozkurt Yayınları*, Istanbul (Kadıköy), 19 mai 2019.

15 Observation participante lors de la journée du 3 mai, journée des turquistes, Kadıköy (Istanbul), 3 mai 2019.

16 Entretien avec C (leader), et d'autres membres de la section d'Izmir de l'organisation *Turanci Hareket Platformu*, 8-9 mai 2019, Izmir, Maison culturelle de Nihal Atsız.

17 İ (leader), et d'autres membres de l'organisation Istanbul Turancılar Derneği, succursale stambouliote de l'organisation Genç Atsızlar, Istanbul, Şişli, 14 juillet 2019.
18 Entretien avec B , et d'autres membres de l'organisation de motards *Milliyetçi Toplum Hareketi-Wildwolves MC*, Istanbul, 12 mai 2019.
19 Entretien avec M, membre de la Milliyetçi Gençler Teşkilatı (l'Organisation des jeunes nationalistes), juin 2015, Bakou.
20 A la date des entretiens les Genç Atsızlar déclaraient avoir 40 succursales divisées en 11 associations (dernek) et 20 représentants de revue, quand le Turan Hareket Platformu déclarait disposer de 11 succursales.
21 Entretien avec Ö, étudiante turque ayant effectué un stage en Azerbaïdjan, membre de la jeunesse des Türk Ocakları d'Ankara, juin 2017, Bakou.
22 Entretien avec İ (leader), et d'autres membres de l'organisation Istanbul Turancılar Derneği, succursale stambouliote de l'organisation Genç Atsızlar, Istanbul, Şişli, 14 juillet 2019.
23 Entretien avec S et d'autres membres de la maison d'édition *Bozkurt Yayınları*, Istanbul (Kadıköy), 19 mai 2019.
24 C'est le cas surtout pour les associations de Turquie. En Azerbaïdjan où la scène politique est beaucoup plus réduite, les associations ne semblent pas être en concurrence les unes avec les autres. Au contraire, tous les militants paraissent, à un certain degré, se connaître personnellement.
25 Entretien avec M, membre de la Milliyetçi Gençler Teşkilatı (l'Organisation des jeunes nationalistes), juin 2015, Bakou.
26 Entretien avec O, membre responsable de l'organisation azerbaïdjanaise Milliyetçi Gençler Teşkilatı, 8-9 mai 2019, Izmir.
27 Entretien avec C (leader), et d'autres membres de la section d'Izmir de l'organisation *Turanci Hareket Platformu*, 8-9 mai 2019, Izmir, Maison culturelle de Nihal Atsız.
28 Entretien avec E, militant nationaliste anciennement membre de Union des étudiants et diplômés d'Azerbaïdjan (Azerbaycan Talebe ve Mezunlar Birliği) de l'Université d'Ankara, juin 2015, Bakou.
29 Entretien avec Z, étudiant, membre de l'association turquiste *Türk Dünyası Kürşad Derneyi*, juin 2017, Bakou.
30 Entretien avec Nemet Penahli, figure nationaliste des années 1980, membre du gouvernement Eliyev jusqu'en 1995 puis opposant politique, juin 2017, Bakou.
Le journaliste Soner Yalçın affirme lui aussi que Turgut Özal aurait déclaré le 15 février 1990 devant les médias américains « Ils sont chiites, et nous sunnites. Ils sont d'avantage proches de l'Iran (que de nous)... ». Ebulfez Elçibey aurait rétorqué qu'avant d'être chiite, le peuple azerbaïdjanais était surtout turc et que c'est pour cela que la Turquie se devait d'aider l'Azerbaïdjan dans la guerre l'opposant à l'Arménie.
Yalçin, Soner, « Onlar Şii, biz Sünni'yiz », *Sözcü*, 11/11/2020, https://www.sozcu.com.tr/2020/yazarlar/soner-yalcin/onlar-sii-biz-sunniyiz-6120173/, consulté le 24/11/2020.
31 Milliyetçi Çalışma Partisi (Parti nationaliste du travail), nom de MHP à cette époque.
32 Hasan Bozalganlı, *Şah-mat: Bir yarbayın kaleminden Azerbaycan gerçeği* (*Jeu d'échec : la réalité azerbaïdjanaise sous la* plume d'un lieutenant), Ankara, Altınküre, 2002, pp. 95-137.
33 Malgré le caractère secret et illégal de l'opération, Arpacık n'hésita pas par la suite à clamer ses exploits en Azerbaïdjan et ailleurs dans les médias. Il écrivit même un livre sur le sujet. Yusuf Ziya, Arpacık, Kan Fırtınası (Tempête de sang), İlteriş yayınları, Istanbul, 2005.
34 « 'Ce ne sont pas des hommes mais des combattants drogués' : dans le Haut-Karabakh, les soldats arméniens dénoncent la présence de mercenaires syriens », *France info*, 05/10/2020, https://www.francetvinfo.fr/monde/russie/ce-ne-sont-pas-des-hommes-mais-des-combattants-drogues-dans-le-haut-karabakh-les-soldats-armeniens-denoncent-la-presence-de-mercenaires-syriens_4129411.html, consulté le 7/10/2020.
35 "İstanbul'da Azerbaycan'a Destek Gösterisi", *ha-ber.com*, 4/10/2020, https://www.ha-ber.com/istanbulda-azerbaycana-destek-gosterisi/164588/, consulté le 7/10/2020.
36 "İran'ın kuzeyinde Azerbaycan gösterisi!", *Haber türk*, 02/10/2020, https://www.haberturk.com/son-dakika-iran-in-kuzeyinde-azerbaycan-gosterisi-2821889, consulté le 7/10/2020.

Notes de lecture

Denis Rolland,
Histoire de L'Harmattan, Genèse d'un éditeur au carrefour des cultures (1939-1980)

Paris, L'Harmattan, 2022

L'univers de l'édition a profondément changé en quelques décennies, mais il reste marqué par des trajectoires de quelques personnages qui ont, à un moment donné, décidé de créer une entreprise culturelle pour diffuser des valeurs et des idées auxquelles ils étaient attachés. Bon nombre de maisons d'éditions portent d'ailleurs le nom de leur fondateur et quand ce n'est pas le cas on sait qui en est à l'origine.

Derrière L'Harmattan, il y a deux hommes Robert Ageneau et Denis Pryen, avant qu'ils ne se séparent en 1980. Le premier pour aller fonder les éditions Khartala et le second pour continuer *L'Harmattan* dont il est l'incontournable inspirateur, même s'il s'est retiré de la direction depuis quelques années.

Tous les deux sont d'anciens prêtres missionnaires qui ensemble ont bâti une entreprise sur le modèle de Maspéro et de Présence africaine, c'est-à-dire une entreprise engagée sous la forme d'une librairie-édition. Dès le début de l'aventure, ils ont été accompagnés d'un vaste et foisonnant réseau associatif qui, à cette époque, comme le rappelle Denis Pryen, était « *infiniment plus fort que ce qu'on peut imaginer aujourd'hui* ».

En avril 1975, ils emménagent dans une petite librairie de 25 m² située dans le 6e arrondissement de Paris, rue des Quatre-Vents. Ce nom convient très bien à la petite équipe qui aurait bien voulu en faire le nom de l'entreprise s'il n'avait pas déjà été pris par d'autres structures. Finalement, ils choisissent un vent africain « *qui trouble et dérange tout le monde » : l'Harmattan.*

Le livre décrit dans le détail toutes les étapes de cette installation qui se déroule dans une ambiance fiévreuse et passionnée portée par des jeunes gens déterminés à réaliser leur projet collectif. Dès le début, la librairie spécialisée sur l'Afrique et le Tiers monde est un élément clé du développement de l'entreprise. En rachetant des milliers de livres chez les bouquinistes ou aux puces de Saint-Ouen, un précieux fonds, constamment renouvelé, est vite constitué. Il permet à la fois d'attirer de nombreux acheteurs mais aussi d'accueillir des auteurs potentiels pour démarrer l'activité éditoriale : près de 150 titres en 5 ans.

Avant d'en arriver à la genèse de cette maison, le livre consacre plusieurs chapitres à l'itinéraire personnel de Denis Pryen : de son enfance rurale et catholique à son séjour au séminaire à Rome puis à ses années algériennes en 1961-1962 et sa découverte du Sénégal et de l'Afrique. Autant de jalons qui permettent de mieux saisir la forte personnalité du fondateur de *L'Harmat-*

tan qui s'affirme résolument comme un éditeur engagé dans un monde alors en plein bouleversement au lendemain des processus de décolonisation, de révolutions et d'affirmations du droit des peuples à disposer d'eux-mêmes. Les premiers livres publiés en 1975 sont un symbole fort des valeurs que ce nouvel éditeur entendait porter : comme *Portugal 1974-1975 : les années de l'espoir* (de Charles Foubert) ou *Le drame rhodésien* (de Roland Pichon) ou encore *Madagascar depuis 1972 : la marche d'une révolution* (de Robert Archer). Désormais, comme l'écrit Denis Rolland, « *l'Afrique sera profondément incrustée au cœur de L'Harmattan* ». Bien entendu, les valeurs qu'entend défendre cette nouvelle maison renvoient à bien d'autres luttes à travers le monde, le « tiers-monde » comme on l'appelait encore à cette époque, avec, en particulier, la théologie de la libération en Amérique latine ou aux Antilles.

Ce livre passionnant, remarquablement écrit par Denis Rolland, dont il faut ici saluer l'impressionnant travail, nous plonge dans le métier de l'édition des années 1970-1980, c'est-à-dire dans l'univers intellectuel de la France d'alors.

On attend avec intérêt une suite éventuelle à cet ouvrage pour comprendre comment cette aventure éditoriale, demeurée toujours résolument indépendante, s'est enracinée dans le champ des sciences sociales et développée à l'international avec l'implantation de structures en Europe et surtout, bien sûr, en Afrique.

En 2025, *L'Harmattan* fêtera ses 50 ans.

Jean-Paul Chagnollaud

Tigrane Yégavian,
Géopolitique de l'Arménie

Paris, Bibliomonde, 2023 (seconde édition augmentée)

Au moment d'une nouvelle tragédie, un livre à lire pour comprendre

Les fins d'empire sont décidément fatales aux Arméniens. Après le génocide de 1915 sur fond de déliquescence de l'Empire ottoman qui avait suivi le massacre en 1894-1896, la dislocation de l'URSS a ouvert un nouveau cycle de violence dont un paroxysme vient de se produire au cours du mois de septembre 2023. En quelques journées sombres, la présence arménienne vient d'être rayée de la montagne du Haut-Karabagh lovée dans le territoire azerbaïdjanais.

L'Arménie et l'Azerbaïdjan constituaient deux républiques de l'URSS jusqu'à la disparition de cette dernière en 1991. À peine engagées sur le chemin de l'indépendance, ces deux républiques étaient entrées en guerre. Dans le Haut-Karabagh encore appelé l'Artsakh, le souhait de ses habitants, très majoritairement arméniens, de s'émanciper alors de Bakou en vue de se rattacher à l'Arménie voisine, fit basculer ces deux pays dans l'affrontement. Mais si au terme de ce conflit gagné par l'Arménie en 1994, Erevan ne raccorda finalement pas l'enclave à son territoire, la surface du Haut-Karabagh s'en trouva élargie de façon à sécuriser ses habitants arméniens. Par la suite, les deux pays connurent deux trajectoires différentes. L'Arménie continua à être dirigée par une oligarchie prédatrice fragilisant son économie, sa société et son armée. Il fallut attendre 2018 pour que ce pays connaisse une révolution de velours conduisant au retour d'un certain espoir dans la société arménienne. Mais cet espoir ne dura pas car son voisin azerbaïdjanais allait se réveiller.

Ce pays avait en effet connu un essor économique du fait de la découverte de gisements dans la mer Caspienne qu'elle borde. Grâce à cette rente, Bakou avait lentement préparé son armée à une revanche. Equipée d'armements lourds, secondée par les technologies turques et israéliennes, c'est un assaut dévastateur que l'armée azerbaïdjanaise lança en octobre 2020. En six semaines, plusieurs milliers de personnes, perdirent la vie – surtout des soldats arméniens – et l'enclave du Haut-Karabagh fut reprise à 75 % par Bakou, qui y effectua une première purification ethnique contre ses habitants arméniens. Quant à la Russie, elle retira un avantage à cette guerre. Après avoir laissé faire Bakou, Moscou était en effet intervenue pour séparer les belligérants jadis sous sa tutelle, et imposer ainsi sa présence militaire en tant que force d'interposition, contrôlant notamment le couloir de Latchin entre l'enclave du Haut-Karabagh et l'Arménie. Mais ce cessez-le-feu n'était en rien un accord de paix.

Par la suite, Bakou continua à faire des incursions dans le territoire arménien pour maintenir la pression sur Erevan. À l'été 2022, j'avais pu visiter des villages frontaliers grignotés par des opérations militaires azerbaïdjanaises. Non seulement Bakou voulait ainsi obtenir une soumission totale du Haut-Karabagh, mais il s'agissait également d'obtenir de l'Arménie la concession en son extrémité sud d'un corridor territorial. Il devait lui permettre de relier l'Azerbaïdjan à son exclave du Nakhitchevan située dans le territoire de l'Arménie mais appartenant à Bakou. Grand pratiquant du diviser pour régner, Staline avait en effet relié cette poche du Nakhitchevan à la république socialiste d'Azerbaïdjan, quand bien même beaucoup d'Arméniens y vivaient. En somme, si elle obtenait de l'Arménie qu'elle lui concède ce corridor pour relier son cœur territorial au Nakhitchevan, elle obtiendrait un accès direct vers la Turquie, son alliée, et partant vers la mer Noire.

Pour le président Ilham Aliev, au régime hyper-autoritaire et riche de sa rente, le moment était opportun pour opérer ces grignotages. À l'été 2022, l'Europe en quête de gaz, en remplacement du gaz russe, s'était fortement rapprochée de lui. Il savait aussi que le pouvoir arménien était particulièrement affaibli en interne depuis la guerre perdue de 2020. De même, il avait bien saisi que la Russie prise sur un autre front n'était pas regardante sur l'intégrité territoriale de l'Arménie, dès lors que Moscou pouvait garder une présence militaire sur ce territoire. La faible réaction de l'Organisation du traité de sécurité collective (OTSC), dirigée par Moscou, fut là pour le prouver. Au regard de la réponse brutale qu'elle avait apportée au Kazakhstan en 2021 pour y soutenir le pouvoir autoritaire, en proie à des contestations, cette réaction minimaliste de Moscou était révélatrice du total cynisme russe, doublé, il est vrai, de son affaiblissement. Bakou sait aussi que son allié turc était dans un moment fort sur le plan diplomatique, ce qui lui valut une certaine protection. Quant à l'Iran, au sud de l'Arménie, et qui a longtemps soutenu celle-ci contre l'Azerbaïdjan, sa fragilité était avérée à l'heure où les négociations sur le nucléaire s'enlisaient et qu'il était en proie à une dure crise économique et environnementale. Tout ceci facilita la nouvelle offensive de 2022. Puis, comme le contexte de 2023 n'avait pas changé, Bakou décida d'aller beaucoup plus loin pour continuer son entreprise martiale : saisir des zones du Haut-Karabagh qui lui échappaient encore, tout en pratiquant la terreur pour faire fuir ses habitants.

Le peu d'empressement à dénoncer cette nouvelle véritable épuration ethnique décidée par l'autocrate Ilham Aliev témoigne une fois de plus de la pusillanimité internationale devant ce type de crime abject ; comme si l'histoire ne nous avait rien enseigné… Mais si cette timidité des uns nous interloque, les agissements des autres ne nous surprennent pas, en même temps qu'ils nous révoltent : l'Azerbaïdjan dont la soif de pureté renvoie aux plus sombres pages de l'histoire, les dirigeants turcs qu'une nouvelle humiliation arménienne semble réjouir, la Russie plus cynique que jamais et Israël qui n'a jamais reconnu le génocide arménien et dont les ventes d'armes ne s'embarrassent pas du dessein des destinataires. Après cette nouvelle réplique tragique, y en aura-t-il d'autres ? Le souhait de Bakou de relier son territoire à l'exclave du Nakhitchevan en passant par le couloir de Zanguezour au sud du territoire arménien n'augure rien de bon.

Devant une telle tragédie qui n'en finit pas, les mots manquent. Disons-le aussi, la compréhension échappe à la plupart d'entre nous, tant ce conflit semble éloigné, trop éloigné. À défaut de pouvoir agir nous-mêmes, un retour aux livres s'impose. À ce titre, la réédition du livre de Tigrane Yégavian tombe à point nommé. *Géopolitique de l'Arménie* offre une synthèse claire autant que profonde sur la trajectoire des Arméniens. Le livre démêle la complexité de la géohistoire de ce peuple, riche de sa culture autant que meurtri par l'histoire. Il nous donne à comprendre non pas l'Arménie, mais les Arménie, celle de la diaspora dont une partie provient des descendants du génocide de 1915, celle de la république d'Arménie qui a pris son indépendance en 1991 et celle du Haut-Karabagh. L'ouvrage permet de comprendre les liens entre la diaspora et la république, de même qu'entre celle-ci et le Haut-Karabagh ou entre celui-ci et la diaspora. Tigrane Yégavian restitue remarquablement les proximités, les débats, mais aussi parfois les tensions politiques qui traversent ces frères arméniens, le génocide et la question du Karabagh étant centrales dans l'arménité ainsi que dans la vie politique de la petite république du Caucase. Son expertise et sa connaissance de certains responsables actuels ou anciens nous font aussi entrer dans l'arène politique complexe et très contrastée, tant sur le plan idéologique et éthique que stratégique. Étant victime de la géographie, cet ouvrage aborde aussi avec beaucoup de précision les relations que l'Arménie entretient avec son voisinage souvent encombrant. Et comme en pareil contexte son salut ne peut passer que par les relations à plus grande échelle, l'auteur élargit la maille de son analyse en évoquant aussi comment la politique étrangère d'Erevan se donne de la longue portée, depuis les États-Unis jusqu'à la Chine. L'économie étant une variable importante du sort de l'Arménie, Tigrane Yégavian opère un passage par son économie politique, faite d'atouts mais aussi de bien des pesanteurs. Pour finir, l'auteur s'interroge sur les défis existentiels de l'Arménie. Il n'est pas anodin de terminer sur une telle note ontologique. Lors de l'écriture de cette deuxième mouture, nous étions à la veille du nouveau conflit avec le voisin azerbaïdjanais, que l'auteur devinait bien. Après ce qui vient de se produire en septembre 2023, les défis existentiels de l'Arménie sont encore rehaussés d'un cran, car les appétits violents de ses voisins ne semblent pas encore rassasiés.

Pierre Blanc

CONFLUENCES Méditerranée

Les numéros parus

Automne 1991	1	Des immigrés dans la cité
Hiver 1991-1992	2	La sécurité en Méditerranée
Printemps 1992	3	Maghreb, la démocratie entre parenthèses ?
Automne 1992	4	Face à l'État, la permanence des minorités
Hiver 1992-1993	5	Les flux migratoires
Printemps 1993	6	Les replis identitaires
Été 1993	7	L'Europe et la Méditerranée
Automne 1993	8	Balkans : l'implosion ?
Hiver 1993-1994	9	Repenser le Proche-Orient
Printemps 1994	10	Villes exemplaires, villes déchirées
Été 1994	11	Comprendre l'Algérie
Automne 1994	12	Mouvements islamistes en Méditerranée
Hiver 1994-1995	13	Bosnie
Printemps 1995	14	Les immigrés, entre exclusion et intégration
Été-Automne 1995	15	Corruption et politique en Europe du Sud
Hiver 1995-1996	16	Islam et Occident, la confrontation ?
Printemps 1996	17	Femmes et guerres
Été 1996	18	Palestiniens et Israéliens, la paix humiliée
Automne 1996	19	Passions franco-algériennes
Hiver 1996-1997	20	Terrorismes et violence politique
Printemps 1997	21	Le Maghreb face à la mondialisation
Été 1997	22	La France et le monde arabe
Automne 1997	23	La Turquie interpelle l'Europe
Hiver 1997-1998	24	Les immigrés entre imaginaire et droit
Printemps 1998	25	La parole aux Algériens. Violence et politique en Algérie
Été 1998	26	Israël, une nation à la recherche d'elle-même
Automne 1998	27	Femmes et islamisme
Hiver 1998-1999	28	Méditerranée, l'inévitable dialogue
Printemps 1999	29	Armée et pouvoir
Été 1999	30	Kosovo
Automne 1999	31	Transition politique au Maroc
Hiver 1999-2000	32	Islam et laïcité, parcours européens
Printemps 2000	33	Politique et religion en pays d'islam
Été 2000	34	Une nouvelle donne pour les Kurdes
Automne 2000	35	Euro-Méditerranée, un projet à réinventer
Hiver 2000-2001	36	Corse, les enjeux de l'après-Matignon
Printemps 2001	37	Israël-Palestine: la violence ou le droit
Été 2001	38	Balkans : démocratisation et replis identitaires
Automne 2001	39	Maghrébins de France
Hiver 2001-2002	40	La Méditerranée à l'épreuve du 11 septembre
Printemps 2002	41	Sexualité et sociétés arabes
Été 2002	42	L'immigration bouscule l'Europe
Automne 2002	43	Israël-Palestine après le 11 septembre
Hiver 2002-2003	44	Un printemps syrien
Printemps 2003	45	La face cachée de l'Algérie
Été 2003	46	L'élargissement de l'Europe vu du Sud
Automne 2003	47	Liban, État et société : la reconstruction difficile
Hiver 2003-2004	48	Discriminations ethniques
Printemps 2004	49	La nouvelle question d'Orient
Été 2004	50	Sport et politique
Automne 2004	51	Régimes politiques et droits humains au Maghreb
Hiver 2004-2005	52	Turquie : la 28e étoile ?
Printemps 2005	53	Nouveaux enjeux du Proche-Orient
Été 2005	54	Israël, l'enfermement
Automne 2005	55	Palestine ?
Hiver 2005-2006	56	Où va le Liban ?
Printemps 2006	57	Musulmans de France
Été 2006	58	Eau et pouvoirs en Méditerranée
Automne 2006	59	Femmes et islamisme
Hiver 2006-2007	60	Lignes de faille
Printemps 2007	61	La montée des périls
Été 2007	62	Mémoire et réconciliation
Automne 2007	63	La France et la Méditerranée
Hiver 2007-2008	64	Justice pénale et politique internationale
Printemps 2008	65	L'Iran, une puissance virtuelle ?
Été 2008	66	Chrétiens d'Orient
Automne 2008	67	Un automne méditerranéen
Hiver 2008-2009	68	Italie : le grand bond en arrière ?
Printemps 2009	69	Médias : stratégies d'influences
Été 2009	70	Liban, de problèmes en crises
Automne 2009	71	Souveraineté économique et réformes en Algérie
Hiver 2009-2010	72	La Palestine en débat : 1945-2010
Printemps 2010	73	Nations et territoire : quelles institutions ?
Été 2010	74	La Méditerranée sans l'Europe
Automne 2010	75	Égypte : l'éclipse
Hiver 2010-2011	76	Stratégies islamistes
Printemps 2011	77	Révoltes arabes : premiers regards
Été 2011	78	Le Maroc : changements et faux-semblants
Automne 2011	79	Bouleversements stratégiques dans le monde arabe ?
Hiver 2011-2012	80	L'Europe méditerranéenne en crise
Printemps 2012	81	Algérie : 50 ans après
Été 2012	82	Égypte, Tunisie : de la rue aux urnes
Automne 2012	83	La Turquie d'aujourd'hui au miroir de l'Histoire
Hiver 2012-2013	84	Qatar
Printemps 2013	85	Mobilisations dans les villes arabes
Été 2013	86	Palestine : 20 ans après
Automne 2013	87	Méditerranée : mare nostrum pour les migrants ?
Hiver 2013-2014	88	Iran : nouvelle donne ?
Printemps 2014	89	Tragédie syrienne
Été 2014	90	Afriqu'Orient
Automne 2014	91	La question énergétique en Méditerranée
Hiver 2014-2015	92	Le Liban
Printemps 2015	93	Roms et Tsiganes en Europe méditerranéenne
Été 2015	94	Crises sans frontières
Automne 2015	95	L'islam de France : nouveaux acteurs, nouveaux enjeux
Hiver 2015-2016	96	La politique française au Moyen-Orient
Printemps-Été 2016	97	Iran/Arabie saoudite : une guerre froide
Automne 2016	98	Partis et partisans dans le monde arabe post-2011
Hiver 2016-2017	99	Syrie : entre fragmentation et résilience
Printemps 2017	100	Printemps perdu de Méditerranée
Été 2017	101	Des frontières dans tous leurs États
Automne 2017	102	Terrorisme(s)
Hiver 2017-2018	103	Genre et violences de guerre au Moyen-Orient
Printemps 2018	104	Moyen-Orient : le pivot russe
Été 2018	105	États, nations, communautés
Automne 2018	106	République et islam : défis croisé
Hiver 2018-2019	107	Turquie : retour de l'autoritarisme
Printemps 2019	108	Agriculture et politique : des champs d'insécurité
Été 2019	109	La Chine : nouvel acteur méditerranéen
Automne 2019	110	Jordanie : une stabilité de façade
Hiver 2019-2020	111	Mondes du travail : mutations et résistances
Printemps 2020	112	Liban : la guerre de 1975-1990 dans le rétroviseur
Été 2020	113	Iran : en quête d'équilibre
Automne 2020	114	Jeux de pouvoirs au Maghreb
Hiver 2020-21	115	Révolutions et contre-révolutions dans le monde arabe
Printemps 2021	116	Irak : un destin tragique
Été 2021	117	Pouvoir(s) en Palestine
Automne 2021	118	Libye : guerres et convoitises
Hiver 2021-22	119	Israël : contradictions d'une démocratie coloniale
Printemps 2022	120	Méditerranée : notre mer au XXIe siècle
Été 2022	121	De la politisation des racismes et antiracismes en France
Automne 2022	122	Pouvoir des armées, armées au pouvoir
Hiver 2022-23	123	Sécurité en Méditerranée : acteurs et stratégies
Printemps 2023	124	Caucase, Asie-centrale : au-delà du Moyen-Orient
Été 2023	125	Tunisie : arrêt sur la transition
Automne 2023	126	Justice pénale internationale : les magistrats sauvent l'honneur

Retrouvez l'intégralité des numéros sur le site www.confluences-mediterranee.com

www.ingramcontent.com/pod-product-compliance
Lightning Source LLC
La Vergne TN
LVHW010932061026
849535LV00007B/2360